하나님의 숨을 기다리며

하나님의 숨을 기다리며

—

개정판 1쇄 펴냄 2024년 3월 1일

지은이 김기석
펴낸이 한종호
디자인 임현주
인쇄·제작 미래피앤피

펴낸곳 꽃자리
출판등록 2012년 12월 13일
주소 경기도 의왕시 백운중앙로 45, 2단지 207동 503호(학의동, 효성해링턴플레이스)
전자우편 amabi@daum.net
블로그 http://fzari.com

—

ISBN 979-11-86910-52-8 00230
값 24,000원

하나님의 숨을

기다리며

꽃자리

머리말 영혼의 훈련 김기석 · 10

1월 해오름달

하나님의 숨을

기다리며

하나님의 숨을
기다리며

영혼의 훈련

아주 오래 전 백범 김구 선생이 쓰신 편액을 보고 마음에 담
아둔 시가 있다. "눈밭 위를 걸어갈 때 어지럽게 걷지 말라
踏雪野中去 不須胡亂行답설야중거 불수호란행 오늘 내가 걸어간 발자취는
뒷사람의 길이 될 터이니今日我行跡 遂作後人程금일아행적 수작후인정 "
나중에 이 시가 서산대사가 쓴 것임을 알았지만, 그렇다고
하여 이 시가 주는 강렬한 도전이 스러진 것은 아니다.

  사람은 누구나 길을 걷는다. 아장아장 걸음마를 배우던
순간부터 세상을 떠나는 날까지. 사람은 떠나도 흔적은 남
는다. 그 흔적은 세월과 함께 지워지게 마련이지만 그렇다
고 하여 영원히 사라지는 것은 아니다. 그 흔적들이 모여 이
룬 길을 따라 누군가가 걷고 있다면 모든 것이 무로 돌아갔
다 말할 수 없다. 오늘 내가 걸어간 발자취가 누군가의 길이
된다는 생각을 품을 때 삶이 조심스러워진다.

  아무도 밟지 않은 설원 위에 발을 내디딜 때 묘한 감동

이 있다. 함부로 날뛰지 못한다. 시간은 하나님으로부터 주어진 선물이다. 시간은 새들이나 짐승의 발자국조차 찍히지 않은 깨끗함 자체로 우리에게 다가온다. 그러나 깨끗함을 견디지 못하는 우리는 아직 도래하지 않은 시간까지도 염려와 근심으로 채운 후에 삶이 힘겹다고 말한다. 크로노스의 시간 속을 바장이는 사람이 언제나 시간을 영원에 잇대어 살지는 못한다. 그렇다 해도 가끔은 질주를 멈추고 걸어온 자취를 돌아보아야 한다. 어지럽게 찍힌 발자국들이 가리산 지리산 정신이 없다. 우리는 어디를 향해 가는 것일까?

예수님은 "나는 내가 어디에서 와서 어디로 가는지"(요한복음 8:14) 안다 하셨다. 예수님의 아름다운 삶은 이 단호한 확신 속에 기초하여 있다. 자기의 근원과 목표를 안다는 것처럼 든든한 일이 또 있을까? 가야 할 길이 어디인지를 아는 사람은 절망하지 않는 법이다. 바다를 향하여 흐르는 강물은 잠시 지체할 수는 있지만 흐름을 멈추지 않는다. 예수님은 자신을 '보냄을 받은 자'로 인식하고 사셨다. 보냄을 받은 자가 할 일은 보내신 분의 뜻을 행하는 것이다. 한 치의 오차도 없이 그 일을 다 수행하는 것을 일러 주님은 영광이라 하셨다.

초대교회 성도들의 별명은 '그 길의 사람들'이었다. 길은 보기 위해서가 아니라, 걷기 위해 존재한다. 예수의 길을 걷지 않으면서 예수를 따른다고 말하는 것은 어불성설이다. 말은 쉽지만 그 예수를 따르는 일은 여간 어려운 게 아니다. 우리 욕망을 거스르는 길이기 때문이다. 그 길을 걷는 것이 어려운 일임에도 불구하고 그 길을 걸어야 하는 것은 그 길을 거쳐야만 영원한 생명에 이를 수 있기 때문이다.

그 길을 걷기 위해서는 훈련이 필요하다. 훈련은 형편이 좋을 때만 하는 것이 아니다. 운동선수들은 비가 오나 눈이 오나 정해진 절차에 따라 운동을 진행한다. 그래야 몸과 마음의 습관이 생기기 때문이다. 정신을 단련하는 이들도 마찬가지이다. 수도사들은 정확하게 정해진 시간에 기도와 묵상을 한다. 기도가 몸에 배게 하기 위해서이다.

개신교에 가장 부족한 것이 바로 이런 훈련이다. 스포츠 생리학을 연구하는 분이 한 말을 기억한다. 그는 평균적인 체력을 가진 사람이라면 팔굽혀펴기 10개 정도는 너끈히 해낼 수 있다면서 문제는 언제라도 할 수 있지만 대부분의 사람들이 하지 않는데 있다고 말했다. 10개가 무슨 운동이 되겠냐고 코웃음 칠 수도 있지만 일 년 365일 동안 매일 그 운동을 한 사람과 안 한 사람의 몸은 같지 않다는 것이다. 당연한 말이지만 그 말이 시사하는 바가 매우 크다. 정신이나 영혼의 훈련 또한 마찬가지이다. 작정하고 시작한 일을 꾸준히 지속하는 열정이 반짝이는 재능보다 더 큰 결과를

하나님의 숨을
기다리며

가져올 때가 있다.

매일매일 정해진 시간에 하나님의 말씀을 묵상하고 그 말씀을 바탕으로 기도를 바치는 습관이 중요하다. 이 책은 지난 일 년 동안 그런 취지에서 써나간 글이다. 이 묵상집이 '그 길'을 배우고 익히려는 이의 좋은 안내서가 될 수 있기를 바랄 뿐이다.

하나님, 세상에는 우리가 이해하지 못할 일들이 너무 많이 일어납니다. 착하고 성실하게 사는 이들이 고통을 당하고, 악인들이 의기양양하게 거리를 활보합니다. 비통한 눈물을 흘리는 이들을 조롱하는 이들도 있습니다. 그런 일을 만날 때마다 사람 지으신 것을 후회하셨던 주님의 마음을 알 것 같습니다. 주님, 그럼에도 불구하고 끝끝내 선을 택할 수 있는 용기를 우리 속에 심어주십시오. 아멘.

1월

하나님의 숨을
기다리며

> 이 모든 피조물이 주님만 바라보며, 때를 따라서 먹이 주시기를 기다립니다. 주님께서 그들에게 먹이를 주시면, 그들은 받아먹고, 주님께서 손을 펴 먹을 것을 주시면 그들은 만족해 합니다. 그러나 주님께서 얼굴을 숨기시면 그들은 떨면서 두려워하고, 주님께서 호흡을 거두어들이시면 그들은 죽어서 본래의 흙으로 돌아갑니다. 주님께서 주님의 영을 불어넣으시면, 그들이 다시 창조됩니다. 주님께서는 땅의 모습을 다시 새롭게 하십니다(시편 104:27-30).

생명이란 호흡지간의 일이다. 하나님이 호흡을 불어넣으시면 세상 만물은 살고, 호흡을 거두어 가시면 다 흙으로 돌아간다. 우리는 잠시 허락받은 시간 동안 이 땅에 머물다 가는 존재이다. 우리가 떠나간 이후에도 삶은 계속되어야 한다. 이 땅을 아름답게 유지하는 것이야말로 후손들에게 물려줄 가장 귀중한 유산이다. 미세 먼지가 온 산하를 뒤덮을 때면 숨 쉬기도 어렵고, 우울함이 안개처럼 우리 마음을 감싼다. 숨쉬기 어려운 세상은 하나님께서 호흡을 거두시는 세상인 지도 모르겠다. 하나님의 숨이 우리 속에 머물지 않을 때 마음은 각박해지고 남을 위한 여백을 마련하지 못한다. 몸보 다 마음이 더 바쁜 세상이다. 산과 들, 꽃과 바람, 구름과 시 냇물에 마음을 빼앗긴 사람은 한가한 사람으로 취급받는다.

13세기 아프가니스탄의 시인 루미는 나쁜 물을 고치려 면 그 물을 강으로 돌려보내야 하고, 나쁜 버릇을 고치려면 '나'를 하나님께 돌려보내야 한다고 말했다. 각박해지고, 거 칠어진 우리 마음을 가지고 하나님께 엎드려야 한다. 그 시 간은 정화의 시간이고, 우리 속에 필요한 고요함을 채우는 시간이다. 때로는 자연의 품으로 들어가야 한다. 하나님의 창조의 리듬 속에 머물 때 거친 호흡이 가지런해지니 말이 다. 중국 명나라의 한 시인은 자연이 우리에게 주는 정신적 유익을 이렇게 말했다.

"폭포 소리를 들으면 속된 기운을 씻을 수 있고, 솔바람 소리를 들으면 번다한 마음을 시원하게 할 수 있다. 처마 끝 에 떨어지는 빗소리를 들으면 이런저런 수고스런 번뇌를 멈 출 수 있고, 새 울음소리를 들으면 분별하여 이익을 추구하 던 생각을 그치게 할 수 있다. 거문고 소리를 들으면 조급한 마음을 가라앉힐 수 있고, 새벽 종소리를 들으면 어지럽던 마음을 깨어나게 할 수 있다. 글 읽는 소리를 들으면 고삐 풀린 생각을 정돈할 수 있고, 독경 소리를 들으면 티끌세상을 향한 마음을 맑게 할 수 있다"(정민, 『마음을 비우는 지혜』, 73쪽).

이익을 추구하느라 닳고 닳은 마음, 속된 마음, 조급한 마음, 어지러운 마음에서 벗어나고 싶은가? 가끔 눈을 들어 하늘을 보라. 나무와 꽃 앞에 멈추어 서라. 산에 갈 수 없다면 공원에라도 나가 나무를 꼭 껴안아 보라. 마음이 평화로워질 것이다. 마음에 평화가 없는 사람은 세상을 평화롭게 할 수 없다. 생명에 대한 감수성이 없는 사람은 생명 세상을 이룰 수 없다. '공중의 새를 보아라', '들의 백합꽃이 어떻게 자라는가 살펴보아라' 하신 주님의 말씀을 우리가 조금이라도 진지하게 받아들인다면 우리 삶은 달라질 것이다. 참다운 발전이란 국내총생산GDP이 높아지는 것이 아니라, 다른 생명들을 긍휼히 여기는 마음이 커가는 것이고, 배려하는 마음이 커가는 것이다. 주님은 지금 이 땅을 새롭게 하기 위해 땀 흘리고 계신다. 주님은 "내 아버지께서 이제까지 일하고 계시니, 나도 일한다"(요한복음 5:17)고 하셨다. 하나님의 숨을 모셔야 이 아름다운 일에 동참할 수 있다.

하나님, 봄 여름 가을 겨울, 사계절의 변화는 주님의 숨을 보여줍니다. 주님께서 호흡을 불어넣으시면 만물은 깨어나고, 호흡을 거두어 가시면 다 흙으로 돌아갑니다. 인류의 첫 사람에게 생기를 불어넣으신 주님은 지금도 우리 속에 숨을 불어넣고 계십니다. 살아 있음이 곧 은총입니다. 하지만 우울한 세상에 사느라 우리는 지쳤습니다. 이제 주님의 숨을 깊이 들이 마시고 싶습니다. 하늘을 자유롭게 날며 아름다운 노래를 부르는 새들처럼 절망과 좌절의 나락에서 솟구쳐 올라 희망의 노래를 부르고 싶습니다. 우리를 긍휼히 여겨 주십시오. 아멘.

무엇을 품고 사나?

> 지혜를 소중히 여겨라. 그것이 너를 높일 것이다. 지혜를 가슴에
> 품어라. 그것이 너를 존귀하게 할 것이다. … 훈계를 놓치지 말
> 고 굳게 잡아라. 그것은 네 생명이니, 단단히 지켜라(잠언 4:8, 13).

현대인의 불행은 존경해야 할 대상을 잃어버렸다는 사실이
다. 빠르게 변하는 세상에 적응하느라 깊이나 높이를 지향
하지 못하기 때문일 것이다. 잠언은 지혜를 소중히 여기면
그것이 우리를 높일 것이라고 가르친다. "주님을 경외하는
것이 지식의 근본"이라고 가르친다. 주님을 경외한다는 것
은 주님의 크심을 온 존재로 인정하면서 주님의 말씀과 약
속을 귀히 여기며 산다는 말일 것이다. 사도 바울은 "지식은
사람을 교만하게 하지만, 사랑은 덕을 세웁니다"(고린도전서
8:1)라고 가르쳤다. 하나님 경외와 연결되지 않은 지식은 때
로 독이 되어 사람들을 해친다. 세상을 시끄럽게 하는 사람

하나님의 숨을

기다리며

들 대부분이 지식인들임을 생각해보면 알 수 있다. 제대로 사는 길, 그것은 여호와 경외를 삶의 근본으로 삼고, 지혜를 가슴에 품고 사는 것이다.

우리는 지금 무엇을 가슴에 품고 살고 있나? 어떤 이는 집문서, 땅문서, 돈지갑을 가슴에 품고 살고, 어떤 이는 자기가 받은 학위를 품고 산다. 또 어떤 이는 야망을 품고 살고, 어떤 이는 세상에 대한 복수심을 품고 산다. 어떤 이는 아름다운 뜻을 품고 산다. 바울은 "여러분 안에 이 마음을 품으십시오. 그것은 곧 그리스도 예수의 마음이기도 합니다"(빌립보서 2:5)라고 말했다. '품다'로 번역된 헬라어 단어는 '느끼다, 생각하다'라는 뜻을 내포한다. 예수의 마음을 품는다는 것은 그분처럼 느끼고 생각한다는 뜻이 될 것이다. 자기를 온전히 비웠기에 예수는 모두를 마음에 품을 수 있었다. 참된 자유의 비결이 자기 비움임을 알 수 있다.

이스라엘의 지혜자는 다시 말한다. "훈계를 놓치지 말고 굳게 잡아라. 그것은 네 생명이니, 단단히 지켜라"(잠언 4:13).

마하트마 간디는 식민치하에서 신음하던 인도의 민중들 사이에 진리파지眞理把持 운동을 일으켰다. 총이나 칼이 아니라 진리를 굳게 붙잡자는 것이다. 왜? 진리는 결코 지지 않기 때문이다. 진다면 진리라 할 수 없다. 빌라도는 예수님께 "진리가 무엇이냐?"고 물었다. 그는 진리를 몸으로 구현한 분인 예수를 앞에 두고도 진리에 대해 묻는다. 그리고 그는 대답을 들을 생각이 없었기에 뒷걸음질 쳐 진리로부터 달아났다. 권력의 단맛에 취한 사람에게 진리와의 대면은 불유쾌한 일이기 때문이다.

진리는 세상에서 무력해 보인다. 하지만 궁극적 승리는 진리 편에 있다. 하나님의 뜻을 따라 살기로 작정하고, 그 뜻을 굳게 붙잡은 사람은 이미 승리한 사람이다. 호랑이 등에 올라탄 사람이 죽을힘을 다해 호랑이에게 매달리는 것처럼, 진리의 등에 탄 우리들도 혼신의 힘을 다해 주님의 가르침에 매달려야 한다. 내 힘이 다 소진되었다고 느끼는 순간, 문득 새로운 힘이 우리를 든든히 붙들고 있음을 알게 된다. 공중 그네를 타는 이들이 자기를 붙잡아 줄 손을 신뢰하듯이 그 힘을 신뢰할 때 평안이 찾아온다.

기도

하나님, 분주하다는 핑계로 우리는 자신의 속마음을 살피지 못하고 있습니다. 삶의 속도가 빨라지면서 삶은 점점 피상적으로 변하고, 깊이 없는 삶은 아름다운 향기를 머금지 못합니다. 모든 것이 평범해지면서 경외심조차 잃고 말았습니다. 그렇기에 더욱 하나님 앞에 설 수밖에 없습니다. 부박한 일상에서 잠시라도 눈을 들어 하나님을 바라보게 해주시고, 하나님의 숨을 깊이 들이마시며 숨을 가다듬게 해주십시오. 힘겹더라도 훈계를 굳게 붙들고 살아가게 도와주십시오. 아멘.

하나님의 숨을
기다리며

우리 존재의 목표

> 너희의 아버지께서 자비로우신 것 같이, 너희도 자비로운 사람
> 이 되어라(누가복음 6:36).

지하철 역사에서 벌어진 일이다. 술에 취해 난동을 부리는
사람을 경찰 둘이 제지하려 하지만 좀처럼 그를 진정시킬
수 없었다. 그때 벤치에 앉아 차를 기다리던 또래의 젊은이
가 다가가 취객을 품에 안았다. 그리고 조용히 말했다. "그
만 하시지요." 힘으로도 위협으로도 제압할 수 없었던 취객
이 몸의 긴장을 풀고 조용해졌다. 그의 속에 있던 분노와 적
대감은 어디로 간 것일까? 그를 제압해야 할 취객 혹은 난
동꾼이 아니라 귀한 사람으로 받아들여준 그 마음에 부딪쳐
스러진 것이 아닐까?

우리 속에는 다른 이들을 평가하는 제 가끔의 척도가 있
다. 사람은 대개 자신을 우주의 중심이라 여긴다. 명시적으

로 그렇게 말하지는 않지만 그것이 몸 가진 존재의 어쩔 수
없는 속성이다. 척도가 공정하게 적용되는 경우는 많지 않
다. 기분에 따라서 혹은 친소 관계에 따라서 척도는 변하곤
한다. 하지만 인간은 홀로는 살아갈 수 없기에 파당을 지으
며 살아간다. '우리'와 '그들'을 나눈다. '우리' 의식을 강화
하기 위해 '그들'과의 대립을 조장하기도 한다. 소속감이 어
쩌면 고향인지도 모르겠다.

　예수님이 사시던 시대도 마찬가지였다. 당시 유대교 세계
를 지배하고 있던 척도는 '거룩함'이었다. 성경이 가르치는
거룩함은 일상 속에서 하나님의 쉐키나(임재)를 의식하고 사
는 것이다. 그러니 성스러운 영역과 속된 영역을 가를 수 없
다. 그러나 제도화된 종교는 거룩을 권력으로 치환하곤 한
다. 그들은 가르고 나누는 일을 통해 자기들의 특권을 강화
한다. 거룩함과 속됨, 의인과 죄인, 유대인과 이방인, 남자와
여자, 성직자와 평신도… '가름'을 통해 배제된 이들 혹은
죄인으로 규정된 이들의 가슴에는 그림자가 드리운다. 그
그림자는 평화의 적이다.

　예수님은 '거룩함'이라는 척도가 지배하는 유대교 사회
적 세계에 새로운 척도를 제시했다. '자비'가 그것이다. 자
비는 긍휼히 여기는 마음, 함께 아파하는 마음, 타자의 약점
까지도 품어 안으려는 마음이다. 예수는 불안의 운명을 짊

어지고 사느라 버둥거리다가 살천스럽게 변해버린 사람들까지 품에 안으셨다. 그러자 그들 속에서 잠들어 있던 아름다운 가능성들이 깨어나기 시작했다. 자비는 생명을 깨우는 온기이자, 인간의 아름다움을 이끌어내는 마중물이다. 성경은 자비를 하나님의 가장 아름다운 성품으로 기억한다. 믿는 이들이 죽을 때까지 추구해야 할 존재의 목표는 '자비로운 사람'이 되는 것이다.

하나님, 귀질긴 우리들은 하나님의 세미한 음성을 가려듣지 못합니다. 세상 소음에 익숙한 우리 귀는 이웃들의 억눌린 신음소리조차 듣지 못합니다. 그래서 점점 무정한 사람으로 변해가고 있습니다. 드라마를 보며 눈물을 짓기는 하지만, 현실 속에서 만나는 이웃들의 눈물은 한사코 외면합니다. 주님, 우리 속에서 굳은 살과 같은 마음을 도려내주시고 새 살과 같은 마음을 심어주십시오. 주님의 자비로우심과 같이 우리도 자비로운 사람이 되게 해주십시오. 아멘.

우상 없이 살아가기

신들을 찾아 나선 여행길이 고되어서 지쳤으면서도, 너는 '헛수고'라고 말하지 않는구나. 오히려 너는 우상들이 너에게 새 힘을 주어서 지치지 않았다고 생각하는구나(이사야 57:10).

삶 속으로 시간이 스며들어온 순간부터 불안은 인간의 숙명이 되었다. 미지의 얼굴로 다가오는 시간 앞에서 사람은 허둥대게 마련이다. 인생은 배를 타고 바다를 항해하는 것과 같다고 말한 이가 있다. 파도가 잔잔하고, 바람도 적당히 불어주고, 햇살조차 부드러울 때 항해는 순조롭고 유쾌하다. 그러나 거센 파도가 일어 배가 크게 요동치는 순간 평온은 깨지고 죽음의 공포가 깨어난다. 항구에 도착해 닻을 내릴 때까지는 긴장을 늦출 수 없다. 삶은 어쩌면 삶과 죽음 사이에 걸린 외줄 위를 걷는 것처럼 위태로운 것인지도 모르겠다. 그렇기에 사람들은 삶의 안전장치를 확보하고 싫어 한다.

사람들은 자기들의 허한 마음을 붙들어 맬 대상이 필요하기에 우상을 만든다. 가시적인 형상만이 우상이 아니다. 우리 마음의 가장 깊은 자리를 차지하고 앉아, 우리 삶 전체에 영향을 미치는 것이 우상이다. 현대사회의 우상은 누가 뭐래도 돈이다. 돈은 가진 이에게 유사 전능성을 부여한다고 믿기에 사람들은 치열하게 돈을 추구한다. 돈이 우상이 될 때 우정이나 사랑, 연대와 같은 아름다운 가치들은 뒷전으로 밀려난다. 갑질 하는 이들을 보라. 그들은 자기 앞에 현전하여 있는 이웃을 하나님의 형상으로 보지 못한다. 그래서 함부로 대한다.

돈만이 아니다. 명예, 권세, 이데올로기도 우상일 수 있고, 종교조차도 우상이 될 수 있다. 특정한 인물이 우상이 될 때도 있다. 정현종 시인은 사람을 우상으로 섬기는 일의 파괴성을 노래한다. 시인은 우상도, 우상화하는 사람도 시체라면서 "그저 좋아하고 그저/사랑하고 사뭇/찬탄은 할이로되/섬기지는 말아야지,"(《우상화는 죽음이니》 중에서)라고 말한다. 추종자들의 거짓신 역할을 단호히 뿌리치지 않는 이들은 분명히 사람들을 잘못된 길로 인도하게 마련이다. 특정인을 우상처럼 떠받드는 이들로 인해 세상은 늘 소란하다.

우상은 우리에게 자유를 주지 못한다. 우상은 오히려 우리를 부자유하게 만든다. 오직 참 하나님만이 사람에게 자유를 주신다. 불안의 대용물로 택한 우상이 오히려 불안을 야기한다. 욕망의 활화산 위에 집을 짓는 이들은 언제 파멸의 운명을 맞이할지 알 수 없기 때문이다. 또한 우상을 섬기는 이들은 늘 우상의 눈치를 본다. 참된 평안은 없다. 이사야의 말은 그런 현실을 꿰뚫고 있다. "신들을 찾아 나선 여행길이 고되어서 지쳤으면서도, 너는 '헛수고'라고 말하지 않는구나." 그걸 헛수고라고 인식하고 고백하는 순간 허망함이 밀려오지만 다음 순간 홀가분한 자유가 찾아온다.

기도

하나님, 한껏 기뻐하며 살고 싶지만 알 수 없는 피곤함이 우리 마음을 지배하고 있습니다. 동료들과 더불어 삶을 경축하며 살고 싶지만 축제의 능력을 잃어버린 우리는 서로에게 상처를 입히기 일쑤입니다. 이제는 허망한 열정에서 벗어나 주님이 주시는 고요함을 누리고 싶습니다. 하나님과의 친밀한 교제를 통해 삶의 활기를 되찾고 싶습니다. 주님의 숨결을 불어넣으시어 우리 마음이 하늘의 생기로 가득 차게 해주십시오. 아멘.

하나님의 숨을
기다리며

비통한 이들 곁에서

어찌하여 하나님은, 고난당하는 자들을 태어나게 하셔서 빛을 보게 하시고, 이렇게 쓰디쓴 인생을 살아가는 자들에게 생명을 주시는가?(욥기 3:20)

하루 아침에 모든 것을 잃은 욥은 깊은 침묵 속으로 침잠할 뿐이었다. 그의 심정을 적절하게 표현할 언어는 애초에 없었다. 언어가 끊긴 자리에서 그는 어리둥절한 채 그저 있을 뿐이다.

그렇게도 든든했던 삶의 토대가 무너지자, 지성도 감성도 의지도 숨을 죽였다. 비통함에 사로잡혀 "차라리 하나님을 저주하고서 죽는 것이 낫겠습니다"(욥기 2:9) 하고 절규하는 아내에게 그는 "우리가 누리는 복도 하나님께로부터 받았는데, 어찌 재앙이라고 해서 못 받는다 하겠소?"(욥기 2:10) 하고 점잖게 말하지만, 그가 부조리를 있는 그대로 수용한다는 말은 아닐 것이다. 부조리하다는 말은 의미를 구성할 수 없다는 말일 것이다. 욥은 무의미의 바다에 갇혔다.

먼 곳에서 찾아온 친구들은 유구무언이었다. 때로는 말이 부질없을 때가 있다. 말은 소통을 전제하지만 모든 것이 낯설어진 세상에서 소통은 가능하지 않다. 친구들은 칠 일 밤낮을 욥의 곁에 머물렀다. 가장 고통스러운 애도의 시간, 누군가가 곁에 있다는 것은 부담스러운 일이다. 하지만 그들의 존재는 무의미의 미로에 갇힌 이들을 밝은 세계로 인도하는 아리아드네의 실이 되기도 한다. 그들은 허정거리는 영혼의 받침목이 되어 주었다. 그만한 우정을 보기 어렵다.

마침내 욥은 입을 열어 자기 마음을 드러낸다. 가슴 속에 얼음덩어리로 갇혀 있던 인간적 감정을 쏟아낸다. 그는 자기가 차라리 태어나지 않았더라면 좋았을 거라고 절규한다. "아, 그 밤이 아무도 잉태하지 못하는 밤이었더라면, 아무도 기쁨의 소리를 낼 수 없는 밤이었더라면"(욥기 3:7). 고통이 지극하기에 그는 자기에게 생명을 주신 하나님이 원망스럽다. 생명을 주신 하나님이 왜 이리도 모진 고통을 주시는가? 이 비통한 외침은 욥이 산 자의 땅에 복귀하기 위해 반드시 거쳐야 했던 과정이다.

하지만 욥의 비통한 말이 친구들의 심정을 건드렸다. 생명을 주신 하나님을 원망하는 듯한 그 말을 그들은 용납할

하나님의 숨을
기다리며

수 없었다. 그래서 욥에 대한 비난을 쏟아내기 시작한다. 그들은 하나님의 의로우심을 드러내기 위해 인간의 부정함을 강조한다. 욥에게 닥쳐온 고난은 그의 삶의 결과라는 것이다. 그들은 죄와 벌을 인과관계로 파악한다. 하지만 현실은 그런 인과관계가 작동되지 않는 경우가 더 많다. 그들은 하나님을 옹호하기 위해 친구를 비난하지만, 하나님은 그런 그들을 책망하신다. '모름'은 '모름'으로 남겨두고, 마음 시린 사람들 곁에 다가서는 이들이 필요하다.

기도

하나님, 세상에는 우리가 이해하지 못할 일들이 너무 많이 일어납니다. 착하고 성실하게 사는 이들이 고통을 당하고, 악인들이 의기양양하게 거리를 활보합니다. 비통한 눈물을 흘리는 이들을 조롱하는 이들도 있습니다. 그런 일을 만날 때마다 사람 지으신 것을 후회하셨던 주님의 마음을 알 것 같습니다. 주님, 그럼에도 불구하고 끝끝내 선을 택할 수 있는 용기를 우리 속에 심어주십시오. 아멘.

어려운 위임

> 내가 너에게 하늘 나라의 열쇠를 주겠다. 네가 무엇이든지 땅에서 매면 하늘에서도 매일 것이요, 땅에서 풀면 하늘에서도 풀릴 것이다(마태복음 16:19).

빌립보의 가이사랴에서 베드로는 예수님을 그리스도인 동시에 참 하나님의 아들이라고 고백했다. 사실의 발견이 아니라 진실에 대한 눈 뜸이다. 예수님의 알짬에 눈을 뜨는 순간 베드로는 경외심에 사로잡혔다. 주님은 그런 깨달음이 베드로에게서 기인하는 것이 아니라 하나님의 선물이라면서 "너는 베드로다. 나는 이 반석 위에다가 내 교회를 세우겠다. 죽음의 문들이 그것을 이기지 못할 것이다"(마태복음 16:18)라고 말씀하셨다.

교회의 초석인 이 반석은 베드로라는 개별적 존재를 가리키는 것이 아니다. 그것은 힘을 통해 다른 이들을 지배하

하나님의 숨을
기다리며

려는 욕망이 지배하는 세상을 과감하게 거슬러 섬김의 길을 걸으려는 마음을 가리키는 것이다. 교회가 지배의 욕망에 사로잡힐 때 교회의 토대는 흔들리게 마련이다. 예수님은 베드로에게 '하늘나라의 열쇠'를 주시겠다면서 그가 땅에서 매는 것은 하늘에서도 매일 것이고, 땅에서 풀면 하늘에서도 풀릴 것이라고 말씀하신다. 감히 상상하기조차 어려운 위임이다.

서양 미술사에서 베드로는 늘 손에 열쇠를 든 모습으로 형상화된다. 천국 문을 열 수도 있고 닫을 수도 있는 열쇠. 오랫동안 교회는 베드로의 후계를 자처했다. 고분고분하지 않은 이들에게는 '천국의 열쇠'를 내보이며 넌지시 혹은 노골적으로 위협을 가하기도 했다. 그러나 우리가 물어야 할 것이 있다. 주님은 그 열쇠를 잠그는 데 쓰라고 주신 것일까? 아니다. 닫힌 문을 열라고 주셨다. 교회의 존재 이유는 사람들 사이의 막힌 담을 허물어 서로 소통하도록 하는 것이다. 만날 수 없었던 사람들이 만나 서로의 이야기에 귀를 기울이도록 해야 한다. 허심탄회하게 이야기를 나누는 순간 둘 사이에 물길이 트게 마련이다.

특정한 사람들을 죄인으로 규정하거나 혐오감을 내비칠 때 교회의 자기 부정이 시작된다. 누군가를 배제함으로 얻는 쾌감은 저열한 것이다. 가름과 차별을 통해 특권층의 지배를 영속화하려는 세상에서 교회와 교인들은 그 답답한 교착상태를 열기 위해 용기를 내야 한다. 아무리 강고한 벽이라 해도 어딘가에 문은 있다지 않던가.

기도

하나님, 우리 손에 들린 열쇠가 무겁기만 합니다. 가끔 우리는 그 열쇠를 잠그는 데 사용하고 싶은 욕망에 시달립니다. 그런데 주님은 그 열쇠를 푸는 데 사용하라 하십니다. 이런저런 일들로 상처를 입은 우리 마음은 점점 좁아져 이웃을 위한 여백이 거의 없습니다. 주님, 우리 마음을 넓혀주십시오. 그리고 이웃을 따뜻한 눈으로 바라볼 수 있게 해주십시오. 아멘.

하나님의 숨을
기다리며

지금 우리가 걷는 길

모세는, 백성이 각 가족별로, 제각기 자기 장막 어귀에서 우는 소리를 들었다. 주님께서 이 일로 대단히 노하셨고, 모세는 그 앞에서 걱정이 태산 같았다. 모세가 주님께 여쭈었다. "어찌하여 주님께서는 주님의 종을 이렇게도 괴롭게 하십니까? 어찌하여 저를 주님의 눈 밖에 벗어나게 하시어, 이 모든 백성을 저에게 짊어지우십니까? 이 모든 백성을 제가 배기라도 했습니까? 제가 그들을 낳기라도 했습니까? 어찌하여 저더러, 주님께서 그들의 조상에게 맹세하신 땅으로, 마치 유모가 젖먹이를 품듯이, 그들을 품에 품고 가라고 하십니까? 백성은 저를 보고 울면서 '우리가 먹을 수 있는 고기를 달라!' 하고 외치는데, 이 모든 백성에게 줄 고기를, 제가 어디서 구할 수 있습니까? 저 혼자서는 도저히 이 모든 백성을 짊어질 수 없습니다. 저에게는 너무 무섭습니다. 주님께서 저에게 정말로 이렇게 하셔야 하겠다면, 그리고 제가 주님의 눈 밖에 나지 않았다면, 제발 저

35

인간은 언제나 자기 불화에 시달린다. 두 종류의 '나'가 있다. '되고 싶은 나'와 '현실의 나'가 그것이다. 이 둘 사이의 간극이 클수록 삶의 비애는 커진다. 시간에 등 떠밀리며 사느라 우리는 '되고 싶은 나'로부터 멀어진다. 세월이 지나 문득 돌아보면 그 멀리 눈물을 짓고 있는 낯익은 한 존재가 있어 가슴이 먹먹해지기도 한다.

운명이라는 것이 분명히 있다. 나의 의지와 무관하게 내게 부과된 삶의 조건 말이다. 때로 사람은 능동적으로 길을 선택하기도 하지만, 길에 의해 선택을 당하기도 한다. 모세가 그러했다. 세상에 태어나는 그 순간부터 그의 삶은 유랑이었다. 바로의 궁궐에서 공주의 양아들로 보낸 40년, 미디안 광야에서 목자로 40년, 그리고 하나님의 구원사의 도구로 40년. 그는 행복했을까? 자기에게 주어진 소명을 늘 기쁜 마음으로 감내했을까?

사람은 누구나 다 평범한 행복에 대한 갈망이 있다. 성경은 평화의 이미지를 눈에 그릴 듯 보여준다. 사람들이 자기들이 지은 집에서 알콩달콩 살고, 자기 포도나무 열매를 따 먹고, 무화과나무 그늘 밑에서 쉬는 삶이야말로 히브리인들

하나님의 숨을
기다리며

이 그리는 평화의 풍경이다. 그러나 하나님의 손에 붙들리는 순간 그런 평범한 행복은 허용되지 않는다.

출애굽 공동체를 이끌면서 모세는 참 많은 어려움을 겪었다. 자기 삶의 주체로 서지 못한 오합지졸의 무리들은 작은 어려움 앞에서도 투덜거리기 일쑤였다. 먹을 것, 마실 것이 없다고 모세를 원망했다. 물론 그런 상황의 절박함을 모르지 않는다. 그러나 원망이나 투덜거림으로 문제가 해결되는 것은 아니다. 이스라엘 백성들은 번번이 투덜거렸다. 이런 일이 반복되면 정신적 피로감이 쌓일 수밖에 없다.

"어찌하여 주님께서는 주님의 종을 이렇게도 괴롭게 하십니까? 어찌하여 저를 주님의 눈 밖에 벗어나게 하시어, 이 모든 백성을 저에게 짊어지우십니까?"(민수기 11:11)

영광스러운 책임이 감당하기 어려운 짐으로 화하는 것은 일순간이다. 모세는 이 곤경에서 벗어날 수 있다면 차라리 죽음을 달게 감내하겠다고 말한다. 강철같던 사나이도 이처럼 흔들릴 때가 있다. 그러기에 하나님은 그를 돕는 자들을 세우신다. 백성의 장로 가운데 일흔을 세워 짐을 나눠지게 하신다. 함께 시린 마음을 나눌 사람이 있을 때 삶은 다시 반듯해진다. 그리고 다시 시작할 용기를 낼 수 있다. 이미 멀어진 '되고 싶은 나' 말고 '현실의 나'를 사랑해야 한다. 그 '나'가 그분의 손에 붙들린 것이 분명하다면.

하나님, 자기가 하는 일을 정말 좋아하는 이들을 만나면 덩달아 마음이 밝아집니다. 그러나 대부분의 사람들은 자기가 어떤 일을 좋아하는지도 알지 못합니다. 오랫동안 의무의 감옥에 갇혀 살았기 때문입니다. 어떤 때는 정말 하고 싶지 않은 일을 해야 할 때도 있습니다. 그러나 누군가의 요구에 응답하는 일은 괴롭지만 깊은 보람을 우리에게 안겨줍니다. 주님, 십자가의 길은 유쾌하지 않습니다. 그러나 우리를 생명으로 인도합니다. 비록 비틀거릴지라도 그 길에서 벗어나지 않게 해주십시오. 아멘.

예수님은 '거룩함'이라는 척도가 지배하는 유대교 사회적 세계에 새로운 척도를 제시했다. '자비'가 그것이다. 자비는 긍휼히 여기는 마음, 함께 아파하는 마음, 타자의 약점까지도 품어 안으려는 마음이다.

Monday ～～～

Tuesday ～～～

Wednesday ～～～

하나님의 숨을

기다리며

Thursday ~~~~~

Friday ~~~~~

Saturday ~~~~~

Sunday ~~~~~

안식일은 저항이다

또 다른 안식일에 예수께서 회당에 들어가서 가르치시는데, 거기에는 오른손이 오그라든 사람이 있었다. 율법학자들과 바리새파 사람들은 예수를 고발할 구실을 찾으려고, 예수가 안식일에 병을 고치시는지 엿보고 있었다. 예수께서 그들의 생각을 아시고, 손이 오그라든 사람에게 말씀하셨다. "일어나서, 가운데 서라." 그래서 그는 일어나서 섰다. 예수께서 그들에게 말씀하셨다. "너희에게 물어 보겠다. 안식일에 착한 일을 하는 것이 옳으냐? 악한 일을 하는 것이 옳으냐? 목숨을 건지는 것이 옳으냐? 죽이는 것이 옳으냐?" 예수께서 그들을 모두 둘러보시고서, 그 사람에게 명하셨다. "네 손을 내밀어라." 그 사람이 그렇게 하니, 그의 손이 회복되었다. 그들은 화가 잔뜩 나서, 예수를 어떻게 할까 하고 서로 의논하였다(누가복음 6:6-11).

월터 브루그만은 '안식일은 저항'이라고 말한다. 불안에 저

하나님의 숨을
기다리며

항하고, 강요에 저항하고, 배타주의에 저항하고, 과중한 일에 저항하는 것이 바로 안식일이라는 것이다. '안식'이라는 단어와 '저항'이라는 단어가 이렇게 연결될 수 있다는 사실이 놀랍기만 하다. 에덴동산에서 일하라고 부름받은 것은 인간 밖에 없다. 일은 하나님의 창조 사역에 동참하는 것이었다. 동산을 가꾸고 동물을 돌보는 것은 고된 노동이 아니라 기쁨이었다. 그러나 죄가 들어온 후 노동의 의미는 바뀌었다. 아담은 죽는 날까지 수고를 하여야 땅에서 나는 것을 먹을 수 있다는 무서운 선고를 들었다. 인간은 가시덤불과 엉겅퀴로 상징되는 불모성과 싸워야 했다.

인간은 위험으로부터 자기와 가족을 지키기 위해서, 그리고 먹고 살기 위해 부단히 일해야 한다. 몸이 부서져라 일하면서도 불안해한다. 미래를 기약할 수 없기 때문이다. 인간은 그 바닥을 알 수 없는 불안의 허구렁을 메우기 위해 더 열심히 일한다. 악순환이다. 그 과정에서 자연을 닦달하고, 타자들을 수단으로 삼는다. 전쟁이 휘몰아친 자리에 폐허가 남듯이 인간이 머물다 떠난 자리마다 황폐함만 남는다.

이런 인간의 버릇을 알기에 하나님은 '안식일을 거룩하게 지키라'고 명하신다. 안식일은 안달하는 일을 그치는 날이다. 스스로 창조자로 살려는 강박관념을 내려놓는 날이다. 하나님의 눈으로 이웃을 바라보는 날이다. 그 날은 그래서 잃어버렸던 본연을 되찾는 날이다. 안식일을 거룩하게 지키는 이들은 살아 있음의 신비에 감격한다.

예수님이 회당에 들어가 가르치실 때 오른손이 오그라든 사람이 있었다. 율법학자들과 바리새파 사람들은 예수님을 고발할 구실을 찾으려고 그를 눈여겨보고 있었다. 그런 사실을 너무나 잘 알면서도, 아니 잘 알기에 예수님은 그 사람을 회당 한 복판에 일으켜 세우신다. 언제나 풀죽은 모습으로 주변에 있던 사람이 중앙에 섰다. 예수님은 사람들에게 "안식일에 착한 일을 하는 것이 옳으냐, 악한 일을 하는 것이 옳으냐? 목숨을 건지는 것이 옳으냐? 죽이는 것이 옳으냐?" 물으신다. 묵묵부답이었다. 주님은 그들을 둘러보시고서 그 사람에게 명하셨다. "네 손을 내밀어라." 그러자 그의 손이 회복되었다.

손이 회복된 그 사람의 존재 그 자체가 안식일의 의미를 온전히 드러낸다. 안식일은 생명을 회복하는 날 아니던가? 그러나 그 놀라운 사건을 모두가 경탄하고 기뻐하는 것은 아니다. 예수를 시험하던 이들은 오히려 화가 났다. 자기들이 금과옥조로 여기던 안식일을 예수님이 범했다고 생각했기 때문이다. 그들에게 중요한 것은 안식일 규정일 뿐 사람의 회복이 아니었다. 바울은 문자는 사람을 죽이고, 영은 사람을 살린다고 말했다(고린도후서 3:6). 아! 안다 하는 이들, 자기 의에 사로잡힌 이들은 가련하다. 그들은 결코 안식을 누리지 못한다.

하나님, 분주함이 신분의 상징처럼 된 세상에 우리는 맑고 깊은 숨을 쉬지 못합니다. 늘 시간에 쫓겨 허덕이며 살지만, 가슴 뿌듯한 기쁨을 누리지도 못합니다. 메마른 영혼과 영혼이 만나면 늘 팽팽한 긴장이 빚어집니다. 그래서 현실에서 벗어나 어딘가로 도피하고 싶은 생각이 들 때도 많습니다. 주님, 이런 저런 욕망이 명멸하는 우리 영혼을 정화시켜 주십시오. 그래서 하늘로부터 공급되는 깊은 안식을 누리며 살게 해주십시오. 아멘.

참된 만남

> 그런 다음에 시몬을 예수께로 데리고 왔다. 예수께서 그를 보시고 말씀하셨다. "너는 요한의 아들 시몬이로구나. 앞으로는 너를 게바라고 부르겠다"(요한복음 1:42).

마틴 부버는 '모든 참된 삶은 만남'이라고 말했다. 누구를 만나느냐가 우리 인생의 지향과 내용을 상당 부분 결정한다. 오늘의 우리 모습 속에는 우리 곁에 머물던 혹은 스쳐지나간 누군가의 흔적이 새겨져 있다. 의식하든 의식하지 못하든 우리 또한 누군가를 형성하는 데 기여하고 있다. 두렵고 떨리는 일이다.

사건이 되는 만남이 있다. 사건이란 아주 짧은 순간에 일어난다. 그러나 누군가의 가슴에 깊은 흔적을 남긴다. 만해 한용운이 말한 '날카로운 첫 키스의 추억'도 그런 사건의 좋은 예이다. 하나님의 말씀도 사건을 일으킨다. 갑각류처럼

하나님의 숨을
기다리며

단단한 자아 속에 웅크린 사람들은 말씀과 만나지 못한다. 그들이 만나는 것은 폐쇄적 자아일 뿐이다. 자기 한계를 절감하는 사람들, 피부가 벗겨진 것처럼 예민한 영혼들은 말씀과 만나 새로운 존재로 빚어진다.

갈릴리 호수를 삶의 근거지 삼아 살던 어부들은 헤롯 안티파스의 통치 하에 살면서 뿌리 뽑힌 나무처럼 위태로운 삶을 이어가고 있었다. 사람들을 목적이 아닌 수단으로 대하는 권력 앞에서 무기력한 한숨만 내쉬는 이들도 있지만, 세상이 달라져야 한다며 속으로 들끓고 있는 이들도 있다. 『홍길동전』의 저자인 허균은 그릇된 세상만 탓하는 '원민怨民'도, 현실을 그저 수용하고 살아가는 '항민恒民'도 아닌 변혁을 모색하는 '호민豪民'들의 출현을 고대했다. 세례자 요한이 그런 사람이었다. 그러나 세례자 요한은 자기가 아닌 다른 이를 가리킨다.

요한의 제자들이 예수를 찾아왔고, 그들의 마음속 심지에 불이 붙었다. 그 가운데 한 사람인 안드레가 형제 시몬에게 "우리가 메시아를 만났소."라고 말하고는 그를 예수님께 데려왔다. 예수님은 그를 눈여겨보신 후 말씀하셨다. "너는 요한의 아들 시몬이로구나. 앞으로는 너를 게바라고 부르겠다"(요한복음 1:42). 투박하기만 한 갈릴리 어부 시몬 속에 잠들어 있던 게바 곧 베드로가 깨어나는 순간이었다. 그가 새

역사의 반석이 되리라고 기대한 이는 아무도 없었을 것이다. 그러나 예수님과 만나는 순간 그는 자기 초월의 길로 나아가기 시작했다.

예수님은 한 존재의 깊은 곳에 숨겨진 아름다운 가능성을 호명하여 불러내고, 그 가능성이 꽃피울 수 있도록 돌보아 주신다. 시몬은 예수님과 만나 원민을 넘어 하나님 나라를 치열하게 추구하는 '호민'이 되었다.

기도

하나님, 발서슴하며 이리저리 헤매보지만 희망의 불빛은 좀처럼 보이지 않습니다. 사람에게 희망을 걸었다가 실망하기 일쑤였습니다. 이런 일이 반복되면서 우리는 역사 허무주의에 빠지기도 합니다. 그러나 허무주의는 우리를 더 큰 절망으로 몰아갑니다. 세상이 뭐라 하든 이제 작은 희망이 되기 위해 노력하겠습니다. 주님의 말씀과 인격과 만나 새로운 존재로 빚어지길 소망합니다. 우리를 불쌍히 여겨주십시오. 아멘.

하나님의 숨을
기다리며

표징을 요구하다

바리새파 사람들이 나와서는, 예수에게 시비를 걸기 시작하였다. 그들은 예수를 시험하느라고 그에게 하늘로부터 내리는 표징을 요구하였다. 예수께서는 마음속으로 깊이 탄식하시고서 말씀하셨다. "어찌하여 이 세대가 표징을 요구하는가! 내가 진정으로 너희에게 말한다. 이 세대는 아무 표징도 받지 못할 것이다." 그리고 예수께서는 그들을 떠나, 다시 배를 타고 건너편으로 가셨다(마가복음 8:11-13).

바리새파 사람들은 자부심의 인간이다. 율법을 철두철미하게 지킨다는 자부심 말이다. 자부심은 타자의 존재를 상정한다. 그들은 남들과 구별되는 자기들의 경건행위를 스스로 대견하게 여긴다. '거룩함'의 척도를 들고 다른 이들의 삶을 재단하는 일을 서슴치 않는다. 다른 이들을 죄인으로 규정할 때 자기들의 존재가 더욱 뚜렷하게 드러난다고 생각하기 때문이다. '나는 너와 다르다'는 생각이야말로 그들의 존립 근거이다. 예수님은 그들의 실상을 꿰뚫어보셨다. 그래서 그들의 모든 경건한 행위가 '사람에게 보이기 위한 행위' 즉 '위선'이라 하셨다.

"너희도 겉으로는 사람에게 의롭게 보이지만, 속에는 위선과 불법이 가득하다"(마태복음 23:28).

애써 외면하고픈 자기들의 실상을 폭로하는 이를 좋아할 사람은 많지 않을 것이다. 바리새파 사람들은 예수에게 적대적이었다.

예수와 바리새파 사람의 차이는 무엇일까? 앨버트 놀런은 "바리새파 사람들은 권위를 진리로 삼았지만 예수는 진리를 권위로 삼았다"고 했다. 진리는 진심, 진정, 진실의 열매를 낳는다. 그 핵심은 생명에 대한 사랑이다. 예수는 생명을 풍부하게 하는 것을 소명으로 여겼다. 병자를 고치고, 귀신을 내쫓고, 소외된 이들의 벗이 된 것은 그 때문이다. 똑같은 하나님을 경외한다고 말하면서도 바리새파 사람들은 자기에게 집중되는 타자들의 시선에 민감하지만, 예수의 시선은 하나님의 도우심을 구하는 이들을 향한다.

어느 날 바리새파 사람들이 예수에게 나아와 하늘로부터 온 표징을 보여 달라고 청하였다. 그들은 자기들 속에 있는 무지의 얼음을 깨기 위해 그런 요구를 한 것이 아니었다. 다

하나님의 숨을
기다리며

만 예수를 시험하려고 했던 것이다. 불순한 동기이다. 진리를 추구하는 이들의 태도와는 사뭇 다르다. 예수는 깊이 탄식하시며 그들의 요청을 단호하게 뿌리친다.

"어찌하여 이 세대가 표징을 요구하는가! 내가 진정으로 너희에게 말한다. 이 세대는 아무 표징도 받지 못할 것이다"(마가복음 8:12).

표징은 마음이 청결한 사람만 볼 수 있다. 마음의 창이 더러운 이들은 표징을 보아도 알아차리지 못한다. '마음의 눈에 낀 무명의 백태가 벗겨져야'(구상), 비로소 세상에 가득 찬 하나님의 숨결을 알아차리는 법이다. 나로 가득 찬 사람은 하나님의 숨결을 느낄 수도 없고, 그 분의 일하심도 볼 수 없다. 예수는 그들을 떠나가셨다.

기도

하나님, 성경에 등장하는 바리새파 사람들을 볼 때마다 속상합니다. 경건을 권위로 삼으려는 그들의 마음이 느껴지기 때문입니다. 하지만 정직하게 돌아보면 우리도 그들보다 나을 것이 하나도 없습니다. 우리 또한 자아를 세상의 중심에 놓으려 하니 말입니다. 진리를 따른다고 하면서도 한사코 진리를 멀리하는 우리를 불쌍히 여겨주십시오. 아멘.

하나님의 후회

주님께서는, 사람의 죄악이 세상에 가득 차고, 마음에 생각하는 모든 계획이 언제나 악한 것뿐임을 보시고서, 땅 위에 사람 지 으셨음을 후회하시며 마음 아파 하셨다. 주님께서는 탄식하셨다. "내가 창조한 것이지만, 사람을 이 땅 위에서 쓸어버리겠다. 사람뿐 아니라, 짐승과 땅 위를 기어다니는 것과 공중의 새까 지 그렇게 하겠다. 그것들을 만든 것이 후회되는구나." 그러나 노아만은 주님께 은혜를 입었다(창세기 6:5-8).

후회는 약자의 버릇이다. 과거는 무화시키거나 바꿀 수 없 다. 시간은 불가역적이기 때문이다. 오늘의 나는 과거가 빚 은 결과물이다. 현재가 만족스럽지 못할 때 우리는 과거를 미화하거나, 남을 탓한다. 군자는 남을 탓하지 않지만 소인 은 남을 탓한다.(공자) 후회는 탓하기보다는 낫다. 적어도 '불 만족'의 원인을 자기 안에서 찾고 있기 때문이다. 후회가 새

하나님의 숨을
기다리며

로운 삶을 향한 결단으로 이어지면 다행이지만, 그렇지 못할 때는 자기 비하의 심연으로 추락하기 쉽다.

그런데 창세기의 기자는 하나님이 인간 지으신 것을 후회하셨다고 말한다. 신인동형론^{神人同形論, anthropomorphism}적 표현이기는 하지만 이 말씀은 당황스럽다. 하나님이 당신의 창조 사역을 후회하신다. 그것도 당신의 형상을 따라 정성껏 빚은 인간이 노정하는 삶의 모습 때문에 말이다. 일찍이 하나님의 낯을 피하여 달아난 인간은 불안을 숙명처럼 안고 살아야 했다. 불안을 잊기 위해 맹렬히 뭔가를 추구하는 과정에서 타인은 사랑하고 돌보고 함께 살아가야 할 대상이 아니라 극복해야 하는 대상으로 전락했다. '나-너' 관계가 '나-그것'의 관계로 전환되면서 존재론적 충일함은 스러지고 소외가 깊어졌다. 시간이 지나면서 지배자와 피지배자가 갈렸고, 지배의 도구인 폭력이 일상이 되었다. '이익'이 모든 가치를 블랙홀처럼 빨아들이는 순간 인간 영혼은 납작해진다. 하나님을 경외하는 마음은 사라지고 음습한 욕망이 인간의 현실을 삼킨다. 타락이다.

이런 현실을 보며 하나님은 사람 지으신 것을 후회하셨다. 하나님의 마음에 지핀 시인은 현실을 보며 탄식한다.

"하나님께서는 하늘에서 사람을 굽어보시면서, 지혜로운 사람이 있는지, 하나님을 찾는 사람이 있는지를 살펴보신다. 너희 모두는 다른 길로 빗나가서 하나같이 썩었으니, 착한 일 하는 사람이 하나도 없구나"(시편 53:2-3).

하나님을 등진 채 바라보면 타인은 언제든 우리의 자유를 위협하고 황폐하게 만들 수 있는 존재이다. 사르트르는 그래서 '타인을 지옥'이라 했다. 그러나 정말 그런가? 하나님은 인간을 관계적 존재로 만드셨다. 하와가 없었다면 아담의 존재론적 쓸쓸함은 해소되지 않았을 것이다. 인간은 비스듬히 기댄 채 살아간다. '너' 없이는 '나'도 없다. '너'를 부정하는 것은 곧 '나'를 부정하는 것이 된다. '너'의 존재를 있는 그대로 받아들이고 기뻐하는 것이 사랑이다. 우리가 사랑을 위해 용기를 낼 때 하나님의 탄식이 기쁨으로 바뀐다.

기도

하나님, '나'의 있음이 하나님의 마음을 아프게 해드리고 있는 것은 아닌지요? 빛을 사모한다 말하면서도 우리는 욕망의 어둠 속에 몸을 숨기곤 합니다. 세상의 인력에 속절없이 이끌리다보니 우리 속에 있는 사랑의 샘물이 고갈되었습니다. 이웃들은 우리 가슴에서 빈 두레박을 들어 올릴 뿐입니다. 주님, 온 세상의 아픔과 슬픔을 다 부둥켜안으셨던 예수 그리스도의 마음을 우리 속에 심어주십시오. 아멘.

하나님의 숨을
기다리며

고통 속에서도
신뢰합니다

"내 인생이 왜 이렇게 고통스러우냐?"하고 생각할 때에도, 나의 믿음은 흔들리지 않았습니다. 나는 한 때, 몹시 두려워, "믿을 사람 아무도 없다" 하고 말하곤 하였습니다. 주님께서 나에게 베푸신 모든 은혜를, 내가 무엇으로 다 갚을 수 있겠습니까?(시편 116:10-12)

시인의 고백이 절절하다. 본래 우리가 원해서 이 세상에 온 것이 아니건만, 시간 속을 바장이는 인생살이에 슬픔과 고통은 반갑지 않은 손님처럼 무시로 우리에게 다가온다. 행복은 카프카의 성처럼 늘 저만치에 있어 다가서면 그만큼 멀어지곤 한다. 행복은 명멸하는 불빛처럼 잠시 우리 마음을 환하게 비추다가 이내 스러지곤 한다. 그러나 고통스런 기억은 잊히는 듯하다가도 어떤 계기를 만나면 너무나 쉽게 의식의 표면으로 떠오른다. 아픔이 축적되어 퍼런 멍이 되고, 미래에 대한 전망조차 불확실할 때 비애가 발생한다. 그때 우리는 시인처럼 탄식하지 않을 수 없다. "내 인생이 왜 이렇게 고통스러우냐?"

고통은 외로움을 동반한다. 대개의 경우 고통은 사적이다. 물론 위로해주는 이들도 있고, 곁을 지켜주는 이들도 있다. 하지만 당사자의 마음을 사로잡고 있는 절망과 아픔을 온전히 경험할 수는 없다. 고통은 우리가 서 있는 삶의 터전을 뒤흔든다. 견딜 수 없는 고통을 겪은 이들은 아주 오랫동안 일상의 질서를 회복하지 못한다. 행복했던 지난날은 영원히 지나가 버린 것인지도 모른다. 애도와 상실의 시간을 보내고 있는 이들에게 '이제 그만하면 되지 않았냐?'고 다그치는 이들이 있다. 일종의 동정 피로compassion fatigue일 것이다.

시인은 자기를 괴롭히고 있는 현실을 '죽음의 올가미', '스올의 고통', '고난과 고통'이라는 말로 요약한다. 그를 괴롭히는 현실의 전모를 알 수는 없지만 그는 보통 이상의 고통을 겪고 있었던 게 분명하다. 믿음의 사람에게도 그런 고통은 타격이다. 그 타격은 우리 삶을 휘청이게 만든다. 확실했던 것은 불확실한 것으로 변하고, 익숙했던 세계는 낯설게 변한다. 가까이 계시던 하나님조차 멀어진 것만 같다. '어둔 밤'이 도래한 것이다.

하나님의 숨을
기다리며

그러나 시인은 돌연 지난 날 자신을 너그럽게 대해주셨던 하나님에 대한 기억을 떠올린다. 새로운 지평이 열리며 고통이 궁극적이 아니라는 사실을 자각한다. 비로소 그의 믿음이 단단해진다. "나의 믿음은 흔들리지 않았습니다." 애초에 흔들림조차 없었다는 말이 아니다. 속절없는 흔들림 속에서 얻은 든든함을 이렇게 표현한 것이다. 고통 앞에서 잠시 흔들려도 괜찮다. 하나님은 그런 우리의 흔들림조차 품어 안으신다.

하나님, 고통은 가끔 우리 삶을 받침조차 없는 허방 위에 세우곤 합니다. 혼돈과 흑암이 마음을 가득 채울 때, 우리는 다만 울 수밖에 없습니다. 그러나 손 내밀어주는 이가 아무도 없는 것처럼 보일 때에도 주님은 언제나 우리 곁에 계십니다. 절망의 심연이 우리를 끌어당길 때에도 주님은 우리 손을 꼭 붙들어주십니다. 그 사랑에 의지하여 고통 너머의 세상을 바라보겠습니다. 아멘.

너희는 나를
누구라고 하느냐?

1월 13일

> 예수께서 제자들과 함께 빌립보의 가이사랴에 있는 여러 마을
> 로 길을 나서셨는데, 도중에 제자들에게 물으셨다. "사람들이
> 나를 누구라고 하느냐?" 제자들이 예수께 말하였다. "세례자
> 요한이라고 합니다. 엘리야라고 하는 사람들도 있고, 또 예언자
> 가운데 한 분이라고 하는 사람들도 있습니다." 예수께서 그들
> 에게 물으셨다. "그러면, 너희는 나를 누구라고 하느냐?" 베드
> 로가 예수께 대답하였다. "선생님은 그리스도이십니다." 예수
> 께서 그들에게 엄중히 경고하시기를, 자기에 관하여 아무에게
> 도 말하지 말라고 하셨다(마가복음 8:27-30).

예수께서 제자들에게 "사람들이 나를 누구라고 하느냐?"고
물으셨다. 주님도 세간의 평가에 민감하셨던 것일까? 성숙
한 주체는 자기 존재의 존립 근거를 타자들의 평가나 인정
에 두지 않는다. 예수님이 평판에 민감한 분이 아니었던 것

하나님의 숨을
기다리며

은 분명하다. 예수님이 그 질문을 던졌던 것은 세상의 시선에 민감한 제자들의 마음을 살피기 위해서였을 것이다. 제자들은 풍문으로 들려온 소문을 신이 나서 전한다. 세례자 요한이 환생했다고 하는 이도 있고, 하늘로 올리웠던 엘리야가 돌아온 것이라고 하는 이도 있고, 적어도 예언자 가운데 한 분임은 분명하다고 말하는 이도 있다는 것이었다. 지금 자기들 앞에 서있는 분이 그런 위대한 선조들의 환생으로 인정받는다는 사실이 그들의 마음에 왠지 모를 자부심을 고취시켰는지도 모르겠다. 그러나 예수님은 그런 이야기에 별다른 반응을 보이지 않으신다. 오랜 식민지 살이에 지친 사람들의 마음 깊은 곳에 새겨진 새로운 세상에 대한 갈망을 아프게 느끼셨는지도 모르겠다.

예수님은 제자들에게 "그러면, 너희는 나를 누구라고 하느냐?" 물으신다. 사람들은 대개 남의 눈을 빌어 세상을 보고, 남의 언어로 말한다. 다른 눈, 다른 언어로 말하는 이들은 불온시 되기 일쑤이다. 예수님의 질문은 제자들을 당황하게 했다. 하지만 질문은 늘 사유를 촉발한다. 베드로는 육신의 고통과 아울러 사회적 소외를 겪고 있던 병자들을 치유하고, 사람들의 마음을 지배하던 귀신을 내쫓아 온전케 하고, 죄인으로 규정된 사람들과 스스럼없이 어울리시는 예수님의 모습 속에서 새로운 세상의 단초를 보았다. "선생님은 그리스도이십니다." 마음속에 어렴풋이 짐작되던 바를 언어로 발화하는 순간이었다.

그런데 예수님이 제자들에게 이 질문을 던지신 장소가 참 중요하다. 빌립보의 가이사랴는 헤롯대왕의 아들 빌립이 황제 권력에 충성한다는 사실을 가시적으로 드러내기 위해 선택한 도시였다. 로마의 신전이 들어서고, 로마인들이 섬기는 신들의 입상이 도처에 섰다. 헬레니즘 문화를 전파하기 위한 극장도 있었다. 아우구스투스 황제 이후 로마 황제들은 '신의 아들'을 참칭하고 있었다. 다양한 상징 조작을 통해 황제 숭배를 제도화하고 있었던 곳이다. 바로 그곳에서 예수는 '너희는 나를 누구라고 하느냐?' 물으셨다. 예수를 그리스도라고 고백한다는 것은 황제로 표상되는 힘의 세계에 대한 잠재적인 거부였다. 그리스도에 대한 신앙 고백 • 은 주류 세계에 굴종하지 않겠다는 단호한 의지의 표현이어야 한다.

신자유주의 경제 질서가 사람들의 혼을 납작하게 만들고 있다. 돈을 맹목적으로 추구하는 이들에게 자기 외부의 인간은 존엄하지 않다. 그들은 다만 자기 욕망을 이루기 위한 수단일 뿐이다. 이런 시대에 예수를 그리스도로 고백한다는 것은 어떤 경우에라도 동료 이웃들을 존엄한 인격으로 대하겠다는 결의를 내포한다.

하나님, 예수님을 믿는다고 고백하는 이들은 많지만, 예수님의 마음으로 사람들을 대하는 이들은 만나기 어렵습니다. 신자들의 삶과 고백의 분리로 인해 주님의 이름이 세상에서 더럽혀지고 있습니다. 힘겹더라도 우리의 신앙고백을 삶으로 번역하며 살고 싶습니다. 주님, 우리 속에 주님의 숨결을 불어넣어주십시오. 아멘.

시간을 분별하는 지혜

우리에게 우리의 날을 세는 법을 가르쳐 주셔서 지혜의 마음을 얻게 해주십시오(시편 90:12).

가끔 삶이 낯설다는 생각에 정신이 아뜩해질 때가 있다. 정신없이 우리를 휘몰아치던 일들이 얼추 정리되고 모처럼 찾아온 한가로운 시간, 마치 선잠에서 깨어난 듯 가까운 사람들과 풍경이 비현실적으로 보일 때, 오랫동안 잊고 살았던 삶의 의미 물음이 고개를 든다. '나는 왜 이 세상에 왔을까?' '나는 어디로 가고 있는 것일까?' '삶이란 무엇인가?' 명징해 보이던 현실이 불투명해지고, 애집하던 일들은 허무하게 느껴진다. 바로 이때가 존재이신 분의 현존을 경험할 때이다.

기세좋게 자라던 풀도 때가 되면 시들고, 화려한 자태를 자랑하던 꽃도 때가 되면 지게 마련이다. 그래서 허무한가?

하나님의 숨을
기다리며

그렇지 않다. 그건 생명의 법칙일 뿐이다. 오직 인간만이 그 생명의 법칙에 항거한다. 시들지 않으려고, 스러지지 않으려고 몸부림친다. 그리고 허무감에 사로잡힌다. 허무감에 사로잡혀도 살아야 하는 게 또한 인생이다.

잘 산다는 것은 자기 인생의 때를 잘 분별하며 때에 맞는 삶을 살아내는 것이다. 전도서 기자는 하나님께서 모든 때를 아름답게 하셨다고 말한다. 그러나 '지금'을 살지 못하는 인간은 늘 다른 때 혹은 다른 이들의 시간을 부러워할 뿐 자기 시간을 알차게 누리지 못한다. 인간의 어리석음이라는 껍질은 매를 맞아도 잘 벗겨지지 않는다.

히브리의 시인은 이런 현실을 너무나 잘 알기에 "우리에게 우리의 날을 세는 법을 가르쳐 주셔서 지혜의 마음을 얻게 해주십시오."라고 기도한다. 지혜란 다른 것이 아니다. 자기의 시간을 헤아리면서 그 시간에 맞는 삶을 살아내는 것이다. 그렇다고는 해도 시간 속을 바장이는 인간의 삶이 늘 행복한 것은 아니다. 히브리의 시인은 인간이 감내할 수밖에 없는 삶의 시간을 수고와 슬픔뿐이라는 말로 요약한다. 정말 그러한가? 그렇다면 삶은 비애이다.

시인 정현종은 "어디 우산 놓고 오듯/어디 나를 놓고 오지도 못하고/이 고생이구나//나를 떠나면/두루 하늘이고/사랑이고/자유인 것을"이라고 노래했다(〈어디 우산 놓고 오듯〉). 인생에 문제의 태반은 나를 떠나지 못하는 데 있다. 다른 이들에게 보여주고 싶은 나, 다른 이들의 기대에 따라 처신하려는 나를 내려놓지 못해 인생이 고달프다.

우리는 언제쯤이면 자기 시간을 오롯이 살아낼 수 있을까? 하루를 영원에 잇댈 때이다. 하나님이 품고 계신 역사의 꿈을 우리의 꿈으로 수용할 때 우리는 영원의 한 부분이 된다. 영생이란 시간의 무한한 연장이 아니라 질적으로 변화된 시간 경험이 아니던가. 아, 오늘이야말로 구원의 날이다.

하나님, 환하게 피어나는 꽃을 보면 우리 마음도 환해집니다. 땅에 떨어져 짓밟히는 꽃잎을 보면 그 무상함 때문에 슬퍼집니다. 주님은 우리 속에 아름다운 가능성을 심어주시면서 '꽃을 피워라' 명하셨습니다. 하지만 우리는 처리해야 할 많은 일들에 치인 채 내면의 꽃을 제대로 가꾸지 못하고 있습니다. 피곤함과 우울함이 우리를 확고히 감싸고 있습니다. 이제는 벗어나고 싶습니다. 우리에게 우리의 날 세는 법을 가르쳐 주십시오. 선물처럼 주어진 인생의 남은 때를 가장 아름답게 살아내게 해주십시오. 아멘.

하나님의 숨을
기다리며

잘 산다는 것은 자기 인생의 때를 잘 분별하며 때에 맞는 삶을 살아내는 것이다. 우리는 언제쯤이면 자기 시간을 오롯이 살아낼 수 있을까? 하루를 영원에 잇댈 때이다. 하나님이 품고 계신 역사의 꿈을 우리의 꿈으로 수용할 때 우리는 영원의 한 부분이 된다.

Monday ~~~~

Tuesday ~~~~

Wednesday ~~~~

하나님의 숨을
기다리며

Thursday ~~~~~

Friday ~~~~~

Saturday ~~~~~

Sunday ~~~~~

사슴이라 불린 사람

그런데 욥바에 다비다라는 여제자가 있었다. 그 이름은 그리스 말로 번역하면 도르가인데, 이 여자는 착한 일과 구제사업을 많이 하는 사람이었다. 그 무렵에 이 여자가 병이 들어서 죽었다. 그래서 사람들이 그의 [시신을] 씻겨서 다락방에 두었다. 룻다는 욥바에서 가까운 곳이다. 제자들이 베드로가 룻다에 있다는 말을 듣고, 두 사람을 그에게로 보내서, 지체하지 말고 와 달라고 간청하였다. 그래서 베드로는 일어나서, 심부름꾼과 함께 갔다. 베드로가 그 곳에 이르니, 사람들이 그를 다락방으로 데리고 올라갔다. 과부들이 모두 베드로 곁에 서서 울며, 도르가가 그들과 함께 지낼 때에 만들어 둔 속옷과 겉옷을 다 내보여 주었다. 베드로는 모든 사람을 바깥으로 내보내고 나서, 무릎을 꿇고 기도를 하였다. 그리고 시신 쪽으로 몸을 돌려서, "다비다여, 일어나시오!" 하고 말하였다. 그 여자는 눈을 떠서, 베드로를 보고, 일어나서 앉았다. 베드로가 손을 내밀어서, 그

하나님의 숨을

기다리며

다비다를 기억하는 이들이 얼마나 될까? 죽음에서 소생한
사람이지만 나사로만큼 알려지진 않았다. 다비다는 아람어
로 '사슴'이라는 뜻인데 사람들은 그를 같은 뜻을 가진 그리
스어 '도르가'라고도 불렀다. 성경에서 사슴은 긍정적 맥락
에서 등장한다. "하나님께서는 나의 발을 암사슴의 발처럼
튼튼하게 만드시고"(사무엘하 22:34), "사슴이 시냇물 바닥에
서 물을 찾아 헐떡이듯이, 내 영혼이 주님을 찾아 헐떡입니
다"(시편 42:1).

사슴은 활발한 생명력을 연상케 하는 동시에, 하나님을
그리워하는 영혼을 상징하기도 한다. 아가서에서는 '사랑하
는 님'의 은유로 등장하기도 한다. 다비다는 대체 어떤 사람
이었을까? 성경에서 그는 오로지 사람들의 기억 속에서만
존재한다.

누가는 다비다를 '여제자'라고 칭한다. 그가 예수 운동과
어떤 관계를 맺었는지는 알 수 없지만 뭇 사람들의 존경을
받던 인물임은 분명하다. 그는 '착한 일과 구제사업을 많이
하는 사람'이었다. 자기 재물이 가련한 처지의 사람들에게

흘러가도록 했던 것이다. 베르자예프는 우리가 재물을 가난한 이들을 위해 사용하는 순간 그것은 더 이상 물질이 아니라 정신이라고 말했다. 아름다운 기억을 가진 사람들은 예기치 않은 시간에 닥쳐온 다비다의 죽음을 애달파 하는 한편 심부름꾼을 룻다에 있던 베드로에게 보내 즉시 와달라고 청했다. 베드로가 욥바에 도착하자 사람들은 그를 다비다의 시신이 안치된 다락방으로 안내했다. 그곳에는 과부들이 모여 앉아 다비다의 때이른 죽음을 애도하고 있었다. 베드로를 보자 그들의 울음소리는 더욱 낭자해졌다. 그리고 그들은 다비다가 만들어 놓은 겉옷과 속옷을 보이며 그의 덕행을 찬양했다.

베드로는 그들을 모두 밖으로 내보낸 후 하나님께 간절히 기도를 올리고는 "다비다여, 일어나시오"라고 외쳤다. 다비다는 마치 꿈에서 깨어나듯 죽음의 잠에서 깨어났다. 성도들과 과부들은 그 놀라운 이적을 보며 하나님께 영광을 돌렸다. 이 일이 욥바에 널리 알려지면서 많은 이들이 주님을 믿게 되었다.

다비다 이야기는 성령강림절 사건 이후에 벌어진 놀라운 이적 이야기의 일부이면서 이방인에게 복음을 전하는 계기가 된 고넬료 이야기와의 연결 고리 역할을 한다. 그렇다 해도 다비다라는 존재는 기억될 필요가 있다. 다비다와 같은 역할을 하는 이들이 얼마나 많은가? 다른 이들에게 생기를 부여하는 사슴과 같은 존재이면서, 스스로 하나님에 대한 깊은 갈망을 품고 사는 사람들 말이다. 보이지 않지만 분명히 존재하는 다비다들이 교회의 희망이다.

하나님, 주님은 오른손이 하는 일을 왼손이 모르게 하라고 이르셨습니다. 그렇게 해보려고 노력하지만 쉽지는 않습니다. 누군가가 그 선행을 알아주었으면 하는 바람이 크기 때문입니다. 때로는 누군가를 돕는 행위가 우리의 자아를 강화할 때도 있고, 타자에게 굴욕감을 안겨줄 때도 있습니다. 다비다는 아무 말도 하지 않지만, 많은 이들이 그의 덕행을 기리고 있습니다. 그런 조용한 섬김으로 세상에 온기를 불어넣는 사람들이 되게 해주십시오. 아멘.

예언자는
가수가 아니다

"너 사람아, 네 민족의 자손 모두가 담 밑이나 집 문간에서 네 이야기를 하며, 자기들끼리 서로 말하기를 '어서 가서, 주님께서 그에게 무슨 말씀을 하셨는지 들어나 보자' 하면서, 마치 호기심 많은 사람들이 무슨 구경거리를 보러 오듯이 너에게 올 것이다. 그러나 그들은, 네가 하는 말을 듣기만 할 뿐, 그 말에 복종하지는 않을 것이다. 그들이 입으로는 달갑게 여기면서도, 마음으로는 자기들의 욕심을 따르기 때문이다. 그들은 너를, 악기를 잘 다루고 듣기 좋은 목소리로 사랑의 노래나 부르는 가수쯤으로 생각한다. 그래서 그들은, 네가 하는 말을 듣기만 할 뿐, 그 말에 복종하지는 않는다. 그러나 내가 너에게 시켜서 한 그 말은 반드시 이루어진다. 그 말씀이 이루어지면, 그 때에야 비로소 그들 가운데 예언자가 있었다는 것을, 그들이 알게 될 것이다"(에스겔 33:30-33).

하나님의 숨을

기다리며

'배우고 때로 익히면 즐겁지 아니한가學而時習之 不亦乐乎 학이시습지 불역열호.' 누구나 잘 아는 『논어』의 첫 대목이다. 배움은 우리에게 새로운 세계를 열어준다. 배움은 아직 가보지 않은 길로 우리를 인도한다. 배운 것을 몸으로 익히는 과정을 통해 우리는 더 나은 존재로 발돋움한다. 새들도 나는 연습을 한다. 부등깃을 펼치고는 아스라히 높은 곳에서 뛰어내린다. 위험을 무릅쓰지 않으면 영원히 날 수 없다. 두려움 때문에 호수의 얕은 물가를 맴돌기만 하는 이들은 절대로 호수를 건널 수 없다.

한국교회의 성경공부 열정은 가히 대단하다 말하지 않을 수 없다. 그런데 성경에 대한 지식이 곧 삶으로 바뀌지 않는다는 것이 문제라면 문제일 것이다. 카프카는 "한 권의 책은 우리 안에 있는 얼어붙은 바다를 깨뜨리는 도끼여야 한다"고 말했다. 성경 공부는 과연 우리 안에 있는 '자기 의', '욕망', '무지'를 깨뜨리는 도끼의 역할을 하고 있는가? 삶으로 번역되지 않는 성경 지식은 교만으로 화하기 일쑤이다.

하나님은 호기심 많은 사람들이 무슨 구경거리를 보듯 예언자의 말을 들으러 오는 행태를 사뭇 신랄하게 비판하신다. 호기심이 새로운 인식의 출발점일 때도 있지만, 무료한 일상을 견디기 위해 마음이 마련한 장치일 때가 더 많다. 하나님의 말씀은 그렇게 소비되어서는 안 된다. 그러나 현실은 그렇지 않다. 에덴에서 쫓겨난 후 불안이라는 운명을 짊어지고 사는 인간은 영원에 대한 그리움을 품고 살지만, 땅의 인력에 속절없이 이끌려 추락을 거듭한다. 추락을 거듭하면서도 상승을 포기하지 않아야 한다. 하지만 삶에 지친 이들은 자기 영혼의 부르짖음에 귀를 기울이지 않는다.

"그들은, 네가 하는 말을 듣기만 할 뿐, 그 말에 복종하지는 않을 것이다. 그들이 입으로는 달갑게 여기면서도, 마음으로는 자기들의 욕심을 따르기 때문이다"(에스겔 33:31).

경청되지 않은 말씀, 삶과 통합되지 않는 말씀의 운명이 이러하다. 사람들은 참을 희구하지만 참을 살아낼 생각은 품지 않는다. 안일에 길들여진 몸과 마음은 변화를 싫어하기 때문이다.

예언자의 말은 듣기 좋은 목소리로 부르는 사랑 노래가 아니다. 그들의 말은 둔감한 영혼을 깨뜨리는 도끼날일 때도 있고, 사람들 속에 숨겨져 있는 생명을 깨우는 봄볕일 때도 있다. 그들의 말이 하나님으로부터 기인한 것이 분명하다면 그 말은 세상에 그저 흩어지는 법이 없다. 하나님의 말씀은 사건을 일으킨다. 그 사건에 직면할 때 사람들은 비로소 하나님이 살아계시다는 사실을 자각한다. 많이 아는 것보다 바르게 아는 것이 중요하고, 바르게 아는 것보다 바르게 사는 것이 더 중요하다.

하나님의 숨을
기다리며

하나님, 주님의 신실한 종 어거스틴은 자기 속으로 구부러진 인간의 현실을 '진리를 피하면서 찾는다.'는 말로 표현했습니다. 마음으로는 순결하고 정직한 삶을 지향하지만 우리 몸은 습관처럼 욕망의 방향으로 기울어집니다. 바람과 현실 사이의 이 모순 때문에 우리는 깊은 자괴감을 느낍니다. 주님의 은총이 아니고는 이 모순을 극복할 수 없습니다. 주님, 말씀으로 우리의 굳어진 자아를 깨뜨려 주시고, 우리 속에 새로운 심령을 심어 주십시오. 아멘.

예루살렘을 향해 난 창문

> 다니엘은, 왕이 금령 문서에 도장을 찍은 것을 알고도, 자기의
> 집으로 돌아가서, 다락방으로 올라갔다. 그 다락방은 예루살렘
> 쪽으로 창문이 나 있었다. 그는 늘 하듯이, 하루에 세 번씩 그의
> 하나님께 무릎을 꿇고 기도하며, 감사를 드렸다(다니엘 6:10).

타향도 정이 들면 고향이라지만 그것은 떠도는 자들의 슬픈
자기 위안일 뿐 사실은 아니다. 모어母語가 아닌 다른 나라 말
을 사용해야 하고, 문화와 습속이 다른 이들과 더불어 산다는
것은 참 고단한 일이다. 백석의 시 〈남신의주 유동 박시봉방〉
은 유랑하는 사람의 신산스런 처지를 절절하게 노래한다.

"어느 사이네 나는 내도 없고, 또/아내와 같이 살던 집도
없어지고,/그리고 살뜰한 부모 동생들과도 멀리 떨어져서,/
그 어느 바람 세인 쓸쓸한 거리 끝에 헤매이었다."

타향은 꼭 필요한 것들의 부재를 의미한다. 부재는 쓸쓸

함과 두려움을 낳는다.

바벨론에 포로로 잡혀간 사람들의 처지는 더 말해 무엇 하겠는가. 망해 버린 나라의 백성이라는 것, 돌아갈 고국이 없다는 것, 그처럼 처량한 게 또 있을까? 그래도 삶은 계속되어야 하기에 포로민들은 희망의 끈을 놓지 않고 살았다. 더러는 다니엘과 세 친구처럼 식민 지배자들의 눈에 들어 요직에 등용되기도 했다. 그러나 높은 자리에 올랐다고 하여 삶이 절로 편안해지는 것은 아니다. 높은 자리에 오른 피식민지 백성들은 질시의 대상이 되곤 했다.

다니엘은 아무도 풀지 못한 느부갓네살 왕의 꿈을 해석하면서 바빌로니아에서 가장 지혜로운 자로 인정받았고, 바벨론 지역의 통치자로 임명받았다. 바빌로니아가 메대에 의해 무너진 후에도 다니엘의 지위에는 변함이 없었다. 메대의 개국공신들은 다니엘을 눈엣가시처럼 대했다. 그리고 그를 제거하기 위한 음모를 꾸몄다. 그들은 다리우스 왕에게 "앞으로 삼십 일 동안에, 임금님 말고, 다른 신이나 사람에게 무엇을 간구하는 사람은, 누구든지 사자 굴에 집어넣기로 한다"(다니엘 6:7)는 금령을 내려달라고 한다. 그 제안이 다리우스의 허영심을 자극했다. 금령이 내려졌고, 음모를 꾸민 자들은 다니엘을 주목하기 시작했다.

왕의 금령 문서에 도장이 찍혔다는 사실을 알면서도 다

니엘은 자기 집 다락방에 올라 늘 하던 대로 예루살렘 쪽으로 난 창문가에 앉아 하루에 세 번씩 하나님께 무릎을 꿇고 기도를 올렸다. 호시탐탐, 사자굴에 갇히기 전 다니엘은 이미 야수들의 시선에 포박되어 있었다. 그걸 알면서도 그는 기도를 중지하지 않았다. 그것을 포기하는 순간 안전할 수는 있겠지만 자기 부정이라는 모멸감에 사로잡힐 수도 있었다. 다니엘은 기꺼이 사자굴을 택했다. 그리고 그 속에서 하나님의 동행하심을 경험했다. 예루살렘을 향해 난 창문, 구원의 바람은 그 창문을 통해 불어온다. 우리에게도 그런 창문이 있는지 돌아볼 일이다.

기도

하나님, 윤동주 시인은 '내가 사는 것은, 다만, 잃은 것을 찾는 까닭'이라고 노래했습니다. 그런데 우리는 무엇을 잃어버렸는지도 모른 채 세상 길을 배회합니다. 마음의 중심을 잃어 우리는 욕망 주위를 그저 맴돌며 그것이 삶인 줄로 여기고 있습니다. 온유하지만 정신의 날이 시퍼렇게 살아 있는 다니엘과 그 친구들의 모습은 안일에 길들여진 우리 삶의 누추함을 비추는 거울입니다. 주님, 하나님을 경외함이 우리 삶의 중심이 되기를 소망합니다. 우리의 믿음 없음을 긍휼히 여겨주십시오. 아멘.

하나님의 숨을
기다리며

경계선을 넘는다는 것

그 밤에 야곱은 일어나서, 두 아내와 두 여종과 열한 아들을 데리고, 얍복 나루를 건넜다. 야곱은 이렇게 식구들을 인도하여 개울을 건너 보내고, 자기에게 딸린 모든 소유도 건너 보내고 난 다음에, 뒤에 홀로 남았는데, 어떤 이가 나타나 야곱을 붙잡고 동이 틀 때까지 씨름을 하였다. 그는 도저히 야곱을 이길 수 없다는 것을 알고서, 야곱의 엉덩이뼈를 쳤다. 야곱은 그와 씨름을 하다가 엉덩이뼈를 다쳤다. 그가, 날이 새려고 하니 놓아 달라고 하였지만, 야곱은 자기에게 축복해 주지 않으면 보내지 않겠다고 떼를 썼다. 그가 야곱에게 물었다. "너의 이름이 무엇이냐?" 야곱이 대답하였다. "야곱입니다." 그 사람이 말하였다. "네가 하나님과도 겨루어 이겼고, 사람과도 겨루어 이겼으니, 이제 네 이름은 야곱이 아니라 이스라엘이다." 야곱이 말하였다. "당신의 이름이 무엇인지 가르쳐 주십시오." 그러나 그는 "어찌하여 나의 이름을 묻느냐?" 하면서, 그 자리에서 야곱에 사이 공간 혹은 점이지대라는 게 있다. 어둠과 빛, 도시와 시골, 안과 밖, 성과 속이 교차하는 장소 말이다. 비무장지대나 문지방도 일종의 사이 공간이라 할 수 있다. 옛 어른들은 문지방을 밟지 말라고 엄히 이르셨다. 성경의 제사장들의 직무 가운데 가장 중요한 것은 정결한 것과 불결한 것의 경계를 분별하는 일이었다. 신화에 등장하는 반인반수의 괴물들이 불길한 까닭은 그들이 인간과 동물의 구별을 무색하게 하기 때문이다. 경계선을 넘는다는 것은 늘 위험을 동반한다.

20년 동안의 객지 생활을 청산하고 고향으로 돌아오는 야곱은 얍복 강이라는 경계선 앞에서 숨을 고르고 있었다. 가족들과 모든 소유를 먼저 건너보낸 후 그는 뒤에 홀로 남았던 것이다. 고향이 지척이건만 그는 선뜻 그 강을 건너지 못한다. 강은 일종의 심리적 장벽이 되어 그를 가로막는다. 형에게 돌아갈 아버지의 축복을 가로챘던 기억과 아울러 아버지의 장례를 마치는 대로 동생을 죽이고 말겠다는 형의 노기 찬 음성이 들리는 듯했다. 어느덧 밤이 다가왔다. 갑자기 어떤 이가 나타나 야곱을 붙잡았고 목숨을 건 씨름이 시작되었다. 엉덩이뼈를 다쳤지만 절박한 야곱은 앙버티며 그 밤이 지나기를 기다렸다. 동이 틀 무렵 그가 놓아 달라고 하였지만 야곱은 "자기에게 축복해 주지 않으면 보내지 않겠다고 떼를 썼다."

그러자 그는 야곱에게 "너의 이름이 무엇이냐?"고 묻는다. "야곱입니다." 야곱의 문자적 의미는 '발뒤꿈치를 잡다'이지만 그 속뜻은 '속이는 자'이다. 살아남기 위해서라 곤 하지만 야곱은 그동안 속이는 자로 살았다. 자기 이름을 발설함으로 그는 자기 삶을 드러낸다. 그러자 그가 말한다. "네가 하나님과도 겨루어 이겼고, 사람과도 겨루어 이겼으니, 이제 네 이름은 야곱이 아니라 이스라엘이다." 새로운 이름이 주어졌다. 하나님과 겨루어 이겼다는 말은 하나님이 그에게 복을 내리지 않을 수 없게 했다는 말일 것이다. 얍복 강이라는 경계선에서 야곱은 죽었고 이스라엘로 재탄생했다. 비로소 경계선을 넘을 준비가 된 것이다.

호렙산 떨기나무 아래 엎드렸던 모세가 그러했던 것처럼 야곱은 "당신의 이름이 무엇인지 가르쳐 주십시오"라고 청한다. 히브리인들에게 이름과 존재는 분리되지 않는다. 이름을 안다는 것은 그의 존재를 여실히 안다는 뜻이다. 신적 존재에 대한 온전한 이해는 누구에게도 허락되지 않는다. 그는 "어찌하여 나의 이름을 묻느냐?"라고 되물으신다. 그리고는 그 자리에서 야곱을 축복하여 주었다. 축복하심이 곧 그분의 존재이다. 야곱의 밤은 지나갔다. 비록 절름거릴 수밖에 없었지만 그것은 하나님 안에서 죽고 다시 산 자의 표징일 뿐이다. 경계를 넘어 그는 은총의 세계로 들어갔다.

하나님. 사도들은 우리가 땅에 살고 있지만 땅에 속한 존재가 아니라고 말합니다. 오직 우리의 시민권은 하늘에 있다고도 말합니다. 그러한 자각이 우리 삶을 지탱해주는 힘이 될 때가 많습니다. 하지만 질척거리는 욕망의 벌판에서 사는 동안 하늘을 잊을 때가 많아 우리는 '이스라엘'이 아니라 '야곱'처럼 살고 있습니다. 절름거리면서도 하나님의 얼굴을 보며 걸었던 야곱이 누린 복을 우리에게도 허락하여 주십시오. 아멘

하나님의 숨을
기다리며

진노의 팔을 붙드는 손

> 나는 그들 가운데서 한 사람이라도 이 땅을 지키려고 성벽을 쌓고, 무너진 성벽의 틈에 서서, 내가 이 땅을 멸망시키지 못하게 막는 사람이 있는가 찾아보았으나, 나는 찾지 못하였다. 그래서 나는 그들에게 내 분노를 쏟아 부었고, 내 격노의 불길로 그들을 멸절시켰다. 나는 그들의 행실을 따라 그들의 머리 위에 갚아 주었다. 나 주 하나님의 말이다(에스겔 22:30-31).

세상의 타락은 불의한 권력자들의 공모를 통해 진행된다. 하나님은 유다 땅을 가리켜 '더러움을 벗지 못한 땅', '비를 얻지 못한 땅'(에스겔 22:24)이라 하신다. 억울한 사람들의 피가 흐른 땅, 나그네를 학대하고, 고아와 과부를 구박하는 땅, 남을 헐뜯는 이들이 늘어나고 부끄러움이나 죄책감 없이 음행을 저지르는 사람들이 많은 땅은 저주받은 땅이다. 선택받은 민족이라는 자부심을 품고 사는 이스라엘을 보고 하나님은 '이스라엘 족속이 내게는 쓸모도 없는 쇠찌꺼기'(에스겔 22:18)라고 말씀하신다. 기가 막힌 전락이다.

누구의 잘못인가? 모두의 잘못이라고 말함으로 사태를 두루뭉수리로 만들지 말아야 한다. 한 나라의 타락은 지도자들의 죄악 때문이다. 하나님은 에스겔을 통해 소위 지도자연하는 이들을 통렬하게 비판하신다. 제사장들은 율법을 위반할 뿐 아니라 거룩한 것과 속된 것을 구별하지도 않는다. 지도자들은 불의한 이득을 얻으려고 사람을 죽이고 생명을 파멸로 이끈다. 예언자들은 그들의 죄악을 회칠하여 덮어 주고, 거짓된 신비로 사람들의 마음을 호린다. 지도자들이 그 모양이니 백성들의 삶이 온전할 리 없다. 폭력과 강탈이 판을 친다. 하나님은 그런 세상을 안타까워하며 무너지고 있는 나라를 바로잡기 위해 투신하는 한 사람을 찾으신다. 무너진 성벽의 틈에 서서, 하나님이 땅을 멸망시키지 못하도록 막는 사람 말이다. 그런데 그런 이들을 하나도 찾을 수 없다고 하신다. 한결같이 썩어버린 것이다.

프랑스의 리옹 미술관에는 루벤스Pierre-Paul Rubens 1577-1640의 〈그리스도의 진노로부터 세상을 지키는 성 도미니크와 성 프란체스코〉라는 그림이 있다. 종교 개혁의 여파로 유럽 세계 전체가 전쟁의 소용돌이에 빠져들고 있을 때 그린 그림이다. 화면의 상단에는 죄악에 가득 찬 세상을 보고 진노

하나님의 숨을
기다리며

하여 손에 갈대로 만든 채찍을 들고 서 계신 예수님의 모습이 보인다. 주님의 왼편에는 당혹스런 눈빛으로 아들을 바라보며 마치 그의 손을 잡으려는 듯이 다가서고 있는 성모의 모습이 보인다. 오른편에는 근심스런 표정의 성부와 비둘기로 형상화된 성령이 있다. 화면의 하단에는 뱀이 휘감고 있는 지구본 위에 걸터앉은 도미니크 성인과 그 위에 손을 얹고 있는 프란체스코 성인이 등장한다. 둘은 아주 간절한 눈빛으로 하늘을 바라보고 있다. 프란체스코는 맨발에 누더기 차림이다. 그들의 팔은 마치 내리치는 그리스도의 팔을 막으려는 듯 위로 치켜 올려져 있다. 지금 주님의 진노의 팔을 붙들고 있는 사람은 누구일까?

기도

하나님. 사방을 둘러보아도 희망의 빛이 보이지 않습니다. 돈이라는 하나의 가치가 다른 모든 가치를 삼키고 있습니다. 초월의 관점에서 역사의 방향을 제시해야 할 종교조차 욕망의 벌판을 질주할 뿐입니다. 주님의 몸이어야 할 교회는 자기 확장에 몰두할 뿐입니다. 누가 이 문제를 해결할 수 있는지 두리번거리지 않겠습니다. 부족할망정 우리가 먼저 바로 서겠습니다. 이런 우리의 결심이 흔들리지 않도록 우리를 붙들어주십시오. 아멘.

영적 바벨론을 떠나라

너희는 떠나거라, 그 곳에서 떠나 나오너라. 부정한 것을 만지지 말아라. 그 가운데서 나오너라. 주님의 그릇을 운반하는 사람들아, 너희는 스스로 정결하게 하여라. 그러나 이제는 주님께서 너희 앞에 가시며, 이스라엘의 하나님께서 너희 뒤를 지켜 주시니, 너희가 나올 때에 황급히 나오지 않아도 되며, 도망치듯 달아나지 않아도 된다(이사야 52:11-12).

인간의 삶은 쫓겨남에서 시작되었다. 선악과를 따먹고 눈이 밝아진 인간은 에덴에서 추방되었다. 15-16세기 독일 화가인 알브레흐트 뒤러는 에덴에서 쫓겨나는 아담과 이브를 상당히 매혹적으로 그렸지만, 15세기 이탈리아 화가인 마사치오Masaccio1401-1428는 그 상황의 신랄함을 화면에 담았다. 천사의 손에는 불 칼이 들려 있고, 나뭇잎으로 앞을 가린 아담은 얼굴을 가리고 울고 있고, 이브는 가슴을 가린 채 눈을

하나님의 숨을
기다리며

감고 걷는다. 비통한 장면이다.

쫓겨남에서 시작된 시간 속의 삶은 또한 떠남의 연속이다. 탄생에서 죽음까지 인간은 정든 세계와 자주 결별하며 산다. 하나님은 아브람에게 익숙한 세계를 떠나라고 하셨다. 그 세계에 머물고 있는 한 옛 삶의 관습에서 벗어날 수 없기 때문이다. 떠난다고 하는 것은 취약해지는 것을 의미한다. 울타리가 되어 주고, 버팀목이 되어 주던 이들이 없기에 고향을 떠난 이는 홀로 서야 한다. 고향을 떠나본 사람이라야 나그네의 쓸쓸함과 두려움을 안다. 아브라함은 나그네로 살았기에 복을 매개하는 사람이 될 수 있었다. 낮은 자의 고통을 누구보다 깊이 이해할 수 있었기 때문이다.

가브리엘 마르셀은 인간을 일러 '호모 비아토르Homo Viator'라 했다. 흔히 '여행하는 인간'으로 번역하지만 그것은 이 용어 속에 담긴 근원적 쓸쓸함과 향수를 담아내기에는 역부족이다. 서 있는 자리가 달라지면 세상도 달리 보이는 법이다. 떠남을 통해 사람은 다양한 시선을 획득할 수 있다.

이사야를 통해 하나님은 바벨론에서 포로생활을 하는 백성들에게 그 곳에서 떠나라고 말씀하신다. 시내 산에서 맺은 언약을 통해 이스라엘은 거룩한 백성, 제사장 나라의 소명을 받았다. 그들이 있을 곳은 힘이 정의처럼 인식되는 곳이 아니다. 인간을 소모품 취급하는 제국으로부터 떠나야 한다. 그곳에서 누리는 알량한 평안함을 떨쳐버리지 못하고 그 속에 머무는 한 거룩한 삶은 불가능하다. 주저할 것 없다. 하나님이 앞서 가시고, 뒤를 지켜주신다. 도망치듯 달아나지 않아도 된다. 당당하게 걸으면 된다.

우리가 살고 있는 곳이 어쩌면 영적 바벨론인지도 모른다. 사람이 아니라 돈이 모든 가치의 중심인 세상에 사느라 숨이 가쁘다. 이런 세상을 어떻게 떠나야 할까? 돈을 주인으로 삼는 삶의 방식에서 차츰 벗어나야 한다. 돈 없이도 누릴 수 있는 것들에 눈을 돌려야 한다. 부정한 것은 손에 대지 말아야 한다. 그런 세계에서 자꾸 벗어나야 한다. 그리고 세상에 가득 찬 하나님의 암호를 해독하며 살아야 한다. 그 속에 삶의 진미가 있다.

기도

하나님, 행복을 간절히 원하지만 우리는 행복을 누리지 못합니다. 다가서면 그만큼 멀어지는 카프카의 성처럼 행복은 늘 저만치 떨어져 있습니다. 행복은 어쩌면 신기루인지도 모르겠습니다. 이제는 욕망의 허구렁을 채우느라 삶을 탕진하는 사람이 되고 싶지 않습니다. 이미 우리에게 주어진 삶이 은총임을 깨닫게 해주십시오. 은총에 눈 뜬 사람들과 깊이 연대하며 지금을 한껏 누리며 살게 해주십시오. 아멘.

하나님의 숨을
기다리며

신앙은 주체적 결단

주님을 섬기고 싶지 않거든, 조상들이 강 저쪽의 메소포타미아에서 섬기던 신들이든지, 아니면 당신들이 살고 있는 땅 아모리 사람들의 신들이든지, 당신들이 어떤 신들을 섬길 것인지를 오늘 선택하십시오. 나와 나의 집안은 주님을 섬길 것입니다(여호수아 24:15).

40년 동안의 광야 생활 내내 여호수아는 모세 곁을 지켰다. 모세의 비범한 용기에 경탄했고, 지도자의 고뇌와 외로움도 절절하게 느꼈을 것이다. 온 백성들의 운명을 어깨에 지고 나아간다고 하는 것이 어찌 힘겨운 일이 아니겠는가? 홍해를 건너 오아시스 지대인 르비딤에 도착했을 때 아말렉이 쳐들어왔고, 그는 모세의 지시에 따라 장정들을 뽑아 아말렉에 맞서 싸웠다. 이 일이 있기 전까지 이스라엘을 이끈 것은 오로지 하나님의 손길이었다. 아말렉과의 전투는 자기 운명을 스스로 결정하는 자유민이 되기 위해 겪어야 할 통과제의였다.

모세가 하나님을 만나기 위해 회막 안에 들어가면 그는 밖에서 회막을 지켰고 모세가 진으로 돌아가도 그는 장막을 떠나지 않았다. 강직한 사람이다. 정탐꾼이 되어 가나안 땅을 살피고 온 후에 그는 갈렙과 더불어 소수 의견을 제출했다. 다른 정탐꾼들이 가나안 사람들의 위용을 보고 겁에 질려 그들과 전쟁을 벌이는 것은 무모한 일이라며 손사래를 칠 때, 여호수아는 갈렙과 함께 "그들은 우리의 밥입니다. 그들의 방어력은 사라졌습니다"(민수기 14:9)라고 말했다.

모세가 벧브올 맞은편에 있는 골짜기에 묻힌 후 하나님은 여호수아를 모세의 후계자로 삼으시며 당부하셨다.

"내가 모세와 함께 하였던 것과 같이 너와 함께 하며, 너를 떠나지 아니하며 버리지 아니하겠다. 굳세고 용감하여라. 내가 이 백성의 조상에게 주기로 맹세한 땅을, 이 백성에게 유산으로 물려줄 사람이 바로 너다"(여호수아 1:5b-6).

두려웠지만 그는 소명을 받아들였고, 가나안 땅 정복이라는 대업을 이뤘다. 땅의 분배까지 다 마친 후 그는 마침내 하나님께로 돌아갈 때가 이르렀음을 알고 백성들에게 고별사를 남긴다. 그때까지 그들을 인도하고 또 그들 편에서 싸우신 하나님의 은총을 잊지 말고, 율법의 말씀을 담대하게 지키고 행하라는 것이 고별사의 요점이었다. 오직 주님만 섬기라고 신신당부하던 여호수아는 돌연 그들을 선택 앞에 세운다.

"주님을 섬기고 싶지 않거든, 조상들이 강 저쪽의 메소포타미아에서 섬기던 신들이든지, 아니면 당신들이 살고 있는 땅 아모리 사람들의 신들이든지, 당신들이 어떤 신들을 섬길 것인지를 오늘 선택하십시오. 나와 나의 집안은 주님을 섬길 것입니다"(여호수아 24:15).

신앙은 두길마보기가 아니라 주체적 결단이다. '이것도 저것도'가 아니라 '이것이냐, 저것이냐'의 문제라는 말이다. 하나를 선택한다는 것은 다른 선택 가능성을 내려놓는다는 말이다. 예수님은 사람이 두 주인을 섬길 수 없다시면서 돈과 주님을 더불어 섬길 수는 없다고 하셨다. 여호수아는 형편이 어떠하든 그와 그의 집안은 오직 주님만을 섬길 것이라며 주체적 결단의 본을 보인다. 견결한 믿음이란 이런 것이다.

하나님, 우리는 하루에도 몇 번씩 믿음의 길에서 벗어나곤 합니다. 가야 할 길을 분명히 알고 있다고 말하면서도 길을 잃기 일쑤입니다. 여호수아는 참 한결같은 사람이었습니다. 내적인 고뇌가 왜 없었겠습니까만 그는 주님의 말씀을 굳게 붙들고 그 말씀을 살아내는 일에 목숨을 걸었습니다. 응석받이 신앙생활에서 이제는 벗어나고 싶습니다. 우리도 주님의 뜻을 수행하는 전사가 되게 해주십시오. 우리 속에 주님의 숨을 불어넣어주십시오. 아멘.

하나님의 숨을
기다리며

예언자의 말은 듣기 좋은 목소리로 부르는 사랑 노래가 아니다. 그들의 말은 둔감한 영혼을 깨뜨리는 도끼날일 때도 있고, 사람들 속에 숨겨져 있는 생명을 깨우는 봄볕일 때도 있다.

Monday ～～～

Tuesday ～～～

Wednesday ～～～

하나님의 숨을
기다리며

Thursday ~~~~~

Friday ~~~~~

Saturday ~~~~~

Sunday ~~~~~

살리는 말

누구든지 듣기는 빨리 하고, 말하기는 더디 하고, 노하기도 더디 하십시오. 노하는 사람은 하나님의 의를 이루지 못하기 때문입니다. 그러므로 더러움과 넘치는 악을 모두 버리고, 온유한 마음으로 여러분 속에 심어주신 말씀을 받아들여야 합니다. 그 말씀에는 여러분의 영혼을 구원할 능력이 있습니다(야고보서 1:19-21).

말은 사람들을 이어주는 다리 역할을 할 때도 있지만 사람들을 갈라놓는 도구가 되기도 한다. 바츨라프 하벨은 '말의 힘'을 누구보다 깊이 통찰했던 사람이다. "모든 말들은 그것을 말하는 사람, 말해지는 상황, 그리고 말하는 이유 등을 반영한다. 똑같은 말이 한 순간엔 큰 희망을 방출하다가도, 다른 순간에는 살인 광선을 내뿜기도 한다. 똑같은 말이 한 순간엔 참이었다가 다음번에 거짓으로, 그리고 사태를 명확하게 조명해주다가도 또 다른 순간엔 기만적으로 될 수 있다. 그것은 어떤 경우에는 찬란한 지평을 열어주다가, 다음번엔 수용소 군도에 이르는 통로를 세우기도 한다. 같은 말이 한 시점에서는 평화의 주춧돌이었다가, 다음 순간엔 그 음절 하나하나마다 기관총 소리가 울려퍼질 수도 있다."

눈에 보이지 않는 말이 광선검이 되어 사람을 살리기도 하고 죽이기도 한다. 따뜻하고 온유한 말은 사람들 속에 잠든 생명을 깨운다. 따끔하지만 독기가 없는 말은 혼곤한 영적 잠에 빠진 이들을 일으켜 세운다. 그러나 독한 말, 정감 없는 말, 적대적인 말, 거짓말은 생명을 질식시킨다. 지금 우리 사회를 떠도는 말은 살리는 말인가, 죽이는 말인가?

야고보서에는 말에 대한 교훈이 많다. 경건하다고 스스로 생각하면서도 혀를 다스리지 않고 자기 마음을 속이는 이들 때문에 공동체가 어려움에 처했던 것 같다. 그래서 야고보는 "혀는 걷잡을 수 없는 악이며, 죽음에 이르게 하는 독으로 가득 차" 있다고 말한다(야고보서 3:8). 그 구절은 말이 공동체 내에 일으킨 혼돈과 분열을 여실히 드러내 보여주고 있다. 바른 말이 늘 옳은 말은 아니다. 옳은 말이 늘 살리는 말이 되는 것도 아니다. 말은 그래서 어렵다. 막스 피카르트는 '침묵을 배경으로 하지 않은 말은 소음'이라고 했다.

야고보는 믿음의 사람들에게 간곡하게 당부한다. "누구

든지 듣기는 빨리 하고, 말하기는 더디 하고, 노하기도 더디 하십시오. 노하는 사람은 하나님의 의를 이루지 못하기 때문입니다. 그러므로 더러움과 넘치는 악을 모두 버리고, 온유한 마음으로 여러분 속에 심어주신 말씀을 받아들여야 합니다. 그 말씀에는 여러분의 영혼을 구원할 능력이 있습니다"(야고보서 1:19-21).

빨리 해야 할 것이 있고, 더디 해야 할 것이 있다. 이 둘을 바꿔놓으면 안 된다. 노함은 '더러움과 넘치는 악'으로 치달을 가능성이 많다. 그렇기에 분노가 속에 차오를 때마다 하나님의 말씀을 가슴에 모시는 연습을 해야 한다. 살리는 말이 절실히 필요한 시대이다.

하나님, 옹알이를 하는 아기들을 봅니다. 우리는 무슨 말인지 도무지 알아듣지 못하지만 엄마는 그 비언어적 언어를 다 알아듣습니다. 그 차이는 깊은 사랑일 겁니다. 우리가 누군가를 사랑하면 그가 발설하지 않은 말까지 알아듣습니다. 홍수 때에 마실 물 없다는 옛말처럼 말이 넘치는 시대에 살고 있지만 참 말은 만나기 어렵습니다. 가까운 이들이 무심코 던진 말에 상처를 입기도 하는 우리들입니다. 이제는 살리는 말, 생명을 일깨우는 말을 하며 살고 싶습니다. 침묵의 우물에서 맑은 샘물을 길어 올리는 지혜를 허락하여 주십시오. 아멘.

하나님의 숨을
기다리며

다만 찬양할 뿐

다니엘은 다음과 같이 찬송하였다. "지혜와 권능이 하나님의 것이니, 영원부터 영원까지 하나님의 이름을 찬송하여라. 때와 계절을 바뀌게 하시고 왕들을 폐하기도 하시고, 세우기도 하신 다. 지혜자들에게 지혜를 주시고, 총명한 사람들에게 지식을 주 신다. 심오한 것과 비밀을 드러내시고, 어둠 속에 감추어진 것 도 아신다. 그분은 빛으로 둘러싸인 분이시다. 나의 조상을 돌 보신 하나님, 나에게 지혜와 힘을 주시며 주님께 간구한 것을 들어주시며 왕이 명령한 것을 알게 해주셨으니, 주님께 감사하 며 찬양을 드립니다"(다니엘 2:20-23).

이스라엘 사람들은 믿었던 도끼에 발등 찍힌다는 말을 실 감했을 것이다. 어떤 위기가 닥쳐오든 온 우주를 창조하신 하나님이 불 성벽과 방패가 되어 주실 것이라고 굳게 믿었 지만, 그 믿음은 보기 좋게 배신당했다. 사람들의 마음마다

99

'하나님은 어디 계신가?' '하나님은 어찌하여 우리를 버리셨나?' 하는 의문이 떠올랐을 것이다. 불타는 예루살렘, 그리고 무너진 성전을 본 느낌은 참담 그 자체였을 것이다. 굴비두름처럼 엮인 채 그 먼 바빌로니아까지 끌려온 여정은 기억하고 싶지 않은 악몽이었을 것이다. 바벨론 도성의 문을 통과하는 순간, 그들은 자기들의 소박한 문명과는 비교할 수 없을 정도로 정교하고 화려한 문명을 눈으로 목도하며 자기들이 우물 안의 개구리였음을 절감했을 것이다.

선민이라는 자부심은 무너졌고, 정체성의 뿌리는 흔들렸다. 살아남아야 한다는 절박함만이 그들을 사로잡았다. 더러는 바벨론의 식민지 정책에 따라 관료로 등용되기도 했다. 다니엘과 세 친구도 그들 중 하나였다. 그러나 그들의 지위는 늘 위태로웠다. 언제든 쫓겨날 수 있는 처지였다. 그들을 지켜줄 국가는 존재하지 않았다. 은인자중隱忍自重, 겉으로 드러내지 못한 채 속으로 참고 견디며 몸가짐을 신중히 하는 수밖에 없었다. 언제까지 그 불모의 세월을 견뎌야 할지 몰랐다. 능동적으로 자기 삶을 기획할 수 없다는 것이 고통이라면 고통이었을 것이다. 그러나 호랑이 굴에 끌려가도 기회는 있는 법.

느부갓네살 왕이 꾼 꿈이 다니엘에게 기회가 되었다. 불길한 꿈을 꾼 것까지는 알겠는데 도무지 기억할 수가 없었

100   하나님의 숨을
                              기다리며

기에 왕은 불안했다. 어찌하든 그 꿈을 기억해내야만 했다. 왕은 바빌로니아의 모든 지혜자들에게 자기 꿈을 알아내라고 명하고, 그 명대로 하지 못하면 그들을 다 죽이겠다고 위협했다. 하지만 남이 꾼 꿈을 무슨 수로 알아낼 수 있단 말인가. 지혜자들은 왕의 명령이 사리에 합당하지 않음을 지적한다.

"임금님께서 물으신 것은 너무 어려워서, 육체를 가진 사람과 함께 살지 않는 신들이라면 몰라도, 아무도 그 일을 임금님께 알려 드릴 수 없습니다"(다니엘 2:11).

이 구절 속에 아이러니가 있다. 다니엘도 지혜자였기에 죽을 위기에 처했다. 위기 상황 가운데서 다니엘은 세 친구에게 기도를 부탁하고 자신도 여호와의 도움을 구하는 기도를 올렸다. 마침내 왕의 꿈을 알게 되자 그는 하나님을 찬양한다.

다니엘은 다음과 같이 찬송하였다.

"지혜와 권능이 하나님의 것이니, 영원부터 영원까지 하나님의 이름을 찬송하여라. 때와 계절을 바뀌게 하시고 왕들을 폐하기도 하시고, 세우기도 하신다. 지혜자들에게 지혜를 주시고, 총명한 사람들에게 지식을 주신다. 심오한 것과 비밀을 드러내시고, 어둠 속에 감추어진 것도 아신다. 그분은 빛으로 둘러싸인 분이시다. 나의 조상을 돌보신 하나님, 나에게 지혜와 힘을 주시며 주님께 간구한 것을 들어주시며 왕이 명령한 것을 알게 해주셨으니, 주님께 감사하며 찬양을 드립니다"(다니엘 2:20-23).

제국의 지혜를 다 동원해도 하나님의 마음 깊은 곳을 통찰할 수 없다. 보이지 않는 손으로 역사의 수레바퀴를 돌리시는 하나님의 섭리를 누가 다 헤아릴 수 있다는 말인가. 인간은 다만 그 위대하심을 찬양할 뿐이다.

"하나님의 어리석음이 사람의 지혜보다 더 지혜롭고, 하나님의 약함이 사람의 강함보다 더 강합니다"(고린도전서 1:25).

인간의 한계를 인정하는 것이 지혜이다.

기도

하나님, 살면서 절감하게 되는 것은 '열 길 물속은 알아도 한 길 사람 속은 알 수 없다'는 말입니다. 세월이 가면 삶이 환해질 줄 알았습니다. 그러나 삶은 여전히 오리무중입니다. 하물며 유한한 인간이 무한하신 하나님을 어찌 알 수 있겠습니까? 우리는 모두 부분적으로만 아는 사람들입니다. 주님, 겸허하게 우리의 한계를 인정합니다. 하오니 주님, 마땅히 가야 할 길로 우리를 이끌어주시고, 주님이 기뻐하시는 일을 우리도 기뻐하게 해주십시오. 아멘.

하나님의 숨을
기다리며

그리스도께서 쓰신 편지

우리가 이렇게 말하는 것이 우리 자신을 치켜올리는 말을 늘어놓는 것입니까? 아니면, 어떤 사람들처럼, 우리가, 여러분에게 보일 추천장이나 여러분이 주는 추천장을 필요로 하는 사람들이겠습니까? 여러분이야말로 우리를 천거하여 주는 추천장입니다. 그것은 우리 마음에 적혀 있습니다. 모든 사람이 그것을 알고, 읽습니다. 여러분은 분명히 그리스도께서 쓰신 편지입니다. 우리는 그것을 작성하는 데에 봉사하였습니다. 그것은 먹물로 쓴 것이 아니라 살아 계신 하나님의 영으로 쓴 것이요, 돌판에 쓴 것이 아니라 가슴 판에 쓴 것입니다(고린도후서 3:1-3).

가끔 추천장을 써야 할 때가 있다. 잘 아는 사람, 정말 마음 놓고 추천할 수 있는 사람을 추천하는 일은 즐겁다. 그의 사람됨과 능력, 타자들과 맺는 친화력, 소명 의식과 학문적 열정 등을 설명하면 된다. 그렇지 못한 사람의 경우 조금 난감하다. 추천장을 쓴다는 것은 자기 이름을 걸고 하는 그의 존재에 대한 보증과 같다. 그러나 서로를 너무 잘 아는 사람들은 추천장을 필요로 하지 않는다. 바울은 고린도교인들에게 "여러분이야말로 우리를 천거하여 주는 추천장"(고린도후서 3:2)이라고 말한다. 그들의 삶이 철저히 변하지 않았다면 차마 할 수 없는 말이다. 사도들을 만나기 '이전'과 '이후'의 삶에 차이가 없다면 이 말은 빈 말일 뿐이다.

"여러분은 분명히 그리스도께서 쓰신 편지입니다. 우리는 그것을 작성하는 데에 봉사하였습니다."(고린도후서 3:3)

친필로 쓴 편지는 수신인들의 마음에 발신인의 존재를 오련하게 상기시킨다. 그것이 그리운 이로부터 온 편지라면 더 말할 나위 없다. 편지에는 발신자가 전달하려는 정보는 물론 그의 숨결과 모습과 태도까지 담겨 있게 마련이다. 옛 문인들의 글을 읽다가 스승님이 보내오신 편지를 읽기 전에 얼굴을 씻고 두 번 절한 후 읽었다는 대목과 만난 적이 있다. 편지는 그저 종이에 적힌 글이 아니다. 편지는 한 존재의 숨이다. 그런데 바울은 믿는 이들이 '그리스도께서 쓰신 편지'라고 말한다. 이것은 선언인 동시에 '그리스도께서 쓰신 편지답게 살라'는 촉구이다.

바울은 자신과 동역자들이 그 편지를 작성하는 데에 봉사하였다고 말한다. 바울은 그 과정 중에 겪어야 했던 눈물

하나님의 숨을
기다리며

겨운 일들을 드러내면서 생색을 내지 않는다. 그러나 주님의 일을 거들었다는 숨은 자부심을 굳이 숨기려 하지 않는다. 테레사 수녀도 자신을 가리켜 '하나님이 쓰시는 몽당연필'이라 했다. 젠체하지 않는 자부심과 겸양이 함께 담긴 표현이다. 그 편지는 "먹물로 쓴 것이 아니라 살아 계신 하나님의 영으로 쓴 것이요, 돌판에 쓴 것이 아니라 가슴 판에 쓴 것"(고린도후서 3:3)이다.

성도들로 하여금 좁은 길, 생명의 길을 걷도록 만든 것은 성령의 역사이다. 그들 속에 있던 돌과 같은 마음을 도려내고 새 살과 같은 마음을 심어주셨으니 말이다.

지금 '나'라는 존재의 편지를 쓰는 이는 누구/무엇인가? 묻고 또 물어야 한다. 세상이 그럭저럭 유지되는 것은 그리스도께서 쓰신 편지들이 곳곳에 있기 때문이다. 그들이 있는 곳에는 생명의 기적, 사랑의 기적이 일어난다. 알게 모르게 우리도 누군가의 가슴에 편지를 쓰며 산다. 부디 기쁜 소식이기를 빈다.

하나님. 만날 때마다 우리 마음이 절로 따뜻해지고 생이 참 아름답다고 느끼게 만드는 사람이 있습니다. 우리 나태함을 자각하게 만드는 이들도 있습니다. 반면 그를 만나고 나면 마음이 우울해지고, 세상을 비관적으로 보게 만드는 이들도 있습니다. 우리를 가리켜 '그리스도께서 쓰신 편지'라 하심을 도무지 감당할 수 없습니다. 우리 삶의 부박함을 잘 알기 때문입니다. 하지만 이제부터라도 그 이름에 합당한 삶을 살기 위해 노력하겠습니다. 우리 속에 주님의 마음을 심어주십시오. 아멘.

하나님의 숨을
기다리며

향방 없는 방황을 그치라

주님께서 이 백성을 두고 이렇게 말씀하신다. "그들은 이리저리 방황하기를 좋아하고, 어디 한 곳에 가만히 서 있지를 못한다. 그러므로 나 주가 그들을 좋아하지 않으니, 이제 그들의 죄를 기억하고, 그들의 죄악을 징벌하겠다"(예레미야 14:10).

원망하는 것은 소인배의 버릇이라지만 혹독한 현실 속에서 바장이다보면 자기를 이 지경으로 몰아넣은 누군가를 탓하지 않을 수 없다. 생의 무게가 어깨를 짓누를 때 낙타처럼 묵묵히 걸어가기란 여간 어려운 것이 아니다. 바람과 현실의 간극이 클수록 비애감도 깊어간다. 니체는 자기 운명을 거역하지 않고 고통까지도 자기 삶의 일부로 적극적으로 수용하는 사람이 창조적일 수 있다고 말한다. 아모르 파티Amor fati, 멋진 말이다. 하지만 자기 운명을 사랑한다는 것은 어떠한 경우에도 성찰적 거리를 확보할 수 있는 강자들에게나 해당되는 말이다.

이스라엘 사람들은 자기들에게 닥쳐온 재난 앞에서 전전 긍긍이다. 오랜 가뭄으로 땅은 척박해졌고 먹을거리는 다 떨어졌다. 기력을 잃은 사람들의 울부짖는 소리가 성읍에 가득 찼다. 마실 물조차 찾을 수 없었다. 귀족들은 물을 구해오라고 종들을 내보내지만 그들은 빈손으로 돌아온다. 짐승들도 애써 낳은 새끼를 포기하는 형편이다. 하나님의 도우심 외에는 그 곤경에서 헤어 나올 길이 없다.

그래서 그들은 언약을 배신했던 자기들의 삶을 용서해달라며 하나님의 선처를 부탁한다. 하나님이 뜻을 돌이키시지 않으면 그 시련의 시간이 지나갈 수 없음을 알기 때문이다. 간절히 하소연을 하다 보니 하나님이 원망스럽다. 그래서 하나님께서 어찌하여 나그네처럼 행하시고, 하룻밤을 묵으러 들른 행인처럼 행하시냐고, 어찌하여 놀라서 어쩔 줄 모르는 사람처럼, 구해줄 힘을 잃은 용사처럼 되셨느냐고 묻는다. 물음이지만 이것은 항의이다. 언약을 지키라는 것이다. 마침내 하나님께서 예언자의 입을 통해 말씀하신다.

"주님께서 이 백성을 두고 이렇게 말씀하신다. '그들은 이리저리 방황하기를 좋아하고, 어디 한 곳에 가만히 서 있지를 못한다. 그러므로 나 주가 그들을 좋아하지 않으니, 이제 그들의 죄를 기억하고, 그들의 죄악을 징벌하겠다'"(예레미야 14:10). 괴테는 『파우스트』에서 사람은 노력하는 한 방황하게 마련이라고 말했다. 진정한 방황은 자기 굴레를 벗어나 더 큰 세계에 접속하기 위한 몸부림이다. 그러나 이스라엘 백성들의 방황은 그런 것이 아니다. 그들은 하나님을 떠나 우상들을 찾아 나섰고 강대국들의 호의를 사기 위해 분주했다. 이리저리 정신없이 내달리다보면 방향을 잃는 것은 불문가지다. 하나님은 그들의 죄악을 징벌하겠다고 말씀하신다. 삶이 힘겨울수록 근본을 살펴야 한다. 시련과 고난은 우리 삶을 돌아보고 재조정하라는 일종의 초대이다. 겨울을 나기 위해 잎사귀를 떨구는 나무처럼 덧정 없는 욕망을 덜어내고 하나님 앞에 설 때 새로운 삶이 시작된다.

기도

하나님, 옛사람은 경외하는 마음을 품고, 이치를 궁구하며, 이드거니 한자리에 머물라 가르치지만, 우리는 바람에 흔들리는 부평초처럼 이리저리 나부끼며 살고 있습니다. 행복을 찾아 떠난 여행길에서 우리는 피곤함만 느끼고 있습니다. 이제는 부박한 삶에서 벗어나고 싶습니다. 하나님의 마음이라는 깊은 샘에 두레박을 드리우고, 그곳에서 길어낸 샘물로 마른 목을 축일 뿐 아니라, 목마름으로 허덕이는 이웃들에게도 잔을 건네며 살고 싶습니다. 이런 우리의 결심이 흔들리지 않도록 꼭 붙들어주십시오. 아멘.

아름다운 소문

여러분은 많은 환난을 당하면서도 성령께서 주시는 기쁨으로 말씀을 받아들여서, 우리와 주님을 본받는 사람이 되었습니다. 그리하여 여러분은 마케도니아와 아가야에 있는 모든 신도들에게 모범이 되었습니다. 주님의 말씀이 여러분으로부터 마케도니아와 아가야에만 울려 퍼진 것이 아니라, 하나님을 향한 여러분의 믿음에 대한 소문이 각처에 두루 퍼졌습니다. 그러므로 이것을 두고는 우리가 더 말할 필요가 없습니다(데살로니가전서 1:6-8).

언어는 사람과 사람을 이어주는 다리이다. 사랑과 깊은 신뢰 속에서 발화되는 말은 듣는 이의 마음을 따뜻하게 어루만진다. 반면 증오와 불신을 드러내는 말은 날카로운 비수가 되어 사람들의 마음에 상처를 남긴다. 거친 말과 거짓말이 난무하는 시대에 사는 이들은 누구나 다 피로를 느낀다.

말의 난장 속에서 우리는 길을 잃곤 한다. 소설가 이청준 선생은 1972년에 발표한 소설『소문의 벽』을 통해, 진실을 말할 수 없는 사람들, 진실을 들을 생각이 없는 사람들이 처한 곤경을 그려냈다. 진실을 드러내려면 위험을 무릅써야 하는 시대에 작가로 산다는 것이 얼마나 곤고한 일인지 이청준은 자술서를 쓰듯 그리고 있다.

'소문'은 자유스러운 의사소통이 차단될 때 나타나는 것이지만, 그것은 때로 벽이 되어 사람들을 갈라놓기도 한다. 소문은 실체적 진실에 접근할 수 없는 사람들을 상상의 세계로 인도하기 때문이다. 어떠하든지 발 없는 말이 천 리를 가는 법이어서, 소문은 산과 들과 계곡을 넘어 바람처럼 달려간다. 소문이든 풍문이든 사람들에게 영향을 미친다. 긍정적이든 부정적이든 말이다.

사도 바울은 데살로니가 교인들에게 애틋한 마음을 품고 있다. 복음의 씨를 뿌렸지만 싹이 온전히 트기도 전에 떠나야 했었기 때문이다. 젖먹이 아이를 두고 먼 길을 떠나온 엄마처럼 늘 데살로니가 교회의 형편을 궁금해 하고 있던 차에 그 교회에 대한 소문을 듣게 되었다. 어려움 속에서도 믿음을 지키고 있을 뿐 아니라 많은 교회의 귀감이 되고 있다는 것이었다. 바울은 기쁜 마음을 숨기지 않는다.

"여러분은 많은 환난을 당하면서도 성령께서 주시는 기

뻠으로 말씀을 받아들여서, 우리와 주님을 본받는 사람이 되었습니다. 그리하여 여러분은 마케도니아와 아가야에 있는 모든 신도들에게 모범이 되었습니다"(데살로니가전서 1:6-7).

그들이 환난 속에서도 견딜 수 있었던 것은 성령께서 주시는 기쁨이 있었기 때문이다. 그것은 속에서부터 솟아나 존재를 가득 채우는 기쁨이기에 누구도 빼앗을 수 없다. 성령은 우리를 하나님의 마음에 접속시켜 하나님의 눈으로 세상을 바라보게 한다. 성령 안에 사는 사람은 자기의 부족함을 깨닫고 진리 앞에 마음을 개방한다. 따라서 늘 배우려는 마음을 품고 산다. 저절로 삶의 변화가 따를 수밖에 없다. 데살로니가 교인들의 변화된 삶의 이야기가 마케도니아와 아가야 일대에 두루 퍼져나갔다. 가루 서 말 속에 들어간 누룩처럼 복음이 사람들의 마음을 파고들었다. '선교는 매력의 감염'이다. 오늘 우리가 속한 교회는 어떠한가?

하나님의 숨을
기다리며

하나님, 말이 넘치는 세상에 사느라 우리는 지쳤습니다. 따뜻하고 소박한 말을 듣기 어려운 시절입니다. 눈을 감고 귀를 막고 산다면 모르겠지만, 거친 말과 폭력적인 말들이 난무하는 세상에서 우리 영혼은 찢기고 있습니다. 우리는 모두 존재로서 말하는 사람입니다. 우리가 사는 모습 자체가 세상을 향한 우리의 말 걸기입니다. 데살로니가 교인들은 겸손하지만 당당한 삶으로 주변 세계에 깊은 영향을 끼쳤습니다. 우리도 삶으로 그리스도의 향기를 드러낼 수 있도록 이끌어주십시오. 아멘.

있는 힘껏 선을 행하라

너의 손에 선을 행할 힘이 있거든, 도움을 청하는 사람에게 주저하지 말고 선을 행하여라. 네가 가진 것이 있으면서도, 너의 이웃에게 "갔다가 다시 오시오. 내일 주겠소" 말하지 말아라. 너를 의지하며 살고 있는 너의 이웃에게 해를 끼칠 계획은 꾸미지 말아라(잠언 3:27-29).

"나는 갈고 심을 땅이 없으므로 추수秋收가 없습니다./저녁거리가 없어서 조나 감자를 꾸러 이웃집에 갔더니, 주인은 '거지는 인격이 없다. 인격이 없는 사람은 생명이 없다. 너를 도와 주는 것은 죄악이다.'고 말하였습니다./그 말을 듣고 돌아 나올 때에, 쏟아지는 눈물 속에서 당신을 보았습니다"(한용운 〈당신을 보았습니다〉 부분).

시는 이어서 "민적 없는 자는 인권이 없다. 인권이 없는 자에게 무슨 정조냐"며 능욕하려는 장군을 고발한다. 시인

하나님의 숨을
기다리며

은 조국을 잃고 유랑하는 이의 신산스러운 삶을 이런 시어를 통해 아프게 드러내고 있다. 떠도는 이들은 일쑤 인격도 인권도 없는 존재로 여김을 받는다. 필요한 것을 얻지 못한 아픔도 아픔이려니와 비인간 취급을 받는 것은 정말 견디기 어려운 시련이다. 참으려 해도 눈물이 쏟아진다. 그런데 그 눈물 속에서 시인은 '당신'을 본다.

이스라엘의 지혜자는 가난한 이를 멸시하는 것은 그를 지으신 분을 멸시하는 것이라고 가르친다. 토라는 나그네를 학대하지 말라고 말한다. 그들도 이방 땅에서 나그네로 살았으니 그들의 고통을 잘 이해할 것이 아니냐는 것이다. 이주 노동자들이 처음 배우는 한국어가 "사장님, 때리지 마세요"였다는 이야기를 들은 적이 있다. 불법 체류자의 신분을 악용하여 품삯을 떼먹는 이들도 많다고 한다. 비단 이주 노동자들에게만 해당되는 일이 아니다. 하청 노동자들 역시 똑같은 취급을 받는다. 위험을 외주화 하는 대기업들의 횡포가 가련한 노동자들을 사지에 몰아넣기도 한다.

"너의 손에 선을 행할 힘이 있거든, 도움을 청하는 사람에게 주저하지 말고 선을 행하여라. 네가 가진 것이 있으면서도, 너의 이웃에게 '갔다가 다시 오시오. 내일 주겠소' 말하지 말아라. 너를 의지하며 살고 있는 너의 이웃에게 해를 끼칠 계획은 꾸미지 말아라"(잠언 3:27-29).

신실하다는 그리스도인조차 '베푼다'는 말을 별다른 반성 없이 사용한다. '베푼다'는 말 속에는 시혜자의 오만함이 담겨 있다. 베풂의 대상으로 전락한 수혜자들의 마음 깊은 곳에 굴욕감이 스며들 수도 있다. 시혜자와 수혜자로 나뉠 때 묘한 계급 관계가 발생한다. 누군가에게 주면서 묘한 쾌감을 느끼는 이들이 있다. 그 쾌감은 의도했든 의도하지 않았든 받는 이들의 모욕감을 대가로 한 것이다. 제대로 줄 수 있기 위해서는 받는 이의 마음을 헤아리는 섬세한 마음을 훈련해야 한다.

선을 행할 능력이 없는 이는 아무도 없다. 물질이 없다면 따뜻한 말 한 마디, 선선한 미소라도 건네면 된다. 남에게 선을 행할 마음이 없다면 최소한 해를 끼치지는 말아야 한다. 나의 '있음'이 누군가의 마음에 지울 수 없는 상처를 남기는 일이 없도록 조심조심 살아갈 일이다.

하나님의 숨을
기다리며

하나님. 능력 있는 이웃과 잘 지내는 일은 어렵지 않습니다. 그러나 늘 누군가의 도움을 필요로 하는 이웃과 함께 지내는 것은 참 고단합니다. 그들의 배고픔을 외면하기 어려우니 말입니다. 우리는 일쑤 그들을 외면하며 삽니다. 차라리 모르면 양심의 괴로움에 시달리지 않아도 되기 때문입니다. 생각해보니 이런 우리 모습이 강도 만난 사람을 보고도 모른 체 지나쳤던 이들과 다를 바 없음을 알겠습니다. 위선과 무정함의 수렁에서 우리를 건져주십시오. 있는 힘껏 선을 행하며 살게 해주십시오. 아멘.

부르심은
철회되지 않는다

하나님께서 주시는 고마운 선물과 부르심은 철회되지 않습니다(로마서 11:29).

사람은 누구나 삶의 전모를 미리 알지 못한다. 순간순간 주어진 여건 속에서 최선을 다할 뿐이다. 불확실한 시간을 살아내야 하니 번민이 없을 수 없다. 다른 가능성에 대한 배제를 뜻하기에 선택은 신중할 수밖에 없다. 신중하게 생각한다 하여 늘 최고의 선택을 하는 것은 아니다. 벼 고르려다 뉘 고른다는 말이 있듯이, 신중함이 자칫 판단을 그르칠 수도 있다. 그러나 가리산지리산 헤맨 것처럼 보여도 세월이 어느 정도 지난 후에 돌아보면 우리 삶의 지향이 드러나기도 한다. 검질기게 붙들고 가는 삶의 원리가 조금씩 형성되기 때문일 것이다.

삶은 신비이다. 우리의 의도대로 되지 않는다. 실패처럼

하나님의 숨을
기다리며

보이던 일이 시간이 지난 후에 우리를 세워준 계기가 될 때도 있고, 성공처럼 보이던 일 때문에 우리 삶이 어그러지기도 한다. 그러나 쌉쓸한 실패의 기억과 달콤한 성공의 기억이 날줄과 씨줄로 얽혀 우리 인생이라는 피륙을 짠다.

"하나님을 사랑하는 사람들, 곧 하나님의 뜻대로 부르심을 받은 사람들에게는, 모든 일이 협력해서 선을 이룬다는 것을 우리는 압니다"(로마서 8:28).

바울 사도의 이 말은 우리에게 큰 격려가 된다. '모든 일'에는 우리가 긍정적으로 받아들이는 일과 부정적으로 받아들이는 일들이 다 내포된다. 죄와 허물과 실수투성이 삶이라 해도 그것을 하나님께 맡길 때 하나님은 그 삶을 통해 새로운 현실을 빚으신다.

유대인들은 하나님의 택하심을 받은 백성이라는 자부심 속에서 살았다. 그 자부심은 그들이 곤고한 생을 지탱해주는 내적 힘이었다. 그러나 그 자부심에 고착되어 새로운 현실을 받아들이지 않을 때 퇴행이 시작된다. 많은 유대인들이 예수가 전한 복음을 받아들이지 않았다. 수많은 표징을 보았음에도 불구하고 그들은 예수를 메시아로 받아들이지 않았다. 성전 체제를 부정하는 듯한 예수의 행태를 그들은 받아들일 수 없었던 것이다. 과거가 그들의 발목을 붙들어 현재를 오롯이 살지 못하게 한 것이다.

그렇다고 하여 복음이 시들어버린 것은 아니다. 복음은 이방인에게 흘러갔고, 이방인 가운데 복음을 받아들인 이들은 구원의 신비를 맛보며 살았다. 그 모습이 유대인의 가슴에 불을 붙였다. 거룩함에 이르는 질투가 있다. 어거스틴의 회심도 거룩한 질투에서 촉발되었다. 그는 지인들이 복음을 위해 세속의 유혹을 뿌리쳤다는 소식을 듣고 친구인 알리삐우스에게 말한다.

"우린 어찌 된다? 너도 들었지? 도대체 이게 뭐냐? 무식꾼들이 불쑥 일어나서 하늘을 쟁취하는데, 그래 우리 학식을 가지고도 마음 하나가 없어서 이렇게 피와 살 속에 뒹굴고 있구나!"(아우구스티누스, 『고백록』, 최민순 역, 210쪽)

결국 복음은 유대인 가운데 거룩한 불꽃을 일으켰다. 바울은 하나님의 위대한 섭리를 이렇게 요약한다.

"하나님께서 주시는 고마운 선물과 부르심은 철회되지 않습니다"(로마서 11:29).

이 가없는 은총이 우리 삶의 든든한 방패이다.

하나님, 푯대이신 주님을 바라보며 걷는다 하면서도 한눈을 팔 때가 많습니다. 방심한 사이에 우리는 마땅히 가야 할 길을 벗어나 엉뚱한 길로 나아가곤 합니다. 어느 순간 화들짝 놀라 삶의 방향을 되돌려 보려 하지만, 이미 몸과 마음에 밴 습성이 우리를 놓아주질 않습니다. 우리를 바른 길로 되돌려주실 분은 주님뿐이십니다. 가시나무로 길을 막고 담을 둘러쳐서라도 우리가 헛된 것들을 따라가지 않도록 지켜주십시오. 주님, 더디더라도 주님을 따라 걷고 싶습니다. 우리를 버리지 말아주십시오. 아멘.

성령은 우리를 하나님의 마음에 접속시켜 하나님의 눈으로 세상을 바라보게 한다. 성령 안에 사는 사람은 자기의 부족함을 깨닫고 진리 앞에 마음을 개방한다. 따라서 늘 배우려는 마음을 품고 산다.

Monday ~~~~

Tuesday ~~~~

Wednesday ~~~~

하나님의 숨을

기다리며

Thursday ~~~~~

Friday ~~~~~

Saturday ~~~~~

Sunday ~~~~~

평화를 택하는 용기

그러므로 여러분은 하나님의 택하심을 입은 사랑 받는 거룩한 사람답게, 동정심과 친절함과 겸손함과 온유함과 오래 참음을 옷 입듯이 입으십시오. 누가 누구에게 불평할 일이 있더라도, 서로 용납하여 주고, 서로 용서하여 주십시오. 주님께서 여러분을 용서하신 것과 같이, 여러분도 서로 용서하십시오. 이 모든 것 위에 사랑을 더하십시오. 사랑은 완전하게 묶는 띠입니다. 그리스도의 평화가 여러분의 마음을 지배하게 하십시오. 이 평화를 누리도록 여러분은 부르심을 받아 한 몸이 되었습니다. 또 여러분은 감사하는 사람이 되십시오. 그리스도의 말씀이 여러분 가운데 풍성히 살아 있게 하십시오. 온갖 지혜로 서로 가르치고 권고하십시오. 감사한 마음으로 시와 찬미와 신령한 노래로 여러분의 하나님께 마음을 다하여 찬양하십시오. 그리고 말이든 행동이든 무엇을 하든지, 모든 것을 주 예수의 이름으로 하고, 그분에게서 힘을 얻어서, 하나님 아버지께 감사를 드

하나님의 숨을

기다리며

골로새서는 성도를 가리켜 '택하심을 받은 사람', '사랑 받는 사람', '거룩한 사람'이라 말한다. 마땅히 그러한 사람이 되어야 한다는 뜻이기도 하지만 그들의 존재 자체가 그렇게 바뀌었다는 선언이다. 문제는 선언 이후이다. 그런 이름에 합당한 삶을 살아야 한다. 이름하여 성도다운 삶 말이다. '~답다'는 단어는 체언에 붙어 성질이나 특징이 있다는 뜻을 나타내는 접미사이다. 공자의 정명正名 사상은 명칭과 실질의 일치를 이루는 것이 사회를 변화시키는 길이라고 가르친다. 정명 사상은 지배질서를 공고히 하기 위해 지배자들이 부여한 질서라는 비판이 따르지만, 지금처럼 이름과 실질이 부합하지 않는 시대에는 다시 한 번 가려 써도 괜찮은 사상이다.

성도다운 삶이란 어떤 것일까? "동정심과 친절함과 겸손함과 온유함과 오래 참음"을 옷 입듯이 입고, 불평할 일이 있더라도 서로 용납하고 용서하는 사랑이다. 무골호인이 되라는 말은 물론 아니다. 잘못을 잘못이라 말하지 않는 것은 악을 행하는 이들에게 용기를 불어넣을 수도 있다. 믿는 이들은 거짓과 위선에 대해서는 단호하게 '아니오'라고 말해야 한다. 그것이 사랑이다. 불의한 이들이 더 이상 불의를 행하지 못하도록 하는 것은 그가 악을 행할 기회를 빼앗는 것이니 말이다.

하지만 믿는 이들의 삶이 늘 순조롭지는 않다. 강한 저항에 부딪힐 때가 많다. 불의에 타협하기를 거절하면 '너만 홀로 의로우냐'는 타박을 듣기도 한다. 불의를 불의로 폭로하면 '배신자'의 낙인을 찍기도 한다. 그 때문에 선을 행하다가 낙심하는 이들이 많다. 어두운 세상과 맞서 싸우다 보면 우리 마음에도 어둠의 흔적이 남게 된다. 거칠고 야비한 세상을 사랑으로 돌파하려다가 마음에 멍이 든 이들이 많다. 음울하고 심각한 사람은 평화를 만들 수 없다. 어려움 속에서도 생명과 평화 세상을 열기 위해 명랑하게 헌신하는 이들이라야 평화의 일꾼이 될 수 있다.

'평화에 이르는 길은 없다. 평화가 곧 길'이라는 말이 있지만, 평화를 선택한다는 것은 여간 어려운 일이 아니다. 그러나 평화를 포기할 수 없다. 평화를 만들지 않고는 그리스도인이 될 수도 없기 때문이다. 헨리 나우웬은 "평화를 만드는 일은 우리 그리스도인의 소명의 중심에 속해 있다. 평화를 만드는 일은 모든 그리스도인들이 전적으로 헌신해야 할 의무이다"라고 했다. 그렇기에 우리는 이 말씀을 붙들지 않을 수 없다.

"그리스도의 평화가 여러분의 마음을 지배하게 하십시

하나님의 숨을
기다리며

오. 이 평화를 누리도록 여러분은 부르심을 받아 한 몸이 되었습니다. 또 여러분은 감사하는 사람이 되십시오"(골로새서 3:15).

기도

하나님, 우리는 성도답게 살기를 갈망하지만 현실의 벽에 부딪혀 번번이 넘어지곤 합니다. 이제는 넘어진 자리를 딛고 일어나 다시금 평화 세상을 열기 위해 땀 흘리겠습니다. 미움보다 사랑이 강하다는 것을 몸으로 입증하며 살게 해주십시오. 그러나 진정한 평화는 하나님의 선물임을 잊지 않겠습니다. 현실이 어렵다고 하여 투덜거리기보다는 뿌리 깊은 세상의 상처를 치유하기 위해 노력하겠습니다. 주님, 우리 속에 평화에 대한 확고한 믿음을 심어주십시오. 아멘.

편협한 소속감에서
벗어나라

요한이 예수께 말하였다. "선생님, 어떤 사람이 선생님의 이름으로 귀신들을 쫓아내는 것을 우리가 보았습니다. 그런데 그 사람은 우리를 따르는 사람이 아니므로, 우리는 그가 그런 일을 하지 못하게 막았습니다." 그러나 예수께서는 이렇게 말씀하셨다. "막지 말아라. 내 이름으로 기적을 행하고 나서 쉬이 나를 욕할 사람은 아무도 없기 때문이다. 우리를 반대하지 않는 사람은 우리를 지지하는 사람이다. 내가 진정으로 너희에게 말한다. 너희가 그리스도의 사람이라고 해서 너희에게 물 한 잔이라도 주는 사람은, 절대로 자기가 받을 상을 잃지 않을 것이다"(마가복음 9:38~41).

어딘가에 소속되고 싶다는 욕망은 인간의 기본 욕망에 속한다. 중요한 타자들과 친밀한 교제 속에 머물고 싶기 때문이지만, 그 욕망의 기저에는 배척당할지 모른다는 두려움이 있다. 낯선 곳에 간 이들은 누구나 다 취약해진다. 낯선 언어가 자기를 확고히 에워쌀 때 자신의 타자성이 두드러지게 자각된다. 타향에서는 고향 까마귀만 봐도 반갑다는 말이나, 외국에 나가면 다 애국자가 된다는 말도 같은 경험에서 나온 말일 것이다. 그 때문인지 집단의 정체성과 자기 정체성을 동일시하는 이들이 꽤 많다. 이런 경향이야말로 전체주의의 뿌리라 할 수 있다. 성숙한 사람이 된다는 것은 어딘가에 소속되어 있으면서도 주체적 존재로 우뚝 서는 데 있다.

어느 날 요한이 주님께 자랑스레 보고를 했다. "선생님, 어떤 사람이 선생님의 이름으로 귀신들을 쫓아내는 것을 우리가 보았습니다. 그런데 그 사람은 우리를 따르는 사람이 아니므로, 우리는 그가 그런 일을 하지 못하게 막았습니다"(마가복음 9:38). 칭찬을 기대했던 것일까? 그러나 예수는 "우리를 반대하지 않는 사람은 우리를 지지하는 사람"이라고 말씀하신다.

제자들에게 중요한 것은 소속의 문제이다. 그가 내(內)집단에 속한 사람인지 아닌지가 모든 판단의 기준이다. 예수에게 중요한 것은 생명이 회복되는 사건이다. 귀신들려 생명의 통전성을 잃었던 사람이 회복되었다면 그건 좋은 일이다. 누가 했느냐가 뭐 그리 중요한가? 선한 일을 위해 모인 이들도 명분 싸움 때문에 정작 해야 할 일을 못하는 경우가 얼마나 많은가? 교양이란 타자의 고통을 상상하는 능력이라 한다. 고통 속에 사는 이의 처지를 함께 아파한다면 누구의 이름으로 하느냐를 가지고 다투지는 않을 것이다. 모든 연대의 기초는 생명 중심의 사고가 되어야 한다.

소속이 다르다고 하여 동지가 될 수 있는 사람조차 적으로 돌려세우는 어리석음을 범하지 말아야 한다. 예수의 이름으로 귀신을 쫓아내는 사람은 하나님 나라 운동을 위해 연대할 수 있는 소중한 벗이다. 어둠이 지극한 시대에는 희미해 보이는 빛조차 소중한 법이다. 작은 차이 때문에 피차 갈라서는 순간 고통은 영속화된다. 작은 차이는 남겨두고, 공감할 수 있는 부분에 집중하는 지혜와 여유가 필요하다.

편협한 마음이야말로 신앙의 적이고, 하나님 나라의 걸림돌이다. 바다를 향해 흐르는 강물이 작은 시냇물들을 모두 품고 흐르듯이 지향과 목표가 같다면 사소한 차이를 넘어 연대할 수 있어야 한다. 교회에 다닌다고 다 그리스도의 제자는 아니다. 그리스도의 마음에 접속되어야 제자라 할 수 있다.

하나님, 어릴 때부터 네 편 내 편 가르는 일에 익숙해진 우리는 여간해서는 낯선 이들에게 곁을 내주지 않습니다. 지금도 주님은 세상의 가장 작은 자의 모습으로 오고 계신데, 주님을 알아볼 눈이 우리에게 없습니다. 교인들이 있는 곳이 교회가 아니라, 주님이 계신 곳이 교회임을 잊지 않게 해주십시오. 추수할 것은 많은 데 일꾼이 부족하다고 하신 주님, 우리가 여기 있습니다. 우리를 주님의 도구로 써주십시오. 생각과 일하는 방식이 조금 다르더라도 생명을 풍성하게 하려는 지향이 분명한 이들과 기꺼이 연대할 수 있는 용기를 심어주십시오. 아멘.

마른 나뭇잎 같은 사람

> 그는 흥하여야 하고, 나는 쇠하여야 한다(요한복음 3:30).

세례자 요한은 '광야에서 외치는 이의 소리'를 자처했다. 그는 낙타 털옷을 입고, 허리에 가죽 띠를 띠고, 메뚜기와 들꿀을 먹으며 척박한 광야에 머물렀다. 권력자의 눈치를 보며 말을 고르지도 않았고, 사람들의 환심을 사기 위해 엉너리를 치지도 않았다. 자기를 그럴 듯하게 보이기 위해 말하지도 않았다. 함석헌 선생이 말하는 '들사람' 바로 그 자체였다. 그는 거침이 없는 사람이었다. 가진 자들에게는 없는 이들과 나누며 살라 했고, 세리들에게는 정한 것보다 더 받지 말라 했고, 군인들에게는 사람들을 협박하여 빼앗지 말라고 일렀다.

하지만 그는 누구보다도 자기의 역할을 정확히 파악하고 있었다. 그는 자기가 '그'의 길을 예비하는 사람임을 잊지

하나님의 숨을
기다리며

않았다. "나는 여러분에게 물로 세례를 주었지만, 그는 여러분에게 성령으로 세례를 주실 것입니다"(마가복음 1:8).

탐욕에 사로잡힌 사람들의 삶을 꾸짖고 나태한 정신을 타격하여 죄를 참회하도록 할 수는 있지만, 하나님의 뜻을 따라 살아가는 새로운 존재를 빚어낼 힘은 없다는 고백이다. 새로운 존재가 탄생하기 위해서는 위대한 자궁 역할을 하는 이가 필요하다. 긍휼히 여기는 사랑으로 모든 사람들을 품어 안으시는 분 말이다.

그의 사자후를 들으며 사람들은 자기 죄를 고백하고 참회하는 표로 세례를 받았다. 그를 추종하는 무리가 늘어났다. 예루살렘 성전체제는 민심의 향배에 예민했다. 예루살렘에서 내려온 제사장들과 레위 지파 사람들이 "당신은 누구요?"라고 물었을 때, 요한은 "나는 그리스도가 아니오"(요한복음 1:20)라고 분명하게 대답했다. '엘리야' 혹은 '그 예언자'냐는 물음에도 '아니오'라고 대답했다. 요한은 자기는 다만 오실 분을 위해 길을 닦는 존재에 불과하다고 말했다.

어느 날 요한의 제자들이 요한에게 와서 불퉁거리며 말한다.

"선생님께서 증언하신 그분이 세례를 주고 있는데, 사람들이 모두 그분에게로 모여듭니다"(요한복음 3:26).

갈릴리 사람들의 시선이 요한이 아닌 예수에게 집중되고

있는 현실을 그들은 받아들일 수 없었던 것이다. 역사의 무대에서 주연 자리를 빼앗긴 채 변방으로 밀려난 것 같은 상실감 때문이었을 것이다. 그러나 요한은 단호하게 말한다.

"그는 흥하여야 하고, 나는 쇠하여야 한다"(요한복음 3:30).

조금의 유보도 미련도 없다. 이렇게 깨끗하게 자기를 지울 수 있는 사람이 또 있을까? 예수님도 "여자가 낳은 사람 가운데서 세례자 요한보다 더 큰 인물은 없었다"(마태복음 11:11)고 말씀하셨다. 철저한 지움을 통해 그는 아름다운 이름으로 기억되고 있다.

정현종의 시 〈마른 나뭇잎〉은 때가 되면 미련 없이 떨어지는 나뭇잎의 홀가분함을 노래한다. "마른 나뭇잎을 본다/살아서 사람이 어떻게/마른 나뭇잎처럼 깨끗할 수 있으랴!" 내려놓지 못해 삶이 구차해진다. 하나님의 일을 한다 하면서도 영으로 시작해 육으로 마치는 이들이 많다. '나는 아니다'라고 단호하게 말했던 세례자 요한에게 주목해야 하는 까닭이 여기에 있다.

하나님의 숨을
기다리며

하나님, 우리 마음을 어지럽히는 욕심을 여의고 맑고 깨끗한 향기를 풍기며 살고 싶습니다. 어둠에 속한 행실을 벗어버리고 빛의 갑옷을 입은 채 살고 싶습니다. 그러나 이런 바람과는 달리 우리는 비릿한 악취를 풍기며 살고 있습니다. 여전히 세상의 인력에 이끌리기 때문입니다. 세례자 요한이 누린 그 홀가분한 자유를 우리도 누리고 싶습니다. 한정 없는 방황을 멈추고 오직 주님께만 마음을 바치며 살게 해주십시오. "그는 흥하여야 하고, 나는 쇠하여야 한다"는 요한의 말을 가슴에 새긴 채 살게 해주십시오. 아멘 하나님, 푯대를 향해 나아간다고 하면서도 우리는 한정없이 방황합니다. 살아온 날을 돌아보면 어지럽기 그지없습니다. 가지런하게 살고 싶다는 바람을 품고 살지만 세파는 늘 우리를 흔들어댑니다. 사람들의 눈치를 보고 또 다른 이들의 기대에 맞춰 살려다 보니 삶의 피곤함이 이루 말로 다할 수 없습니다. 요셉처럼 언제나 어디서나 한결같은 사람, 어려움 속에서도 따뜻함과 성실함을 잃지 않는 사람, 하나님 앞에서 사는 사람이 되고 싶습니다. 이런 소망이 무너지지 않도록 우리를 지켜주십시오. 아멘.

2월

주님의 기쁨, 나의 기쁨

도성 시온아, 노래하여라. 이스라엘아, 즐거이 외쳐라. 도성 예루살렘아, 마음껏 기뻐하며 즐거워하여라. 주님께서 징벌을 그치셨다. 너의 원수를 쫓아내셨다. 이스라엘의 왕 주님께서 너와 함께 계시니, 네가 다시는 화를 당할까 두려워하지 않을 것이다. 그 날이 오면, 사람들이 예루살렘에게 말할 것이다. "시온아, 두려워하지 말아라. 힘없이 팔을 늘어뜨리고 있지 말아라. 주 너의 하나님이 너와 함께 계신다. 구원을 베푸실 전능하신 하나님이시다. 너를 보고서 기뻐하고 반기시고, 너를 사랑으로 새롭게 해주시고 너를 보고서 노래하며 기뻐하실 것이다"(스바냐 3:14-17).

스바냐가 활동하던 시대는 공의와 정의가 철저히 무너진 시대였다. 하나님의 도성이라는 예루살렘에서는 우상숭배가 성행했고, 부자들은 가난한 자들을 밥으로 삼는 일이 일상

하나님의 숨을
기다리며

적으로 벌어졌다. 스바냐는 예루살렘을 가리켜 '망하고야 말 도성', '반역하는 도성', '더러운 도성', '억압이나 일삼는 도성'(스바냐 3:1)이라고 꾸짖는다. 백성들을 잘 돌보아야 할 책임이 있는 지도자들은 으르렁거리는 사자와 같고, 정의를 세워야 할 재판관들은 저녁 이리 떼와 다를 바 없다. 예언자들은 거만하고 제사장들은 성소나 더럽힐 뿐이다. 총체적 난관이다. 하나님의 심판이 더는 미뤄질 수 없는 상황이었다. 하나님은 거만을 떨며 자랑을 일삼던 자들을 거룩한 도성에서 없애 버리시겠다고 말씀하신다.

그러나 심판은 끝이 아니라 새로운 시작이다. 주님은 그 도성 안에 "주의 이름을 의지하는 온순하고 겸손한 사람들을 남길 것"(스바냐 3:12)이라고 약속하신다. 그들에게도 시련이 없지는 않다. 그러나 마음을 하늘에 두고 사는 이들에게 시련은 더 큰 희망의 단초가 되기도 하는 법. 심판의 불길을 통과하는 동안 그들은 세상의 헛된 것들에 미혹되지 않고, 오만에 빠지지 않는 단련된 인격을 얻게 된다. 믿음의 사람들은 시련의 불꽃 속에서도 노래하고 즐거이 외쳐야 하는 것은 그 때문이다. 힘없이 팔을 내려뜨리고 있을 이유가 없다.

"주 너의 하나님이 너와 함께 계신다"(스바냐 3:17a). 이 한마디면 족하지 않은가. 구원을 베푸실 전능자는 시련의 불꽃 속에서도 믿음의 길을 포기하지 않는 이들을 보며 기뻐하신다. 믿음의 사람은 그런 하나님의 기쁨을 또한 기뻐하지 않을 수 없다. 세상이 빼앗아 갈 수 없는 그 기쁨을 우리 삶의 든든한 토대로 삼아야 한다. 타고르도 〈기탄잘리〉에서 이런 체험을 아름답게 노래했다.

"당신은 나를 무한케 하셨으니 그것은 당신의 기쁨입니다./이 연약한 그릇을 당신은 비우고 또 비우시고 끊임없이 이 그릇을 싱싱한 생명으로 채우십니다./이 가냘픈 갈대 피리를 당신은 언덕과 골짜기 넘어 지니고 다니셨고 이 피리로 영원히 새로운 노래를 부르십니다./당신 손길의 끝없는 토닥거림에 내 가냘픈 가슴은 한없는 즐거움에 젖고 형언할 수 없는 소리를 발합니다./당신의 무궁한 선물은 이처럼 작은 내 손으로만 옵니다./세월은 흐르고 당신은 여전히 채우시고 그러나 여전히 채울 자리는 남아 있습니다."

가냘픈 갈대 피리 같은 우리 속에 숨을 불어넣으시어 하늘의 선율을 연주하게 하시는 분이 계시기에 우리는 오늘도 희망의 노래를 부른다.

하나님의 숨을
기다리며

하나님, 세상에서 벌어지는 일을 보면 저절로 마음이 어두워집니다. 따뜻한 눈으로 세상을 바라보려 애쓰지만, 우리 눈빛이 싸늘하게 식을 때가 많습니다. 불의한 이들이 득세하고, 선한 사람들이 어려움을 겪는 일이 허다하게 일어납니다. 그런데도 주님은 '힘없이 팔을 늘어뜨리고 있지 말라' 이르십니다. 그 말씀에 의지하여 힘을 내겠습니다. 불의에 맞서면서 선의 싹을 키우기 위해 땀 흘리겠습니다. 주님께 속한 그 기쁨을 우리 속에 심어주십시오. 아멘.

예수의 식탁공동체

> 요한이 와서, 먹지도 않고 마시지도 않았다. 그러니까 사람들이 말하기를, '그는 귀신이 들렸다' 하고, 인자는 와서, 먹기도 하고 마시기도 하니, 그들이 말하기를 '보아라, 저 사람은 마구 먹어대는 자요, 포도주를 마시는 자요, 세리와 죄인의 친구다' 한다. 그러나 지혜는 그 한 일로 옳다는 것이 입증되었다(마태복음 11:18-19).

"저 사람은 마구 먹어대는 자요, 포도주를 마시는 자요, 세리와 죄인의 친구다"(마태복음 11:19).

스스로 경건하다고 자부하는 이들이 예수님을 조롱하기 위해 유포시킨 말이다. 말로 규정되는 순간 사람들은 그 말이 만든 프레임에 갇히게 마련이다. 규정하는 사람이나 규정당하는 사람이나 마찬가지이다. 내집단에서 다른 견해는 용납되지 않는다. 말은 때때로 구속복이 되어 한 존재의 자

하나님의 숨을

기다리며

유를 제한한다.

하지만 이 말처럼 예수 운동을 간결하게 요약한 말이 또 있을까? 예수가 계신 곳에서는 어디서나 식탁공동체가 형성되었다. 사람들을 서먹하게 가르고 있던 보이지 않는 장벽이 예수님으로 인해 허물어졌다는 뜻일 것이다. 그리고 그 식탁은 누구에게나 열려 있었다. 당시의 유대교 세계에서 하찮게 여겨지던 사람들, 바람직하지 않은 사람들도 배제되지 않았다. 아니, 그들이야말로 예수의 식탁에 소중한 손님들이었다. 세리와 죄인은 유대인들이 경멸했던 일곱 가지 직업에 속하는 사람들을 통칭하는 표현으로 보아야 한다. '야바위꾼, 고리대금업자, 내기놀이꾼, 안식년 생산물을 사고 파는 장사꾼, 양치기, 세금 징수원, 소득세 징수 청부인' 등이 그 범주에 속했다.

자기 직업을 사랑할 수 없었던 그들은 사회적 차별을 내면화하고 살았을 것이고, 유대교 주류 세계에 속한 사람들의 손님이 될 수도 없었고 그들을 초대할 수도 없었다. 그들은 유대인이지만 유대교 세계의 바깥에 선 사람들, 곧 아웃캐스트들이었다. 그런데 예수는 사회적 금기의 장벽을 가로질러 기꺼이 그들의 손님이 되셨다. 사람들의 시선이 두려웠다면 차마 할 수 없는 일이었다.

유대 사회에서 어떤 사람과 밥을 같이 먹는다는 것은 그를 공동체의 일원으로 받아들인다는 뜻을 내포한다. 예수의 열린 식탁은 사회적 환대의 자리였다.

"환대란 타자에게 자리를 주는 것 또는 그의 자리를 인정하는 것, 그가 편안하게 '사람'을 연기할 수 있도록 돕는 것, 그리하여 그를 다시 한 번 '사람'으로 만들어주는 것이다"(김현경).

예수님의 열린 식탁은 하나님 나라에 대한 일종의 행동적 비유라 할 수도 있겠다. 하나님 나라의 보편성과 개방성, 포용성, 친밀함이 오롯이 그 식탁에서 구현되었으니 말이다.

한솥밥을 함께 먹는 사람들을 일러 식구라 한다. 식구라는 단어는 열려 있다. 손님, 나그네, 심지어는 가축까지도 식구의 범주에 들어간다. 혈연에 기초한 제사 공동체를 뜻하는 가족과는 차이가 있다. 예수의 식탁에서 이전에는 만날 수 없는 사람들이 만나 친교를 나눴다. 교회는 그런 의미에서 식탁공동체가 되어야 한다.

하나님의 숨을
기다리며

하나님, 뜨거운 김이 모락모락 피어나는 밥솥을 보면 왠지모를 뭉클함이 피어납니다. '밥이 곧 하늘'이라 했던 어느 시인의 노래가 실감 날 때가 있습니다. 밥은 나누어 먹는 것이라는 말에 깊이 공감합니다. 저희도 주님의 식탁에 동참하고 싶습니다. 아니, 주님을 우리 식탁에 모시고 싶습니다. 그리고 주님이 그렇게 소중히 여기셨던 그 소외된 이들도 우리의 식탁에 초대하고 싶습니다. 홀로 자족하는 식탁이 아니라 더불어 행복한 식탁을 이룰 수 있도록 우리에게 사랑의 능력을 부어주십시오. 아멘.

아낌만 한 것이 없다

너희는 어떻게 생각하느냐? 어떤 사람에게 양 백 마리가 있는데, 그 가운데 한 마리가 길을 잃었다고 하면, 그는 아흔아홉 마리를 산에다 남겨 두고서, 길을 잃은 그 양을 찾아 나서지 않겠느냐? 내가 너희에게 말한다. 그가 그 양을 찾으면, 길을 잃지 않은 아흔아홉 마리 양보다, 오히려 그 한 마리 양을 두고 더 기뻐할 것이다(마태복음 18:12-13).

군대에서 야간 독도법 훈련을 받은 적이 있다. 낮에 이미 나침반과 등고선이 그려진 지도를 들고 지정된 좌표를 찾아가는 훈련을 받았지만, 밤은 상황이 전혀 달랐다. 제법 많은 동료들이 지도를 잘 읽는 나를 따라 나섰다. 하지만 캄캄한 밤이라 산세나 지형을 읽을 수 없었다. 어느 순간 방향을 잃고 말았다. 아차 하는 순간 낭떠러지로 곤두박질 칠 수도 있는 위기를 몇 번씩 넘겼다. 등골에 땀이 흘렀다. 산은 말이

하나님의 숨을
기다리며

없고, 캄캄한 어둠과 고요는 확고하게 우리를 에워쌌다. 등성이를 오르고 내리고를 반복하면서, 여차 하면 산에서 노숙을 하면 되지 하는 배짱이 생겼다. 그런데 저편 어딘가에서 불빛이 하나 반짝이더니 이내 여러 개의 랜턴 불빛이 깜박이기 시작했다. 이미 도착 지점에 도착한 다른 동료들이 예정된 시간이 되어도 돌아오지 않는 우리 팀에게 신호를 보내는 것이었다. 별빛을 찾아 탄생하신 구세주를 찾아왔던 동방박사들의 마음이 그러했을까? 우리는 깊이 안도했고, 한 점 불빛이 주는 위안이 얼마나 깊은지를 절감하며 목표 지점에 당도했다.

주님은 제자들에게 물으셨다. "너희는 어떻게 생각하느냐? 어떤 사람에게 양 백 마리가 있는데, 그 가운데 한 마리가 길을 잃었다고 하면, 그는 아흔아홉 마리를 산에다 남겨 두고서, 길을 잃은 그 양을 찾아 나서지 않겠느냐?"(마태복음 18:12)

어쩌면 당연한 일인 것 같지만, 현실이 꼭 그렇지는 않다. 아흔아홉에 속했다고 생각하는 이들은 자기들을 불편하게 만든 그 한 마리를 비난하기 쉽다. 그를 찾기 위해 허비되는 시간과 기회, 비용, 그리고 어쩌면 자기들에게 다가올지도 모를 위험까지 계산하며 차라리 그 하나를 포기하는 것이 더 낫다고 말할 수도 있다.

변혁을 지향하는 이들 가운데 자기들과 보폭이나 속도가 다른 이들을 불편하게 여기는 이들이 있다. 더 나은 조직 혹은 사회를 만드는데 장애가 된다고 판단하면 그들을 무시하기도 한다. 효율성 혹은 생산성을 금과옥조로 여기는 세상의 살풍경이다. 그러나 예수님이 우리를 초대하고 있는 하나님 나라의 질서는 효율성에 목을 매지 않는다. 경쟁력보다 중요한 것은 공동체성이고, 효율성보다 중요한 것은 공동체 구성원 가운데 아무도 소외시키지 않는 따뜻함이다.

그러나 살다보면 반드시 뒤쳐지는 사람이 있게 마련이다. 그들을 기다려주고, 찾아나서고, 따뜻하게 반겨줄 수 있어야 한다. 예수 정신은 그 '한 사람'을 버리지 않는 것이다. 노자는 "사람을 다스리고 하늘을 섬기는데 아낌만 한 것이 없다治人事天 莫若嗇치인사천 막약색"고 말했다. 그런 아낌을 경험할 때 사납고 무정한 세상을 건널 힘이 우리 속에 유입된다.

하나님, 급하게 길을 가는데 누군가가 느릿느릿 걷고 있으면 화가 납니다. 그가 마치 나를 방해하기 위해 거기 있는 것 같은 생각이 들기도 합니다. 정작 그는 자기 속도대로 가고 있는데 우리의 급한 마음이 그를 부정적으로 그리는 것입니다. 부끄럽지만 이런 일은 비일비재하게 일어납니다. 아파 보아야 아픈 사람의 사정을 알고, 길을 잃어보아야 길 잃은 사람의 심정을 알게 되는 게 우리들입니다. 주님, 세상에서 방황하고 있는 우리를 포기하지 마시고 끝내 찾으시어 기쁨의 잔치에 동참시켜 주십시오. 아멘.

완악한 마음을 고치소서

예레미야야, 내 백성을 시험해 보아라. 금속을 시험하듯 시험해서 도대체 그들의 정체가 무엇인지 밝혀 보아라. 그들은 모두 반항하는 자들이다. 모함이나 하고 돌아다니며 마음이 완악하기가 놋쇠나 무쇠와 같다. 모두 속속들이 썩은 자들이다. 풀무질을 세게 하면, 불이 뜨거워져서 그 뜨거운 불 속에서 납이 녹으련만, 불순물도 없어지지 않으니, 금속을 단련하는 일이 헛수고가 되고 만다. 그들의 죄악이 도무지 제거되지 않는다. 이제 그들은, 불순물을 제거할 수 없는 '내버린 은'일 뿐이다. 나 주가 그들을 내버렸기 때문이다(예레미야 6:27-30).

병이 고황膏肓에 들면 고칠 수 없다고 한다. 사람의 마음도 마찬가지이다. 하나님의 형상대로 지음받은 인간은 사랑의 선물로 받은 자유를 죄의 길을 선택하는데 사용했다. 죄가 개입하는 순간 함께 살라고 주신 이웃은 내 욕망 충족의 걸

하나님의 숨을
기다리며

림돌이 되었고, 창조적인 노동은 고역이 되었다. 죄는 죄를 낳는 법, 인간의 추락은 세상을 불모의 공간으로 바꾸었다.

"하나님이 땅을 보시니, 썩어 있었다. 살과 피를 지니고 땅 위에서 사는 모든 사람들의 삶이 속속들이 썩어 있었다"(창세기 6:12).

속속들이 썩은 존재에게서 선을 기대할 수 없다. 그런데도 하나님은 인간에 대한 기대를 버리지 않으시고 예언자들을 통해 그들을 꾸짖기도 하고 달래기도 하셨다.

"가던 길을 멈추어서 살펴보고, 옛길이 어딘지, 가장 좋은 길이 어딘지 물어 보고, 그 길로 가라" 하셨지만 백성들은 "그 길로는 가지 않겠다"고 말한다. 파수꾼을 보내 나팔 소리를 울리게 하시지만 그들은 "귀담아 듣지 않겠다"(예레미야 6:16-17)고 말한다. 부룩송아지처럼 날뛰는 욕망에 사로잡힌 이들에게 하나님의 말씀은 들리지 않는다.

오죽하면 하나님께서 예레미야에게 "내 백성을 시험해 보아라. 금속을 시험하듯 시험해서 도대체 그들의 정체가 무엇인지 밝혀 보아라"(예레미야 6:27)라고 말씀하시겠는가? 반항하는 자들, 마음이 완악하여 놋쇠나 무쇠와 같은 이들이 거리를 활보한다. 풀무질을 세게 하면 불순물이 걸러지기도 하건만 죄에 사로잡힌 사람들은 변하지 않는다. 얼마나 두려운 일인가.

"칼과 낫은 여섯 번,/쇠스랑은 아홉 번 담금질을 합니다./날을 가진 것들은 대체로/불과 물 천국과 지옥 사이를 오가며 만들어지지요"(나희덕, 〈대장간에서의 대화〉 중에서).

불과 물을 통과하면서도 버려지기는커녕 오히려 더 완악해지는 인간의 죄성을 어찌해야 할까?

아마도 이런 자각 때문이었을 것이다. 바울은 자기를 지배하고 있는 죄의 법에서 벗어날 힘이 없다고 고백한다.

"아, 나는 비참한 사람입니다. 누가 이 죽음의 몸에서 나를 건져 주겠습니까?"(로마서 7:24)

눈물이 고랑을 이루고 슬픔의 지층이 뒤틀리는 처절한 괴로움과 애통하는 눈물 속에서 그는 떠오르는 해처럼 환한 분과 만났다. 세상의 모든 고통과 슬픔 그리고 모순까지도 떠맡으신 분, 예수 그리스도의 은총이 그를 건져 올렸다. 여전히 몸 가운데 살지만 이제 그 몸은 죄에게 속절없이 이끌리지 않는다. 위로 들어올리는 은총 덕분이다.

너무 늦기 전에 얼바람둥이 행태를 그치고 주님을 바라볼 일이다. 그분이 가리키는 길을 걷고, 그분이 하시는 말씀에 귀를 기울일 때 하늘 바람이 우리에게 불어올 것이다.

하나님의 숨을
기다리며

하나님, 마음먹은 대로 살지 못하고, 습관에 이끌려 사는 우리의 모습이 부끄럽습니다. 우리는 '마음은 원이로되 육신이 약하구나' 하신 주님의 말씀을 무기력한 삶의 위안으로 삼곤 합니다. 이 부끄러운 합리화에서 벗어나게 해주십시오. 속에 스며든 불순물들을 녹일 힘이 우리에게는 없습니다. 주님, 우리를 불쌍히 여겨주십시오. 정화의 불길로 녹이시고, 우리를 어루만져 새로운 존재로 빚어주십시오. 그리하여 주님이 기뻐하시는 일을 우리도 기뻐하게 하시고, 주님이 미워하시는 일을 우리도 미워하게 해주십시오. 아멘.

인간적인
너무나 인간적인

> 그러므로 그는 모든 점에서 형제자매들과 같아지셔야만 했습니다. 그것은, 그가 하나님 앞에서 자비롭고 성실한 대제사장이 되심으로써, 백성의 죄를 대신 갚으시기 위한 것입니다. 그는 몸소 시험을 받아서 고난을 당하셨으므로, 시험을 받는 사람들을 도우실 수 있습니다(히브리서 2:17-18).

1년여를 법정에 서야 했던 사람이 웃으며 말했다. "법정에 서보니까 최후의 심판이 관념이 아닌 현실임을 알겠더군요." 사람은 자기의 경험만큼만 세상을 이해한다. 물론 간접 경험이 없는 것은 아니다. 책을 읽거나 다큐멘터리를 보면서 우리는 낯선 세계에 대한 심화된 지식에 이르기도 한다. 그러나 그것이 곧 진정한 이해는 아니다. 소행성 B612에 살던 생텍쥐페리의 '어린왕자'는 자기 별을 떠나 우주를 탐험한다. 여섯 번째 별에서 그는 지리학자를 만난다. 세상의 모든 것을 기록하는 그는 어린왕자의 별에 대해 말해달라고 한다. 어린왕자는 자기 별에 있는 장미꽃 이야기를 꺼낸다. 그러자 지리학자는 단호하게 말한다. "나는 꽃 따위는 기록하지 않는다." 이유를 묻는 어린왕자에게 그는 꽃은 덧없는 것이기 때문이라고 말한다. 자기는 변하지 않는 것만 기록할 뿐 소멸할 위험이 있는 것은 기록하지 않는다는 것이었다. 그는 과연 세계를 이해한 것일까?

"머리 좋은 것이 마음 좋은 것만 못하고, 마음 좋은 것이 손 좋은 것만 못하고, 손 좋은 것이 발 좋은 것만 못한 법입니다. 관찰보다는 애정이, 애정보다는 실천적 연대가, 실천적 연대보다는 입장의 동일함이 더욱 중요합니다. 입장의 동일함, 그것은 관계의 최고 형태입니다."

쇠귀 신영복 선생의 이 문장은 이해 혹은 관계의 최고 형태가 무엇인지를 입체적으로 드러내고 있다. 서 있는 자리가 다르면 세상은 달리 보이는 법이다. 사람은 생각하는 대로 사는 것이 아니라 사는 대로 생각한다지 않던가(스콧 니어링).

실패나 가난을 경험해보지 않은 사람들이 가난한 이들을 이해한다는 것은 거의 불가능하다. 다이어트를 위한 단식이 아니라 없어서 못 먹는 사람의 서러움을 어떻게 이해할 수 있겠는가? 아파본 사람이라야 아픈 사람의 마음을 알고, 절망의 심연 앞에서 현기증을 느껴본 사람이라야 벼랑 끝에 선 이의 심정을 이해한다. 고통을 겪고 있는 이들은 성현들의 고담준론이 아니라 같은 처지에 있는 이가 보여주는 연대의 몸짓에 더 큰 위로를 받는다.

하나님의 아들이 하늘 보좌를 버리고 인간의 몸을 입고 이 세상에 오셨다는 성육신의 가르침은 얼마나 놀라운가? 무한이 자기를 비워 유한 속으로 들어왔다는 진술은 지혜를 구하는 이들에게 어리석은 말로 여겨질 것이다. 예수는 짐짓 인간이 된 체 한 것이 아니라 인간적인 너무나 인간적인 분이었다.

"그는 몸소 시험을 받아서 고난을 당하셨으므로, 시험을 받는 사람들을 도우실 수 있습니다"(히브리서 2:18).

십자가에 이르는 삶을 남김없이 살아내셨기에 주님은 세상의 모든 질고를 대신 지실 수 있었다. 그 사랑의 신비 앞에 무릎을 꿇을 줄 아는 사람은 행복하다.

하나님의 숨을
기다리며

기도

하나님, 삶이 곤고할 때마다 우리는 그 곤경에서 벗어나기 위해 나름으로 최선을 다합니다. 그러나 아무리 애써 보아도 해결의 실마리가 보이지 않을 때, 그래서 우리의 가능성이 다 소진되었다고 느낄 때 우리는 비로소 주님을 찾습니다. 절망의 심연에 갇혀 희망의 빛 한 점 보이지 않을 때 주님은 우리에게 손을 내밀어 주십니다. 세상의 모든 고통과 슬픔을 다 맛보셨기에 주님은 우리를 외면하지 않으십니다. 고맙습니다. 주님. 이제부터 주님을 외롭게 하지 않기 위해 노력하겠습니다. 우리를 주님의 손과 발로 삼아주십시오. 아멘.

평화의 씨를 뿌려
정의의 열매를 거두다

> 정의의 열매는 평화를 이루는 사람들이 평화를 위하여 그 씨를
> 뿌려서 거두어들이는 열매입니다(야고보서 3:18).

분쟁과 갈등이 끊일 새 없는 세상에서 사는 동안 우리 영혼
은 웅혼한 기상을 잃은 채 납작해졌다. 마음이 늘 달아올라
있으니 잗다란 일에도 크게 출렁이곤 한다. '안식'을 구하지
만, 안식은 늘 저만치 멀어지곤 한다. 욕망의 전장으로 변한
세상에서 영혼은 점점 묵정밭으로 변해간다. 다른 이들을
우리 가운데 맞아들이고, 그들과 더불어 삶을 경축하는 능
력이 줄어들면서 외로움도 깊어간다. 세상일들은 끊임없이
우리 마음을 뒤흔든다. 가지 많은 나무에 바람 잘 날이 없다
는 말처럼 우리는 평화를 누리지 못한다.

예수님은 "평화를 이루는 사람은 복이 있다. 하나님이 그
들을 자기의 자녀라고 부르실 것"(마태복음 5:9)이라고 말씀

하셨다. 하나님의 사람이 된다는 것은 평화를 이루는 사람이 되는 데 있다. 내심 천국을 맛보며 평화를 누리는 사람이 아니라, 혼돈의 세상 한복판에서 평화를 이루는 사람이 되어야 한다는 말이다. 세상이 어떠하든지 오불관언吾不關焉의 태도를 유지하면서 그것을 초연한 믿음으로 치장하는 이들이 있다. 이웃들의 신음 소리를 외면하면서 홀로 누리는 평화는 거짓 평화이다.

로마의 평화Pax Romana라는 허구의 평화가 세상을 기만할 때 예수님은 새로운 평화의 길을 제시했다. 로마의 평화는 힘을 바탕으로 한 평화요, 차이와 이견을 용납하지 않는 평화요, 언제든 폭력으로 상대를 제압할 태세를 갖춘 평화였다. 그러나 예수님은 모든 사람이 하나님의 형상을 지닌 존엄한 존재로 인정받는 세상, 어느 누구도 욕망 충족을 위한 수단으로 물화되지 않는 세상, 사람들이 저마다 자기 삶의 주체가 되어 사는 세상을 꿈꾸셨다. 평화를 외치면서도 정의는 한사코 외면하는 이들이 있다. 그러나 정의와 평화는 동전의 양면이다.

"정의의 열매는 평화를 이루는 사람들이 평화를 위하여 그 씨를 뿌려서 거두어들이는 열매입니다"(야고보서 3:18).

평화의 씨를 뿌리는 이들이 정의의 열매를 거두는 법이다.

평화를 이루려는 이들은 갈등을 회피할 수 없다. 억압과 수탈의 현실이 버젓이 자행되는 세상에 저항하기는커녕, 굴종하기를 거부하고 고개를 드는 이들에게 '가만히 있어'라고 말하는 것은 평화가 아니다.

"억압당하는 이들에게 '평화'를 외쳐대는 사람들은 억압자들과 동맹한 자들이며, 올가미가 목을 바짝 죄어서 숨이 막 넘어가는 사람들에게 '조용히 해! 반항 좀 그만해! 이제 평화를!'이라고 충고하는 이들이다"(요한 크리스토프 아놀드).

평화를 추구하는 이들은 불의한 현실에 대해 '아니오'라고 말하면서도 분노와 적대감의 노예가 되지 않도록 유의해야 한다.

기도

하나님, "내가 지금까지 너무나도 오랫동안, 평화를 싫어하는 사람들과 더불어 살아왔구나"(시편 120:6)라고 탄식한 히브리 시인의 고백이 아프게 다가옵니다. 그는 '나는 평화를 사랑하는 사람'이지만, '내가 평화를 말할 때에, 그들은 전쟁을 생각한다'고 말합니다. 사나운 세상에서 평화를 추구하기란 여간 어려운 일이 아닙니다. 하지만 평화를 이루는 사람이 되지 않고는 하나님의 자녀가 될 수 없음을 알기에 용기를 내겠습니다. 평화 세상을 위한 우리의 꿈이 거친 세상에 부딪혀 좌절되는 일이 없도록 우리를 지켜주십시오. 아멘.

하나님의 숨을
기다리며

흐름 위에 보금자리 친

나를 섬기려고 하는 사람은, 누구든지 나를 따라오너라. 내가 있는 곳에는, 나를 섬기는 사람도 나와 함께 있을 것이다. 누구든지 나를 섬기면, 내 아버지께서 그를 높여주실 것이다(요한복음 12:26).

아브라함은 '떠나라'는 명령을 듣고 익숙하던 세계를 떠났다. 그것은 위험 속으로 들어가는 일이었다. 발판이 없는 허공을 걷는 듯, 울타리 없는 집에 사는 듯 위태로운 나날이었을 것이다. 공초 오상순의 시비에는 그의 대표시라 할 수 있는 〈방랑의 마음〉 제1연이 적혀 있다.

"흐름 위에/보금자리 친/오 흐름 위에/보금자리 친/나의 혼."

낭만적으로 들리지만 어디에도 머물지 않겠다는 시인의 결기가 느껴진다. 익숙한 생각, 관습적 사고, 친밀함은 때로

덧이 되어 우리를 붙잡는다. 비우고 떠날 때 새로움이 유입된다.

예수님은 첫 번째 제자들을 부를 때 "나를 따라오너라"라고 말씀하셨다. 제자란 스승의 뒤를 따르는 자이다. '떠남'을 넘어 '따름'이 제자의 길이다. 지향이 분명해야 한다는 말이다. 예수님은 자신을 '길'이라 이르셨다. 그 길을 따라 걸을 때 비로소 그분의 제자가 된다. 선불교의 가르침 가운데는 '조사를 만나면 조사를 죽이고, 부처를 만나면 부처를 죽이라'는 말이 있지만, 그 말을 어설프게 적용하려다간 허릅숭이가 될 위험이 더 크다. 제자는 스승을 철저히 신뢰하고 따라야 한다.

스승은 가르치는 자이지만, 삶으로 입증해 보이는 자이다. 말놀이지만 스승은 '자기를 이긴 사람'이라 할 수 있다지 않던가. 배움은 자기의 한계를 돌파해 더 큰 세계에 접속하는 것을 목표로 한다. 좋은 제자가 되기 위해서는 스승과 함께 머물러야 한다. 요한의 두 제자가 "랍비님, 어디에 묵고 계십니까?"라고 물었을 때 예수님은 "와서 보아라"(요한복음 1:38-39)라고 대답했다. 진정한 가르침은 삶의 총체성 속에서 빚어지기 때문일 것이다.

"나를 섬기려고 하는 사람은, 누구든지 나를 따라오너라. 내가 있는 곳에는, 나를 섬기는 사람도 나와 함께 있을 것이다. 누구든지 나를 섬기면, 내 아버지께서 그를 높여주실 것이다"(요한복음 12:26).

　예수님을 섬기는 사람은 그분이 계신 곳에 있어야 한다. 그런데 주님이 계신 곳은 그다지 유쾌한 곳이 아니다. 병든 사람들이 있는 곳, 귀신 들린 사람들이 있는 곳, 절망의 심연, 냉소가 넘치고 악다구니가 다반사로 일어나는 곳, 주님은 한사코 그런 곳으로 가신다. 말쑥한 옷차림에 교양이 넘치는 사람들과만 어울리며 삶을 쾌적하게 즐기려는 이들은 예수를 따르기 심히 어렵다. 몸이 낮은 곳에 처할 때 영혼은 고양되는 법이다. '내 아버지께서 그를 높여주실 것'이라는 말이 가리키는 게 바로 그런 뜻이 아닐까?

기도

하나님, 습도 많은 대기 가운데서 걷노라면 몸은 무거워지고 숨도 가빠옵니다. 햇살 좋은 날 거리를 걷는 일은 상쾌합니다. 우울한 세상, 유동하는 공포가 우리 목을 죄는 세상에 살기에 우리는 유쾌하고 즐거운 일을 탐닉합니다. 그러나 주님은 우리를 저 낮은 곳으로 부르십니다. 지고 있는 인생의 짐이 무거워 허덕이는 우리에게 다른 이들의 짐을 함께 나누라 하십니다. 주님, 이제야 깨닫습니다. 다른 이들의 짐을 나눌 때 비로소 우리 짐이 가벼워지는 진실을 말입니다. 날마다 주님의 멍에를 메고 주님께 배우며 살게 해주십시오. 아멘.

가냘픈 갈대 피리 같은 우리 속에 숨을 불어넣으시어 하늘의 선율을 연주하게 하시는 분이 계시기에 우리는 오늘도 희망의 노래를 부른다. "당신 손길의 끝없는 토닥거림에 내 가냘픈 가슴은 한없는 즐거움에 젖고 형언할 수 없는 소리를 발합니다."

Monday ~~~~~~

Tuesday ~~~~~~

Wednesday ~~~~~~

하나님의 숨을
기다리며

Thursday ~~~~~~

Friday ~~~~~~

Saturday ~~~~~~

Sunday ~~~~~~

있어야 할 것과 없어야 할 것

> 이스라엘 자손아, 주님의 말씀을 들어라. 주님께서 이 땅의 주민들과 변론하신다. "이 땅에는 진실도 없고, 사랑도 없고, 하나님을 아는 지식도 없다. 있는 것이라고는 저주와 사기와 살인과 도둑질과 간음뿐이다. 살육과 학살이 그칠 사이가 없다. 그렇기 때문에 땅은 탄식하고, 주민은 쇠약해질 것이다. 들짐승과 하늘을 나는 새들도 다 야위고, 바다 속의 물고기들도 씨가 마를 것이다"(호세아 4:1-3).

사람은 누구나 다 행복을 원하지만 행복을 누리며 사는 사람은 많지 않다. 꿈과 현실 사이의 거리가 클수록 삶은 암담해진다. 이전에 비해 비교할 수 없을 정도로 물질적 풍요를 누리고 있지만, 삶의 안정성 혹은 행복감은 늘어난 것 같지 않다. 욕망의 확대재생산을 통해 유지되는 자본주의 체제는 사람들이 행복의 단꿈에 취하도록 허용하지 않는다. 자기

하나님의 숨을
기다리며

삶에 대한 불만을 자극하고, 소비 충동을 불어넣는다. 많은 이들이 우리가 사는 세상을 디스토피아라 규정한다. 지나치게 비관적인 평가인 것은 분명하지만 그런 요소가 전혀 없다고는 말할 수 없다. 디스토피아는 세상의 모든 부정성이 결집된 세상이다. 거기서는 아무도 행복할 수 없다.

주전 8세기의 예언자인 호세아는 이스라엘 사회를 아주 부정적으로 그리고 있다.

"이 땅에는 진실도 없고, 사랑도 없고, 하나님을 아는 지식도 없다. 있는 것이라고는 저주와 사기와 살인과 도둑질과 간음뿐이다. 살육과 학살이 그칠 사이가 없다"(호세아 4:1b-2).

있어야 할 것은 있어야 하고, 없어야 할 것은 없어야 한다. 그런데 마땅히 있어야 할 것은 없고, 없어야 할 것이 있다. 전도顛倒된 세상이다. 하나님은 그런 세상을 심판하신다.

'진실'은 계약 당사자들을 굳게 묶어주는 상호신뢰 곧 신실함을 일컫는 말이다. 신뢰가 무너진 세상에서 진실은 깃들 곳을 찾지 못한다. '사랑'은 타자에 대한 존중과 연민의 마음이다. 자기를 기꺼이 이웃에게 선물로 주려는 마음이다. '하나님을 아는 지식'은 배워서 아는 율법 지식을 말하는 것이 아니라 하나님의 요구에 부합한 삶을 지향하는 것을 가리킨다. 공평과 정의를 추구하고, 억압받는 이들을 보호하는 것이야말로 하나님을 아는 징표라 하겠다.

'저주와 사기와 살인과 도둑질과 간음'은 십계명이 가르친 마땅한 대인관계의 파탄을 보여준다. 동생을 들로 유인하여 돌로 쳐 죽인 가인은 고대 세계의 괴물이 아니다. 자기 이익을 확보하기 위해 다른 이들을 수단으로 삼는 이들은 모두 '가인의 후예들'이다. 하청업체 직원들이야 위험에 노출되든 말든 일의 효율성, 비용절감만을 내세우는 기업들, 종업원들의 무릎을 꿇리며 모욕을 가하는 못된 손님들, 여성들을 자기 욕망 충족의 대상으로만 바라보는 사람들은 우리 사회가 얼마나 타락했는지를 보여주는 징표들이다. 하나님은 번영을 구가하던 이스라엘에서 벌어지는 일들을 보시며 "살육과 학살이 그칠 사이가 없다"고 탄식하셨다.

일상 속에서 벌어지는 폭력이 얼마나 많은가? 사회적 약자들은 지금도 시선의 폭력, 언어 폭력, 신체적 폭력, 제도적 폭력에 시달리고 있다. 폭력이 일상이 된 세상에서는 피조물들조차 평안할 수 없다.

"그렇기 때문에 땅은 탄식하고, 주민은 쇠약해질 것이다. 들짐승과 하늘을 나는 새들도 다 야위고, 바다 속의 물고기들도 씨가 마를 것이다"(호세아 4:3).

피조물의 탄식소리가 들려오는 이때야말로 우리 삶의 방식을 일대 정리해야 할 때이다.

하나님, 욕망의 벌판을 허둥거리며 달리다 보니 우리가 지향해야 할 인생의 목표를 잊고 말았습니다. 손에 쟁기를 잡고 뒤를 돌아보지 말라 하셨는데, 우리는 부르심을 따라 살지 못하고 우리를 잡아채는 과거의 인력에만 마음을 두고 살고 있습니다. 향방 없이 떠도는 삶은 늘 불안하고, 불안하기에 뭔가로 그 불안을 채우려 안간힘을 다합니다. 이제 한정 없는 방황을 그치고 진실과 사랑을 꼭 붙들고 살겠습니다. 이러한 우리의 결심이 흔들리지 않도록 우리를 꼭 붙들어 주십시오. 아멘.

예루살렘아, 예루살렘아

2월 9일

> 예루살렘아, 예루살렘아, 예언자들을 죽이고, 네게 파송된 사람들을 돌로 치는구나! 암탉이 제 새끼를 날개 아래에 품듯이, 내가 몇 번이나 네 자녀를 모아 품으려 하였더냐! 그러나 너희는 그것을 원하지 않았다. 보아라, 너희의 집은 버림을 받을 것이다. 내가 너희에게 말한다. 너희가 말하기를 '주님의 이름으로 오시는 분은 복되시다' 할 그 때가 오기까지, 너희는 나를 다시는 보지 못할 것이다(누가복음 13:34-35).

과거에 사람들은 예루살렘을 아리엘^{Ariel}, 하나님의 암사자, 하나님의 번제단, 다윗의 도시, 시온, 평화의 도성이라 불렀다. 이스라엘 사람들이 이르기 전부터 그곳에 살고 있던 원주민들은 추분이 되면 해가 자기들의 바로 앞에서 떠나 등뒤로 진다는 사실을 알았기에 바로 그 도성을 세상의 축이라 여겼고, 태양신 샤하르^{Shahar}, 일출의 신 샬림^{Shalim}, 일몰의

신의 거주지라고 생각했다. 사람들은 이 도시를 '샬렘 신의 집'이라는 뜻을 담아 예루샬렘^{Jeru-Shalem}이라 불렀다. 그러나 이스라엘 사람들이 당도한 후 '샬렘'이 평화라는 뜻의 히브리어 '샬롬'과 혼동되어 예루살렘으로 명칭이 바뀌었다.

유대교와 이슬람 그리고 기독교의 성지로 여겨지고 있는 이 도시는 지금도 분쟁의 땅으로 남아 있다. 통곡의 벽 앞에서는 유대인들의 눈물 서린 기도소리가 들려오고, 담장 너머 황금돔 사원에서는 기도 시간인 '아잔'을 알리는 '무에진'의 낭랑한 소리가 울려 퍼진다. 예수님이 재판을 받으시던 자리로부터 골고다 언덕에 이르는 14처에는 기독교도들이 행진하며 찬송가를 부른다. 세 종교가 긴장 속에서 공존하고 있는 곳이 바로 예루살렘이다.

예루살렘은 성전이 있는 곳이기에 신성하게 여겨졌다. 성전을 지어 바쳤던 솔로몬도 성전 그 자체를 신성시하지는 않았다.

"그러나 하나님, 하나님께서 땅 위에 계시기를, 우리가 어찌 바라겠습니까? 저 하늘, 저 하늘 위의 하늘이라도 주님을 모시기에 부족할 터인데, 제가 지은 이 성전이야 더 말하여 무엇 하겠습니까?"(열왕기상 8:27)

솔로몬은 다만 주의 백성이 어디에서든 성전을 향해 부르짖으면 그 기도를 들으시고 용서해 달라고 청하였다. 그러나 성전과 더불어 형성된 성전 체제는 만민이 기도하는 집을 강도의 굴혈로 만들고 말았다.

성전 체제가 사람들의 신심과 두려움을 이용하여 착취를 일삼고, 권부의 핵심으로 자리 잡자 성전 체제는 더 이상 토라가 가장 주목하는 '가난한 자들'에게 관심을 보이지 않았다. 예언자들이 나서서 예루살렘의 죄를 꾸짖었지만 기득권을 누리던 이들은 회개하기는커녕 예언자들을 제거함으로 소리를 잠재우곤 했다. 예수님은 그런 예루살렘을 보고 탄식하신다.

"예루살렘아, 예루살렘아, 예언자들을 죽이고, 네게 파송된 사람들을 돌로 치는구나! 암탉이 제 새끼를 날개 아래에 품듯이, 내가 몇 번이나 네 자녀를 모아 품으려 하였더냐! 그러나 너희는 그것을 원하지 않았다"(누가복음 13:34). 그 결과는 버림받음이다.

거룩한 것이 타락하면 가장 추한 법이다. 오늘의 교회는 어떠한가? '구원의 방주'를 자처하면서도 정작 도움을 필요로 하는 이들에게 문을 굳게 닫고 있는 것은 아닌가? 예루살렘을 보고 탄식하셨던 주님의 그 슬픈 음성을 들어야 한다. 어두운 하늘을 배경으로 도처에 밝혀진 붉은색 십자가, 사람들은 과연 그 십자가를 마치 폭풍우 이는 바다에서 등대를 만난 것처럼 따뜻하게 바라볼까?

하나님, 그 이름을 부르는 것만으로도 마음이 환해지고, 굳었던 마음이 봄눈 녹듯 녹아내리는 사람이 있습니다. 그들은 우리에게 마음의 고향인 셈입니다. 우리의 거친 마음을 부드럽게 어루만지고, 얼크러진 마음을 차분하게 가라앉혀주는 장소도 있습니다. 이 땅에 세워진 교회는 바로 그런 곳이어야 합니다. 예루살렘을 보고 탄식하셨던 주님의 마음을 헤아려 봅니다. 본을 버리고 말을 붙드는 성전 체제는 주님께 걱정거리가 되었습니다. 주님, 교회의 지체인 우리가 주님의 마음을 시원케 해드릴 수 있도록 이끌어주십시오. 아멘.

우분투가 있는 사람

예수께서 제자들에게 말씀하셨다. "걸려 넘어지게 하는 일들이 생기지 않을 수는 없지만, 그러한 일들을 일으키는 사람은 화가 있다. 이 작은 사람들 가운데 하나를 걸려 넘어지게 하는 것보다, 차라리 자기 목에 큰 맷돌을 매달고 바다에 빠지는 것이 나을 것이다"(누가복음 17:1-2).

어쩌면 산다는 것 자체가 폐弊 끼침인지도 모르겠다. 가급적이면 다른 이들에게 폐를 끼치지 않으려는 조심스러움이 예禮의 바탕이지만, 예기치 않게 다른 이를 걸려 넘어지게 하는 일들이 종종 생긴다. 능동적인 행위로 그럴 때도 있지만, 아무 일도 하지 않아도 그런 결과를 낳을 때가 있다. 삶의 여백이 없는 사람일수록 마치 상처받을 만반의 준비를 갖추고 사는 듯한 모습을 보인다. 사소한 일에도 비명을 질러대는 이들과 더불어 산다는 것은 피곤한 일이다. 그러나 나의 기

하나님의 숨을
기다리며

준에 맞지 않는다 하여 그들을 배제할 수는 없다. 함께 살기 위해서는 그들의 연약함과 상처까지도 존중해야 한다.

공동체 안에 극심한 가난에 내몰린 사람이 있다면 부유한 이들은 몸가짐을 조심해야 한다. 아무 데도 걸릴 것 없이 활달한 그들의 태도는 잔뜩 주눅 든 채 살아가는 이들의 박탈감과 상실감을 도드라지게 할 수도 있으니 말이다. 무심코 입은 값비싼 옷이 가난한 사람들의 남루한 삶을 상기시켜 그들로 하여금 구석진 곳으로 숨어들도록 만든다면 부끄러운 일이다. "공동체는 사람들이 매일같이 서로에게 보여 주는 온유한 관심으로 이룩된다. 공동체는 '나는 너를 사랑한다', '너와 함께 있게 되어 기쁘다'는 의미의 사소한 몸짓, 희생과 봉사로 이룩된다"(장 바니에).

아프리카 응구니 족 언어인 '우분투'는 '네가 있어 내가 있다'는 뜻이다. 어떤 사람이 우분투가 있다는 것은 그가 관대하고 호의를 베풀며 친절하고 다정하고 남을 보살필 줄 알고 자비롭다는 뜻을 내포한다(데스몬드 투투). 우분투가 있는 사람은 자신이 더 큰 전체에 속한 존재임을 알기에 타인에 대해 너그럽다. 하나님의 뜻을 여쭈며 사는 사람에게 꼭 필요한 덕목이 우분투이다.

"걸려 넘어지게 하는 일들이 생기지 않을 수는 없지만, 그러한 일들을 일으키는 사람은 화가 있다"(누가복음 17:1).

어쩌란 말인가? 조심조심 살라는 말이다. 특별히 힘이 있는 이들은 자기들의 말과 눈빛, 그리고 행동 하나하나가 누군 가의 가슴에 그림자를 만들 수도 있다는 사실을 두려움으로 자각하며 살아야 한다.

"이 작은 사람들 가운데 하나를 걸려 넘어지게 하는 것보 다, 차라리 자기 목에 큰 맷돌을 매달고 바다에 빠지는 것이 나을 것이다"(누가복음 17:2).

두려운 말이다. 믿음의 사람들은 약자나 소수자의 입장에 서 세상을 보는 연습을 해야 한다. 그들을 투명인간 취급하 거나 함부로 대하는 것은 그들의 존재의 뿌리이신 하나님에 대한 모욕이기 때문이다.

하나님, 우리는 친절한 사람, 너그러운 사람이라는 평판 듣기를 좋아합니 다. 사소한 친절이나 호의에 감사를 표하는 이들을 보면 마치 우리가 꽤 괜찮은 사람이 된 것 같은 느낌이 들기도 합니다. 그러나 우리의 안전을 위협하거나 우리 허영심의 실상을 드러내는 이들을 만나면 상황이 달라 집니다. 친절한 사람은 사라지고 편협한 사람, 공격적인 사람이 나타납니 다. 일상 속에서 우리는 너무나 많은 형제자매들의 걸림돌이 되곤 합니다. 이제는 조심조심 경외하는 마음으로 살겠습니다. 우리를 선한 길로 이끌 어주십시오. 아멘.

교회가 서야 할 자리

> 바로 이곳이 주 하나님의 성전이요, 이곳이 이스라엘의 번제단
> 이다(역대상 22:1).

예루살렘 성전이 지어진 장소에 대한 이야기는 차고 넘친
다. 세상의 모든 장소는 거기서 삶을 이어간 사람들의 이야
기와 더불어 기억되는 법이다. 사람들은 성전 산을 아브라
함이 이삭을 번제로 바치려 했던 모리아 산(역대하 3:1)과 동
일시하는데 주저하지 않는다. 역설적 신앙의 가장 빛나는
모범이 되는 사건이 벌어진 현장이기 때문일 것이다. 역대
기 기자는 더 구체적으로 모리아 산에 있던 오르난의 타작
마당(역대상 21:28)이 바로 성전이 선 자리라고 말한다.

오르난의 타작마당은 다윗의 인구조사 이야기와 연결되
는 장소다. 다윗은 신하들의 만류에도 불구하고 단에서 브
엘세바에 이르기까지 자기에게 속한 이스라엘의 인구를 조

사하게 한다. 인구조사는 대개 세금 징수와 원활한 군인 확보를 위해 시행된다. 다윗은 칼을 빼서 다룰 수 있는 사람수를 헤아림으로 스스로 안보를 튼튼히 한 왕으로 기억되고 싶었는지도 모르겠다. 그러나 하나님은 그 일을 악하게 여기셨다. 전염병 재앙이 그 땅에 덮쳐왔다. 이스라엘 사람 칠만 명이 쓰러졌다. 다윗의 마음을 든든하게 했던 이들이 스러져버린 것이다.

하나님은 그 땅에 닥친 슬픔과 고통을 보고 마음이 아프셨다. 그래서 파괴하는 천사에게 잠시 멈추라고 명하셨다. 칼을 뽑아들고 있던 천사가 머문 곳이 바로 오르난의 타작마당이었다. 자기 죄를 철저히 뉘우친 다윗의 선견자 갓의 제안에 따라 오르난의 타작마당에 올라가서 주님의 제단을 쌓았다. 하나님은 다윗이 바치는 제물을 받으셨다. 그러자 다윗이 말하였다.

"바로 이 곳이 주 하나님의 성전이요, 이곳이 이스라엘의 번제단이다"(역대상 22:1).

오르난의 타작마당은 생명과 죽음의 경계, 성과 속의 경계, 죄와 참회의 경계이다. 성전이 서야 할 곳은 심판의 두려움이 있는 곳, 철저한 참회가 일어나는 곳, 하나님의 용서가 구현되는 곳이어야 한다.

유대교 랍비들은 성전이 있는 시온 산은 혼돈의 물을 덮고 있는 덮개^{capstone}라고 가르쳤다. 성전이 태곳적 혼돈의 세력을 억제하고 있기 때문에 창조의 질서가 유지되고 있다는 것이다. 유대교에 전해 내려오는 이야기가 있다.

"다윗이 [성전의] 토대를 닦기 위해 땅을 파 들어갔을 때, 심연의 물['테호마']은 땅으로 올라와 세상을 삼켜 버리려 하였다. 그때 다윗은 열다섯 개의 성전으로 올라가는 노래를[시120-135편] 불러 그들을 잠재웠다"(존 D. 레벤슨, 『시내산과 시온』, 홍국평 옮김, 155쪽).

심연의 물이 땅 밑에서 올라와 세상을 삼키려 한 것은 몇천 년 전에만 일어난 일이 아니다. 모든 아름다운 가치들이 '돈'이라는 하나의 가치로 환원되는 오늘의 세상이야말로 심연에 빠져든 세상 아닌가? 크고 웅장하다고 다 교회가 아니다. 노래를 불러 혼돈을 잠재우고, 사람들의 가슴에 거룩한 경외심을 불러일으키는 교회라야 살아있는 교회라 할 것이다.

하나님, 교회는 순교자의 피 위에 세워졌다는 증언 앞에서 잠시 옷깃을 여밉니다. 오늘 우리가 안락한 가운데 신앙생활을 할 수 있는 것은 진리를 위해 목숨을 아끼지 않았던 분들의 헌신 덕분입니다. 추운 겨울, 난방조차 되지 않는 예배당 마루에 꿇어앉아 보석 같은 눈물을 흘리며 하나님께 엎드렸던 우리 신앙 선배들의 그 간절함이 우리에게는 없습니다. 교회는 그저 안락한 곳으로 변하고 말았습니다. 그래서 생명의 노래를 부르지 못합니다. 하지만 이제 값싼 위로의 노래 말고, 혼돈을 잠재우는 힘 있는 노래를 부르며 주님의 뒤를 따르겠습니다. 우리의 힘이 되어 주십시오. 아멘.

하나님의 숨을
기다리며

바디매오에게 배우다

그들은 여리고에 갔다. 예수께서 제자들과 큰 무리와 함께 여리고를 떠나실 때에, 디매오의 아들 바디매오라는 눈먼 거지가 길 가에 앉아 있다가 나사렛 사람 예수가 지나가신다는 말을 듣고 "다윗의 자손 예수님, 나를 불쌍히 여겨 주십시오." 하고 외치며 말하기 시작하였다. 그래서 많은 사람이 조용히 하라고 그를 꾸짖었으나, 그는 더욱더 큰소리로 외쳤다. "다윗의 자손님, 나를 불쌍히 여겨 주십시오." 예수께서 걸음을 멈추시고, 그를 불러오라고 말씀하셨다. 그리하여 그들은 그 눈먼 사람을 불러서 그에게 말하였다. "용기를 내어 일어나시오. 예수께서 당신을 부르시오." 그는 자기의 겉옷을 벗어 던지고, 벌떡 일어나서 예수께로 왔다. 예수께서 그에게 말씀하셨다. "내가 너에게 무엇을 하여 주기를 바라느냐?" 그 눈먼 사람이 예수께 말하였다. "선생님, 내가 다시 볼 수 있게 하여 주십시오." 예수께서 그에게 말씀하셨다. "가거라. 네 믿음이 너를 구원하였다."

> 그러자 그 눈먼 사람은 곧 다시 보게 되었다. 그리고 그는 예수
> 가 가시는 길을 따라 나섰다(마가복음 10:46-52).

사람들은 믿고 싶은 것만 믿고, 듣고 싶은 것만 듣는 경향이 있다. 예루살렘을 향해 올라가는 길에 주님은 세 번씩이나 수난을 예고하시지만 제자들 가운데 어느 누구도 그 말을 심각하게 여기지 않는다. 저마다 자기 생각에 골똘한 탓일 것이다. 세베대의 아들들인 야고보와 요한은 노골적으로 자기 청탁을 하지 않았던가? 다른 제자들은 그들 형제에게 분개했다. 그들의 철 없음 때문이 아니라, 자기들의 그림자를 그들에게서 보았기 때문이다. 칼 구스타프 융에 의하면 그림자란 우리 속에 있으나 스스로 거부하거나 억압해온 내면이다. 자기들이 먼저 하고 싶었으나 차마 할 수 없었던 말을 그들이 앞서 꺼냈으니 화가 난 것이다. 그들은 눈이 있어도 보지 못하고, 귀가 있어도 듣지 못하는 자들이었다.

예수님이 여리고를 떠나실 때 제자들과 큰 무리가 뒤를 따랐다. 디매오의 아들인 바디매오라는 눈먼 거지가 예수가 지나신다는 말을 듣고 외쳤다. "다윗의 자손 예수님, 나를 불쌍히 여겨 주십시오." 사람들은 조용히 하라며 그를 꾸짖었다. 자기들의 안일한 평안을 깨뜨리는 소리를 사람들은 참아내려 하지 않는다. 그들은 장벽이 되어 바디매오를 침

하나님의 숨을

기다리며

묵시키려 한다. 하지만 바디매오는 절박했기에 더욱 큰 소리로 주님을 불렀다. 마침내 그 소리가 예수님을 멈춰 세웠다.

　주님이 그를 데려오라 하시자 그는 겉옷을 벗어 던지고, 벌떡 일어나서 예수님께 왔다. "내가 너에게 무엇을 하여 주기를 바라느냐?" "선생님, 내가 다시 볼 수 있게 하여 주십시오." "가거라, 네 믿음이 너를 구원하였다." 군더더기라곤 없다. "그러자 그 눈먼 사람은 곧 다시 보게 되었다." 마가는 감동적인 현실을 건조하게 서술할 뿐 사람들의 호기심을 자극할 만한 일체의 말을 생략하고 있다. 질문과 대답 그리고 실행 사이에 조금의 틈도 없다.

　'그 눈먼 사람은 곧 다시 보게 되었다'는 구절에 주목할 필요가 있다. 마가는 '바디매오'라는 고유명사 대신 '그 눈먼 사람'이라는 보통명사를 사용하고 있다. 눈을 떠야 할 처지에 있는 이들을 상정한 의도적 표현이 아닐까? 그 구절은 주님의 제자라 하면서도, 3년씩이나 동고동락 했으면서도 여전히 눈에 안개 같은 것이 씌워져 보아야 할 것을 보지 못하는 제자들의 어리석음을 넌지시 드러내고 있다. 눈을 뜬 바디매오와 눈을 감고 있는 제자들이 대비된다. 게다가 바디매오는 "예수가 가시는 길을 따라 나섰다." 호기심에 따라나선 것이 아니라, 예수를 길로 삼았다는 말이고, 십자가

의 길을 택하였다는 말일 것이다. 바디매오는 이상적인 제
자의 모습을 보여주고 있다.

하나님, 우리는 진리에 대해 많이 안다고 자부했습니다. 교회 생활에도 익
숙해졌고, 성경말씀도 어느 정도는 알고 있습니다. 선포되는 말씀이 어디
로 향할지도 짐작할 수 있습니다. 그럼에도 불구하고 우리는 여전히 어둠
속을 헤매고 있습니다. 우리 눈이 감겨 있다고 생각하지 않기에 절박함조
차 없습니다. 어느덧 신앙생활은 습관이 되고 말았습니다. 존재의 변화가
일어나지 않는 것은 당연합니다. 주님, 나태함에 빠진 우리 영혼을 깨워주
십시오. 그리고 진리의 샘물을 마시고 일어나 주님의 뒤를 따르게 해주십
시오. 아멘.

하나님의 숨을
기다리며

희생을 강요하지 말라

2월 13일

마리아에게 왔다가 예수께서 하신 일을 본 유대 사람들 가운데서 많은 사람이 예수를 믿게 되었다. 그러나 그 가운데 몇몇 사람은 바리새파 사람들에게 가서, 예수가 하신 일을 그들에게 알렸다. 그래서 대제사장들과 바리새파 사람들은 공의회를 소집하여 말하였다. "이 사람이 표징을 많이 행하고 있으니, 어떻게 하면 좋겠습니까? 이 사람을 그대로 두면 모두 그를 믿게 될 것이요, 그렇게 되면 로마 사람들이 와서 우리의 땅과 민족을 약탈할 것입니다." 그 가운데 한 사람으로서, 그 해의 대제사장인 가야바가 그들에게 말하였다. "당신들은 아무것도 모르오. 한 사람이 백성을 위하여 죽어서 민족 전체가 망하지 않는 것이, 당신들에게 유익하다는 것을 생각하지 못하고 있소." 이 말은, 가야바가 자기 생각으로 한 것이 아니라, 그 해의 대제사장으로서, 예수가 민족을 위하여 죽으실 것을 예언한 것이니, 민족을 위할 뿐만 아니라, 흩어져 있는 하나님의 자녀를 한데 모

아서 하나가 되게 하기 위하여 죽으실 것을 예언한 것이다. 그들
은 그 날로부터 예수를 죽이려고 모의하였다(요한복음 11:45-53).

발 없는 말이 천 리를 간다지 않던가? 나사로가 다시 살아
났다는 소식은 베다니 마을을 넘어 온 유대땅에 퍼졌다. 많
은 유대인들이 예수를 믿게 되었다. 예루살렘에 있는 지도
자들의 귀에도 그 소식이 들어갔다. 그들은 말은 안 했지만
예수가 자기들의 기득권을 위협하고 있다는 사실을 직감했
다. 거룩의 옷을 입고 사는 사람들, 허위의식에 사로잡힌 사
람들은 다른 이들의 눈길을 의식하며 산다. 그들의 존립 근
거는 타자들의 존경이다. 사람들이 예수를 따르기 시작했
다. 미약한 바람이지만 이 바람이 성전체제를 송두리째 뒤
흔드는 폭풍이 될 수도 있음을 알기에, 대제사장들과 바리
새파 사람들은 공의회를 소집했다. 예수 문제를 공론화하겠
다는 의지를 보인 것이다.

　"이 사람이 표징을 많이 행하고 있으니, 어떻게 하면 좋
겠습니까?" "이 사람을 그대로 두면 모두 그를 믿게 될 것이
요, 그렇게 되면 로마 사람들이 와서 우리의 땅과 민족을 약
탈할 것입니다"(요한복음 11:47-48).

　결론이 이미 난 셈이다. 그들이 우려하는 것은 예수를 추
종하는 이들이 로마에 대한 저항운동을 일으켜서 결국 보복

하나님의 숨을
기다리며

을 당할 수도 있다는 사실이었다. 그들은 자기들의 특권을 유지하려는 욕망을 민족의 운명과 결부지어 말하고 있다.

그 해의 대제사장인 가야바가 말했다. "당신들은 아무것도 모르오. 한 사람이 백성을 위하여 죽어서 민족 전체가 망하지 않는 것이, 당신들에게 유익하다는 것을 생각하지 못하고 있소"(요한복음 11:49b-50).

종교인이 한 것이라고는 믿어지지 않는 말이다. 그는 전체를 위해 부분을 희생하는 것을 정당화하려 한다. 요한은 그가 그 해의 대제사장으로서 예수의 죽음이 민족을 위한 대속의 죽임이 될 것이라는 사실을 예언한 것이라고 말한다. 사후적으로 그렇게 해석할 수는 있겠지만 그의 말을 예언으로 보기에는 석연치 않은 구석이 있다.

유대교의 오랜 가르침은 다른 사람들을 살리기 위하여 무고한 사람을 희생시켜서는 안 된다고 말한다. 아브라함 요수아 헤셸은 『누가 사람이냐』라는 책에서 외국 군대가 한 도시를 점령한 후에 일어날 법한 일을 상정하여 말한다.

"만일 적들이 모여 있는 여자들에게 말하기를 '너희 모두 욕보지 않으려면 너희 가운데 하나를 우리에게 보내라'고 한다면 그들이 와서 모두를 욕보이게 할지언정 어느 한 여자를 뽑아서 욕보게 해서는 안 된다"(아브라함 요수아 헤셸, 『누가 사람이냐』, 137쪽).

민족을 살린다는 명분으로 누군가의 희생을 강요하는 것은 폭력이다. 대개 희생양으로 선발되는 이들은 사회적 약자들이기 때문이다. 예수의 길은 자기를 희생하여 남을 살리는 길이다. 스스로 제물이 된 제사장, 그리스도만이 세상을 구원한다.

하나님, 난감한 일을 만날 때마다 우리는 운명을 탓하거나, 탓할 대상을 찾곤 합니다. 세상이 혼란스럽고 어둠이 지극한 것은 나 아닌 누군가의 욕심 때문인 것 같습니다. 우리는 그렇게 누군가에게 책임을 전가함으로 양심의 괴로움을 면하려 합니다. 주님을 죽음의 자리로 내모는 이들을 비판하면서도 우리 또한 그런 일을 반복하고 있습니다. 주님을 닮고 싶습니다. 아낌없이 주면서도 보상을 바라지 않고, 세상의 모순을 속으로 받아들여 정화시키신 그 크신 사랑을 우리 속에도 심어주십시오. 아멘.

하나님의 숨을
기다리며

가장 큰 낭비

예수께서 베다니에서 나병 환자였던 시몬의 집에 머무실 때에, 음식을 잡수시고 계시는데, 한 여자가 매우 값진 순수한 나드 향유 한 옥합을 가지고 와서, 그 옥합을 깨뜨리고, 향유를 예수의 머리에 부었다. 그런데 몇몇 사람이 화를 내면서 자기들끼리 말하였다. "어찌하여 향유를 이렇게 허비하는가? 이 향유는 삼백 데나리온 이상에 팔아서, 그 돈을 가난한 사람들에게 줄 수 있었겠다!" 그리고는 그 여자를 나무랐다. 그러나 예수께서 말씀하셨다. "가만두어라. 왜 그를 괴롭히느냐? 그는 내게 아름다운 일을 했다. 가난한 사람들은 늘 너희와 함께 있으니, 언제든지 너희가 하려고만 하면, 그들을 도울 수 있다. 그러나 나는 언제나 너희와 함께 있는 것이 아니다. 이 여자는, 자기가 할 수 있는 일을 하였다. 곧 내 몸에 향유를 부어서, 내 장례를 위하여 할 일을 미리 한 셈이다. 내가 진정으로 너희에게 말한다. 온 세상 어디든지, 복음이 전파되는 곳마다, 이 여자가 한 일도 전해

베다니, 예루살렘에서 멀지 않은 그 마을은 우리에게도 친숙하다. 마르다와 마리아 그리고 나사로가 살던 동네로서 '무화과나무 마을' 정도의 의미이다. 감람산 동남쪽 사면에 있던 이 마을은 하나님의 위로를 기다리던 사람들이 모여 살던 동네였다. 예수님은 예루살렘을 들를 때면 늘 이곳을 찾으셨던 것 같다. 복음서는 병약했던 나사로와 나환자 시몬 이야기를 우리에게 남겨주었다. 시몬은 나병으로부터 회복된 사람이었다. 제사장들로부터 완치 판정을 받았을 것이다. 그럼에도 불구하고 그들은 사람들에게 환대받지 못했다. 하지만 예수님은 그의 집에 들어가 음식을 함께 나누신다. 어떤 거리낌도 찾아볼 수 없는 담백한 행동이다.

그때 한 여인이 들어온다. 손에는 매우 값진 나드 향유가 담긴 옥합이 들려 있었다. 빛이 투과되는 설화석고雪花石膏로 만든 옥합은 수입품이었고 나드 향유 역시 그러했다. 가난한 이들이 모여사는 그 마을에서 여인이 나드 향유 한 옥합을 가지고 있었다는 사실 자체가 놀랍다. 어쩌면 그것은 비상금처럼 소중하게 간직해온 것인지도 모르겠다. 여인은 휘발성이 강한 향유를 보존하기 위해 사용한 밀랍 밀봉을 뜯어내고 그 향유를 예수의 머리에 부었다. 그 나드 향유 가격은 무려 300데나리온 가량이었다고 한다.

가끔 사람들은 합리적으로 이해하기 어려운 일을 감행한다. 여인이 한 일은 효율성이나 공리성을 따지는 이들이 볼 때는 도무지 이해할 수 없는 일이었을 것이다. 그 자리에 있던 사람들은 차라리 그것을 팔아서 가난한 사람을 도와줄 일이지 왜 그렇게 귀한 것을 낭비하느냐고 불통거렸다. 상식적인 말이다. 가난한 이들의 처지를 누구보다 아파하시는 예수님이라면 여인의 그런 행동을 꾸짖는 게 당연하다. 그러나 주님은 여인을 꾸짖지 않는다. 여인은 그렇게 하고 싶은, 그렇게 할 수밖에 없는 내적 충동에 따라 그런 일을 했을 뿐이다.

마가는 여인이 어떤 사람이었는지 그 구체적 정보를 주지 않는다. 그러나 유추해 볼 수는 있다. 여인은 어쩌면 '등불도 없이 밤길을 나서야 하는 처지' 혹은 '배가 떠나버린 선착장에서 오래도록 시간표를 들여다보는'(한명희, '끝이라는 말' 중에서) 심정으로 살았을 것이다. 그러나 여인의 삶에 봄이 다가왔다. 그를 있는 그대로의 모습으로 존중해주는 분, 사랑 그 자체이신 분과 만난 후 여인은 다시 난 것 같은 기쁨을 느꼈다. 그러니 무엇을 아끼랴? 주님은 여인의 행동을 자신의 죽음을 예비하는 것으로 받아들이신다.

미국의 어느 교회는 교인들에게 'extravagant welcome'

을 실천하자고 제안한다. '도가 지나칠 정도의 환대'라고 새길 수 있겠다. 상한 영혼의 치유를 위해서는 거룩한 낭비가 필요할 때도 있는 법이다. 그런 환대의 경험이 한 존재를 새롭게 할 수 있다면, 그것은 비용을 따질 문제가 아니다. 세상에서 가장 거룩한 낭비는 독생자를 보내신 하나님의 사랑이 아닌가?

기도

하나님, 우리도 가끔 이 여인을 비난했던 사람들의 대열에 합류합니다. 세상에 있는 모든 것을 아껴야 하지만, 때로는 귀중한 것을 아낌없이 바쳐야 할 때도 있습니다. 독생자를 세상에 보내신 하나님의 낭비, 한 번 밖에 없는 생명을 바치신 예수님의 거룩한 낭비가 우리를 구원합니다. 주님, 인색함을 숨기기 위해 합리성을 내세우곤 하는 우리를 불쌍히 여겨주십시오. 세상에서 입은 상처로 인해 마음이 무너지는 사람들을 온 힘을 다하여 품에 안을 수 있도록 우리 마음을 넓혀주십시오. 아멘.

하나님의 숨을

기다리며

예수 정신은 어떤 '한 사람'도 버리지 않는 것이다. 노자는 "사람을 다스리고 하늘을 섬기는데 아낌만 한 것이 없다"고 말했다. 그런 아낌을 경험할 때 사납고 무정한 세상을 건널 힘이 우리 속에 유입된다.

Monday 〰〰

Tuesday 〰〰

Wednesday 〰〰

하나님의 숨을

기다리며

Thursday ~~~~

Friday ~~~~

Saturday ~~~~

Sunday ~~~~

넘어짐도 삶의 일부

그 때에 예수께서 제자들에게 말씀하셨다. "오늘 밤에 너희는 모두 나를 버릴 것이다. 성경에 기록하기를 '내가 목자를 칠 것이니, 양 떼가 흩어질 것이다' 하였다. 그러나 내가 살아난 뒤에, 너희보다 먼저 갈릴리로 갈 것이다." 베드로가 예수께 말하였다. "비록 모든 사람이 다 주님을 버릴지라도, 나는 절대로 버리지 않겠습니다." 예수께서 그에게 말씀하셨다. "내가 진정으로 네게 말한다. 오늘 밤에 닭이 울기 전에, 네가 세 번 나를 모른다고 할 것이다." 베드로가 예수께 말하였다. "주님과 함께 죽는 한이 있을지라도, 절대로 주님을 모른다고 하지 않겠습니다." 그리고 다른 제자들도 모두 그렇게 말하였다(마태복음 26:31-35).

고통과 죽음을 반기는 사람이 어디 있으랴? 아버지께 돌아감이 영광임을 알지만 죽음은 여전히 낯선 세계이기에 주님

하나님의 숨을
기다리며

도 흔쾌히 그 시간을 기다리지 못한다. 마치 어둠이 사위를 삼키듯 마지막 시간이 다가오고 있음을 알았기에 예수님의 목소리는 비장했을 것이다.

"오늘 밤에 너희는 모두 나를 버릴 것이다. 성경에 기록하기를 '내가 목자를 칠 것이니, 양 떼가 흩어질 것이다' 하였다"(마태복음 26:31).

가장 가까운 이들조차 자신에게 등을 돌릴 것을 안다는 것, 참 쓸쓸한 일이다. 예수님은 인간의 연약함을 너무나 잘 아신다.

나치의 수용소에 갇혔던 이들은 자기들의 몸에 최초의 폭력이 가해졌던 순간을 잊을 수 없다고 말한다. 자기들은 더 이상 존엄한 존재가 아니라는 현실 앞에서 그들은 무너졌다. 어떤 경우든 우리가 공포심에 사로잡히는 순간 굳건히 지켜왔다고 자부하던 자기 정체성은 속절없이 무너지게 마련이다. 초인적인 인내로 폭력을 견뎌내는 이들이 있지만 그건 극히 일부에 지나지 않는다.

베드로가 말한다. "비록 모든 사람이 다 주님을 버릴지라도, 나는 절대로 버리지 않겠습니다"(마태복음 26:33). 조금도 거짓 없는 진심이었을 것이다. 그러나 베드로는 자기가 어쩔 수 없는 인간이라는 사실을 모른다. 굳은 의지가 작동되지 않는 순간을 경험해 보지 않은 사람은 폭력 앞에 굴복했던 사람들의 시린 마음을 이해하려 하지 않는다. '목숨을 걸겠다'고 호언장담하는 이들이 진실을 위해 목숨을 내놓는 경우는 거의 없다.

예수님은 다시 베드로에게 말씀하신다. "내가 진정으로 네게 말한다. 오늘 밤에 닭이 울기 전에, 네가 세 번 나를 모른다고 할 것이다"(마태복음 26:34). 세 번의 부정은 철저한 부정, 조금의 유보도 없는 부정이다. 베드로는 억울했다. 자기의 진정을 몰라주는 스승이 원망스러웠던 것일까. 그는 다시 말한다. "주님과 함께 죽는 한이 있을지라도, 절대로 주님을 모른다고 하지 않겠습니다"(마태복음 26:35). '죽는 한이 있을지라도', '절대로'라는 말이 왜 이리도 슬프게 들릴까.

예수님이 말씀하신 대로 베드로는 주님을 세 번이나 부인했다. 그러나 그것으로 끝이 아니다. 예수님은 베드로의 연약함까지도 껴안고 계셨다. 그가 부인한다고 하여 그를 못났다 책망하기는커녕 오히려 그를 격려하셨다.

"나는 네 믿음이 꺾이지 않도록, 너를 위하여 기도하였다. 네가 다시 돌아올 때에는, 네 형제를 굳세게 하여라"(누가복음 22:32).

'네가 다시 돌아올 때'라는 말은 어쩌면 베드로를 본래의 자리로 인도하는 아리아드네의 실이 되었을 것이다. 넘어짐도 삶의 일부이다. 하지만 다시 일어나야 한다. 주님의 신뢰

하나님의 숨을
기다리며

가 우리를 일으켜 세운다. 가없는 사랑이 우리를 참 사람의 길로 이끈다.

기도

하나님, 주님을 모른다고 세 번이나 부인한 후 바깥 어두운 데로 나가 통곡했던 베드로의 마음을 생각해봅니다. 후회와 자책, 그리고 견디기 어려운 모멸감에 시달렸을 것입니다. 차라리 장담이라도 하지 않았더라면 부끄러움이 덜 했을지도 모르겠습니다. 그러나 주님은 한 순간도 그를 버리지 않으셨습니다. 그의 아픔과 연약함까지도 껴안으셨습니다. 으깨진 포도알과 같던 그가 복음을 위해 향기로운 제물처럼 목숨을 바칠 수 있었던 것은 그 가없는 사랑 덕분입니다. 주님, 그 크신 사랑으로 우리를 품어주십시오. 아멘.

죽음의 강에 뛰어들다

그러나 하나님께서 은혜를 베푸실 때에 생긴 일은, 아담 한 사람이 범죄 했을 때에 생긴 일과 같지 않습니다. 한 사람의 범죄로 많은 사람이 죽었으나, 하나님의 은혜와 예수 그리스도 한 사람의 은혜로 말미암은 선물은, 많은 사람에게 더욱더 넘쳐나게 되었습니다(로마서 5:15).

바울은 아담 한 사람으로 인해 세상에 죄가 들어왔고, 그 죄의 결과 모든 사람이 죽음에 이르게 되었다고 말한다. 죄의 유전을 말하는 것처럼 들리는 게 사실이다. 의문이 생긴다. 우리의 의사와 관계없이 자행된 첫 사람의 죄에 대해 우리가 공동책임을 져야 하는가? 조금 억울하다. 하지만 아담은 인류의 첫 사람인 동시에 모든 사람이다. 흙으로 빚어진 모든 존재는 아담이다. 어느 시인은 흙에 불안을 더한 게 인간이라 말했다. '네가 신처럼 될 것'이라는 뱀의 말은 매혹적

하나님의 숨을

기다리며

이었다. 하지만 선악과를 먹는 순간 신적 지혜가 아니라 타자에 대한 원망과 경계심이 발생했다. 선악과를 따먹은 사람은 누구나 자기 기준에 따라 선과 악을 판별하려 한다. 각자 기준이 다르니 갈등이 없을 수 없다. 지금 온 세상을 가득 채우고 있는 소음은 각자의 옳음이 충돌하는 데서 빚어진 것이다.

바울은 율법을 통해 죄가 죄로 명명되기 전에도 이미 죽음이 사람들을 사로잡고 있었다고 말한다. 모세를 통해 주어진 율법은 해야 할 일과 하지 말아야 할 일을 가르쳐주었지만, 우리 속에 깊이 또아리 틀고 앉은 죄의 경향성을 없애지는 못한다. 해결책은 없는 것일까? 은혜 밖에는 없다.

"그러나 하나님께서 은혜를 베푸실 때에 생긴 일은, 아담한 사람이 범죄 했을 때에 생긴 일과 같지 않습니다. 한 사람의 범죄로 많은 사람이 죽었으나, 하나님의 은혜와 예수 그리스도 한 사람의 은혜로 말미암은 선물은, 많은 사람에게 더욱더 넘쳐나게 되었습니다"(로마서 5:15).

'동물의 왕국'에서 인상 깊게 보았던 장면이 있다. 아프리카 사바나 지역에 사는 누 떼는 건기가 되면 새로운 풀을 찾아 무려 1,600킬로미터를 이동한다고 한다. 그런데 그 여정이 순탄치만은 않다. 커다란 강 앞에 당도했을 때 누 떼는 자기들 앞에 있는 위험을 감지한다. 강에는 포식자인 악어가 도사리고 있다. 누 떼는 그 사실을 잘 알기에 선뜻 뛰어들지 못한다. 그러나 그 건너편으로 가지 않으면 생존을 이어갈 수 없다. 그때 어느 한 마리가 힘차게 강에 뛰어든다. 뒤를 이어 수많은 누 떼가 강을 건넌다. 희생당하는 개체들도 있지만 그들 대다수는 결국 건너편에 당도했고 생명을 이어갈 수 있었다. 한 마리가 앞서 죽음의 강에 뛰어듦으로 누 떼는 존속될 수 있었다.

예수님도 죽음과 공포의 도도한 물결 속에 몸을 던져 영원한 생명의 문을 여셨다. 주님이 앞서 가신 그 길을 따라 걷지 않고 주춤주춤 망설이다 보면 정신의 죽음을 면할 길이 없다. 예수님을 길이라 고백하는 것만으로는 부족하다. 그 길을 걸어야 한다. 그 십자가 길을.

하나님, 에덴 이후 시대를 사는 우리들은 늘 뭔가에 쫓기며 삽니다. 느긋한 평화를 꿈꾸지만, 우리 마음을 뒤흔드는 일이 시도 때도 없이 벌어집니다. 처리해야 할 문제들은 또 어찌나 많은지 도무지 삶의 여백을 마련할 수도 없습니다. 복잡하게 뒤엉킨 우리 마음, 찌그러지고 멍든 우리 마음을 주님께 바칩니다. 주님의 사랑 안에서 새롭게 빚어주십시오. 그래서 허망한 열정에 사로잡혀 살기보다는 주님의 뜻을 따르는 기쁨을 누리며 사는 참 사람이 되게 해주십시오. 아멘.

하나님의 숨을
기다리며

지금은 유예의 시간

사랑하는 여러분, 이 한 가지만은 잊지 마십시오. 주님께는 하루가 천 년 같고, 천 년이 하루 같습니다. 어떤 이들이 생각하는 것과 같이, 주님께서는 약속을 더디 지키시는 것이 아닙니다. 도리어 여러분을 위하여 오래 참으시는 것입니다. 하나님께서는 아무도 멸망하지 않고, 모두 회개하는 데에 이르기를 바라십니다. 그러나 주님의 날은 도둑같이 올 것입니다. 그 날에 하늘은 요란한 소리를 내면서 사라지고, 원소들은 불에 녹아버리고, 땅과 그 안에 있는 모든 일은 드러날 것입니다. 이렇게 모든 것이 녹아버릴 터인데, [여러분은] 어떠한 사람이 되어야 하겠습니까? 여러분은 거룩한 행실과 경건한 삶 속에서 하나님의 날이 오기를 기다리고, 그 날을 앞당기도록 하여야 하지 않겠습니까? 그 날에 하늘은 불타서 없어지고, 원소들은 타서 녹아버릴 것입니다. 그러나 우리는 주님의 약속을 따라 정의가 깃들여 있는 새 하늘과 새 땅을 기다리고 있습니다(베드로후서 3:8-13).

누군가를 혹은 좋은 소식을 간절히 기다려 본 이들은 알 것이다. 기다림은 설렘과 조바심을 동반한다. 그와의 만남이 가져올 기쁨으로 지레 설레고, 그가 오지 않을지도 모른다는 생각에 초조하다. 기약 없는 기다림은 고통이다. 황지우의 시 〈너를 기다리는 동안〉은 기다림의 본질이 무엇인지를 우리에게 인상 깊게 보여준다.

"너를 기다리는 동안/네가 오기로 한 그 자리에/내가 미리 가 너를 기다리는 동안/다가오는 모든 발자국들은/내 가슴에 쿵쿵거린다."

기다리는 사람은 그 대상을 막연히 기다리지 않는다. 그가 올 자리에 미리 가서 그를 맞이하려 한다. 기다림은 그리움이다. 그리움이란 어떤 대상이 온통 우리 마음을 차지하고 있는 상태이다. 그리워하던 대상과 만날 수 있다는 기대는 우리를 들뜨게 만든다. 그렇기에 '다가오는 모든 발자국들'이 가슴에 쿵쿵거리는 것이다. 시인은 '바스락거리는 나뭇잎/하나도 다 내게 온다'고 노래한다. 그리움은 이처럼 사람을 예민하게 만든다. 그리워하는 이들은 온몸이 귀가 되어 어떤 기척에든 반응한다. 기다림이 길어질 때는 초조함도 깊어진다.

초대교회 교인들은 다시 오실 주님을 기다렸다. 누가는 하늘을 바라보고 있는 사람들에게 천사가 한 말을 기록하고

하나님의 숨을
기다리며

있다.

"갈릴리 사람들아, 어찌하여 하늘을 쳐다보면서 서 있느냐? 너희를 떠나서 하늘로 올라가신 이 예수는, 하늘로 올라가시는 것을 너희가 본 그대로 오실 것이다 하고 말하였다"(사도행전 1:11).

다시 오신다는 약속이 있었기에 그들은 현실의 고통을 감내할 수 있었다. 역사의 부정성을 극복하고, 슬픔도 고통도 없는 평화 세상을 열어 가실 주님이 오신다는데 못 견딜 고통이 어디 있으랴. '마라나타!'

그러나 오신다는 주님이 오시지 않는다. 기다림이 고통으로, 고통이 환멸로 바뀌어 갈 때 속 깊은 곳에서 원망이 터져 나온다. '주님은 정녕 약속을 잊으셨는가?' '오신다는 약속은 기만이었나?' 마음은 피폐해지고, 마음을 뜨겁게 했던 열정이 식자 사람들 사이에 갈등이 깊어간다. 사도들은 주님의 재림 지연에 대해 설명해야 했나? 그 날과 시는 주님의 뜻 안에 있으니 어떤 설명도 가능할 것 같지 않다. 그러나 베드로는 지연된 약속의 이유를 사람들에게 밝혀준다.

"어떤 이들이 생각하는 것과 같이, 주님께서는 약속을 더디 지키시는 것이 아닙니다. 도리어 여러분을 위하여 오래 참으시는 것입니다. 하나님께서는 아무도 멸망하지 않고, 모두 회개하는 데에 이르기를 바라십니다"(베드로후서 3:9).

재림 지연은 주님의 직무유기가 아니라 모든 사람이 회개하여 구원에 이르기를 바라시는 하나님의 사랑에서 비롯되었다는 것이다. 지금은 유예의 시간인 셈이다. 허망한 열정을 다스리며 정의가 깃들여 있는 새 하늘과 새 땅을 열기 위해 해산의 수고를 다하는 것이야말로 진실한 기다림이다.

기도

하나님, 방학이 오기를 기다리는 아이들처럼, 첫눈 오기를 기다리는 연인들처럼 우리는 아름다운 세상이 열리기를 기다립니다. 하지만 세상은 나날이 흉포해지고 있습니다. 착한 사람들이 살기에 쉬운 사회가 좋은 사회라는 데, 착한 이들은 번번이 악한 이들의 조롱거리가 되고 있습니다. 주님, 우리는 주님이 오시기를 기다립니다. 이제는 막연히 기다리지 않겠습니다. 주님이 기뻐하시는 세상을 열기 위해 땀흘리겠습니다. 지치지 않도록 우리 영혼을 지켜주십시오. 아멘

하나님의 숨을
기다리며

보물이 오물로 변할 때

그들은 은을 길거리에 내던질 것이며, 금을 오물 보듯 할 것이다. 내가 진노하는 날에, 은과 금이 그들을 건져 줄 수 없을 것이다. 은과 금이 그들의 마음을 흡족하게 못하고, 허기진 배를 채워 주지 못할 것이다. 오히려 은과 금은 그들을 걸어서 넘어뜨려, 죄를 짓게 하였을 뿐이다. 그들이 자랑하던 아름다운 보석으로, 역겹고도 보기 싫은 우상들을 만들었으므로, 내가 보석을 오물이 되게 하겠다(에스겔 7:19-20).

자본주의 체제는 욕망을 확대재생산함을 통해 유지된다. 물이 바다를 향해 흐르지만 바다를 다 채우지 못하듯이 인간의 욕망은 채워지지 않는다. 욕망에 사로잡힌 영혼은 '이제 그만'이란 말을 모르기에 삶을 한껏 누리지 못한다. 그들은 소수의 사람들에게만 접근이 허용된 '희소한 것'을 소유함으로 남들과 구별되려 한다. 돈이 지배하는 세상의 죄는 '새로운 상품'의 소비자가 되지 않는 것이다. 결코 채워질 수 없는 욕망의 쳇바퀴를 돌리느라 사람들은 피곤하다.

돈은 힘이 세다. 못 할 일이 없는 것처럼 보인다. 구매력이 있는 사람은 어딜 가나 당당하다. 낯선 곳에 가도 주눅들지 않는다. 이런 경험이 축적되면 사람들은 돈을 신으로 모신다. 의도하든 의도하지 않든 그렇게 된다. 돈을 위해 양심을 팔기도 한다. 예수님은 사람이 재물과 하나님을 겸하여 섬길 수 없다고 하셨다.

생텍쥐페리의 '어린왕자'는 어른들은 참 이상하다면서 새로운 친구를 사귀었다고 말하면 그 친구의 목소리나 그 친구가 좋아하는 장난 혹은 나비를 수집하는지는 묻지 않고 중요하지 않은 것만 묻는다고 말한다. "나이가 몇이냐? 형제가 몇이냐? 몸무게가 얼마냐? 그 애 아버지가 얼마나 버니?" "창틀에는 제라늄이 피어 있고 지붕에는 비둘기들이 놀고 있는 고운 붉은 벽돌집을 보았어요"라고 말해도 별 반응을 보이지 않는다. "'십만 프랑짜리 집을 보았어요'라고 해야 그들은 '야, 참 훌륭하구나!' 하고 감탄한다." 타락한 세상이다. '어린왕자'는 인생에서 정말 중요한 것은 가게에서 살 수 없다고 말한다. 친구를 파는 가게는 없으니까.

비상한 시기가 오면 상황은 달라진다. 돈으로 할 수 없는 일이 너무도 많다. 하나님의 심판 앞에서 돈은 무력하다. 구

208   하나님의 숨을
                              기다리며

원은 돈으로 살 수 없다. 돈을 위해서는 못할 일이 없다고 여기며 살았던 삶을 후회해 보아야 소용없다. 에스겔은 하나님과 맺은 언약을 저버리고 욕망의 길을 따라 간 백성들에게 경고한다. 주님의 분노의 날, 각 사람의 행위대로 갚으시는 날, "매질할 몽둥이가 꽃을 피우고 교만을 꺾을 채찍이 싹터"(에스겔 7:10) 나오는 날이 곧 닥쳐오리라는 것이다. 하나님의 매질을 피할 수 있는 자가 누가 있으랴! 그때서야 그들은 자기들이 행복의 신기루를 좇고 있었음을 알고 후회할 것이다.

"그들은 은을 길거리에 내던질 것이며, 금을 오물 보듯 할 것이다. 내가 진노하는 날에, 은과 금이 그들을 건져 줄 수 없을 것이다. 은과 금이 그들의 마음을 흡족하게 못하고, 허기진 배를 채워 주지 못할 것이다. 오히려 은과 금은 그들을 걸어서 넘어뜨려, 죄를 짓게 하였을 뿐이다"(에스겔 7:19).

그날이 오면 보석이 오물로 변한다. 무서운 심판이다. 보석이 오물로 변하는 일은 일상에서 다반사로 벌어진다. 돈 때문에 인간성을 포기한 이들이 얼마나 많던가? 돈이 중심이 되는 순간 아름다운 관계는 파탄 나고, 공동체도 파괴된다. 돈 없이 살기는 어렵지만, 돈이 우리 삶의 주인 노릇하는 일만은 막아야 한다.

하나님, 이전보다 우리 삶의 형편이 많이 나아졌지만 행복감은 오히려 줄어든 것 같습니다. 골고루 가난하던 시절, 이웃들은 콩 한 쪽도 나눠먹었습니다. 가속화된 시간 속을 바장이는 현대인들은 도무지 이웃들에게 곁을 내주질 못합니다. 삶의 속도를 늦추는 순간 다른 이들이 우리를 추월해버릴지도 모른다는 공포심 때문입니다. 행복을 원하면서도 행복을 피하며 사는 우리를 긍휼히 여겨주십시오. 금과 은, 보물이 오물로 변할 수도 있음을 한 순간도 잊지 않게 해주십시오. 아멘.

하나님의 숨을

기다리며

장벽 철폐

> 그리스도는 우리의 평화이십니다. 그리스도께서는 유대 사람과 이방 사람이 양쪽으로 갈라져 있는 것을 하나로 만드신 분이십니다. 그분은 유대 사람과 이방 사람 사이를 가르는 담을 자기 몸으로 허무서서, 원수 된 것을 없애시고, 여러 가지 조문으로 된 계명의 율법을 폐하셨습니다. 그분은 이 둘을 자기 안에서 하나의 새 사람으로 만들어서 평화를 이루시고, 원수 된 것을 십자가로 소멸하시고 이 둘을 한 몸으로 만드셔서, 하나님과 화해시키셨습니다(에베소서 2:14-16).

하나님은 혼돈의 세계에 질서를 부여하셨다. 혼돈은 무정형이지만 질서는 형태가 있다. 하나님은 빛과 어둠, 하늘과 땅, 물과 뭍, 동물과 식물 세계를 가름으로 모든 것이 가지런하게 자리잡게 하셨다. 모래를 통해 바다의 경계를 정하신 하나님은 밤하늘의 무수한 별들도 각자의 운행궤도를 따라 돌게 하셨다. 그러나 인간의 죄는 세상을 혼돈으로 되돌리곤 한다. 노아 시대의 대홍수는 하나님께서 갈라놓았던 혼돈의 물이 합쳐지면서 빚어졌다. 하늘의 창이 열리고 깊음의 샘이 열리면서 질서 있던 세상은 혼돈의 세상으로 변하고 말았다. 하나님은 창조하시고 인간은 파괴한다.

하나님은 가름을 통해 혼돈을 극복하셨지만 인간은 가름을 통해 자기만의 왕국을 만들곤 한다. '우리'와 '그들'을 가르는 이분법이 세상을 지배한다. 가름은 차별을 낳고, 차별은 차별당하는 이들의 가슴에 한을 남긴다. 니체가 말하는 르상티망, 즉 원한 감정이 안개처럼 사람 사이에 파고들 때 세상의 평화는 파괴된다. 타자에 대한 두려움은 갈수록 커지고, 그 두려움을 이기려고 장벽을 쌓는다. 장벽을 높이 쌓는 순간 타자들의 모습이 보이지 않게 되고, 보이지 않기에 상상력이 발동된다. 그들이 시한폭탄처럼 위험하다는 생각을 품게 되는 순간 장벽 너머의 사람들은 함께 살아야 할 이웃이 아니라 격리하거나 제거해야 하는 적이 된다.

그러나 예수님의 삶은 장벽 철폐 혹은 경계선 가로지르기라는 말로 요약될 수 있다. 의인과 죄인, 거룩함과 속됨, 유대인과 이방인, 남자와 여자를 가르는 문화적 장벽을 자유로이 넘나드셨다. 경계선을 넘는 이들은 늘 의혹의 눈길을 받게 마련이다. 예수님의 십자가는 그런 삶의 귀결이다.

하나님의 숨을
기다리며

그런데 사도들은 예수님이 몸으로 증언한 바를 깨닫고는 '그리스도는 우리의 평화'라면서 이렇게 고백한다.

"그리스도께서는 유대 사람과 이방 사람이 양쪽으로 갈라져 있는 것을 하나로 만드신 분이십니다. 그분은 유대 사람과 이방 사람 사이를 가르는 담을 자기 몸으로 허무셔서, 원수 된 것을 없애"셨다(에베소서 2:14)는 것이다. 예수님은 담을 허무시는 분으로 우리 가운데 계신다. 망치로 깨부수듯 허무는 것이 아니고, 세상의 모든 아픔과 눈물 그리고 슬픔과 죄책까지도 다 품어 안는 큰 사랑 안에서 그 둘을 녹이신다.

그 사랑 안에 머물 때 '죄인도 원수도 친구로 변한다.' 장벽이 무너질 때 비로소 하늘이 열린다. 하나님과의 화해는 그렇게 일어난다. 예수님은 새로운 창조자이다. 인간이 만든 장벽을 허물어 새로운 인류를 낳고 계시니 말이다. 그런데 오늘의 현실은 어떠한가? 그를 믿는다는 이들이 장벽 세우기에 몰두하고 있다. 특정한 사람들에게 혐오와 수치를 안겨주면서 그것을 믿음으로 포장한다. 그럴듯한 포장지에 속지 말 일이다. 장벽을 세우는지 철폐하는지를 보아 예수의 제자인지 아닌지를 알 수 있다.

하나님, 우리도 모르는 사이에 가르고 나누는 일에 익숙해졌습니다. 어떤 사람들에게 찌지를 붙이고는 그들을 조롱하거나 무시하기도 합니다. 자기와 생각이 다르다고 붉은색 낙인을 찍는 일은 또 얼마나 자주 일어납니까? 이 땅에 있는 교회도 예외가 아닙니다. 주님, 우리를 꾸짖어 주십시오. 주님은 당신의 몸으로 인간이 만든 장벽들을 허무셨습니다. 우리에게도 그런 장벽을 허물 수 있는 용기와 믿음을 허락하여 주십시오. 그래서 '그리스도 우리의 평화'라는 고백이 무색해지지 않게 해주십시오. 아멘.

하나님의 숨을

기다리며

브엘라해로이

주님의 천사가 사막에 있는 샘 곁에서 하갈을 만났다. 그 샘은 수르로 가는 길 옆에 있다. 천사가 물었다. "사래의 종 하갈아, 네가 어디서 와서, 어디로 가는 길이냐?" 하갈이 대답하였다. "나의 여주인 사래에게서 도망하여 나오는 길입니다." 주님의 천사가 그에게 말하였다. "너의 여주인에게로 돌아가서, 그에게 복종하면서 살아라." 주님의 천사가 그에게 또 일렀다. "내가 너에게 많은 자손을 주겠다. 자손이 셀 수도 없을 만큼 불어나게 하겠다." 주님의 천사가 그에게 또 일렀다. "너는 임신한 몸이다. 아들을 낳게 될 터이니, 그의 이름을 이스마엘이라고 하여라. 네가 고통 가운데서 부르짖는 소리를 주님께서 들으셨기 때문이다. 너의 아들은 들나귀처럼 될 것이다. 그는 모든 사람과 싸울 것이고, 모든 사람 또한 그와 싸울 것이다. 그는 자기의 모든 친족과 대결하며 살아가게 될 것이다." 하갈은 "내가 여기에서 나를 보시는 하나님을 뵙고도, 이렇게 살아서, 겪은

하갈은 한 번도 자기 운명의 주체인 적이 없었다. 이집트인
인 그가 어떻게 하여 사래의 몸종이 되었는지는 알 수 없
다. 아마도 가난 때문이었을 것이다. 노예와 같은 신분은
아니었지만 그는 종속된 존재일 뿐 자기 삶의 결정권을 갖
지 못했다. 사래는 하갈의 의사는 묻지도 않고 아브람에게
말했다.

"주님께서 나에게 아이를 가지지 못하게 하시니, 당신은
나의 여종과 동침하십시오. 하갈의 몸을 빌려서, 집안의 대
를 이어갈 수 있기를 바랍니다"(창세기 16:2).

아브람은 사래의 말을 따랐다. 하갈이 잉태하자 모든 것
이 달라졌다. 성경은 하갈이 사래를 깔보았다고 말한다. 정
말 그랬을까? 사래의 자격지심이 빚은 오해일까? 마음에 멍
이 든 사래는 아브람조차 원망스럽다. 아브람은 그런 사래
의 마음을 달래려고 당신에게 속한 사람이니 당신 뜻대로
하라고 말한다.

복의 매개자로 부름 받은 사람들의 행태라고는 믿어지지

않는다. 어쩌면 이게 인간인지도 모르겠다. 사래는 하갈을 학대한다. 견디다 못한 하갈은 사래의 집에서 도망친다. 그러나 임신한 여인이 그 척박한 땅에서 어떻게 살 수 있단 말인가? 하나님의 사자가 나타나 하나님께서 부르짖는 그의 소리를 들으셨다고 말한다. 하나님은 땅의 소리에 귀를 기울이시는 분이시다. 또한 땅에서 벌어지는 일과 연루되기를 꺼리지 않으신다. 파스칼의 말처럼 하나님은 철학자의 하나님, 원리로서의 하나님이 아니라 아브라함과 이삭과 야곱의 신산스런 삶에 동행하시며 희망을 열어주시는 분이시다.

천사는 하갈에게 사래의 집으로 돌아가라 이른다. 억울하고 아파도 삶을 포기해서는 안 된다는 것이다. 하갈의 태중에 잉태된 아이는 들나귀처럼 든든한 사람이 되어 어떤 척박한 환경에서도 살아남게 될 것이라는 약속도 주어진다. 그 약속은 하갈의 어둔 마음을 비추는 빛이 되었다. 어둠이 물러가자 삶의 용기 또한 돌아왔다. 하갈은 기뻐하며 말한다.

"내가 여기에서 나를 보시는 하나님을 뵙고도, 이렇게 살아서, 겪은 일을 말할 수 있다니!" 그리고 "자기에게 말씀하신 주님을 '보시는 하나님'이라고 이름 지어서 불렀다"(창세기 16:13).

놀랍지 않은가? 하갈은 성경에서 하나님의 이름을 지어

부른 첫 사람이다.

억울한 일을 당하고도 억울하다는 말조차 못하는 이들에게 '하나님이 보고 계신다'는 말은 얼마나 큰 위로인가? 억울한 일을 당해도 하나님의 심판 앞에 맡기라는 말이 아니다. 노예 도덕을 강화하라는 말이 아니다. 하나님이 보고 계신다는 사실을 자각할 때 우리를 잡아당기는 절망의 심연은 힘을 쓰지 못한다. 하갈의 마음에 기둥 하나가 든든하게 섰다. 그는 하나님과 만났던 샘을 '브엘라해로이'라 이름 지었다. '나를 보시는 살아계신 분의 샘'이라는 뜻이다. 삶이 아무리 곤고해도 그 샘을 떠올리는 순간 희망이 가슴에 유입되지 않았을까? 우리는 지금 어느 샘가를 서성거리고 있는가?

기도

하나님, 하갈과 같은 처지의 사람들이 참 많습니다. 자기 의지와는 상관없이 무시당하고, 차별당하는 이들, 존엄한 인격이 아니라 수단으로 취급받는 이들 말입니다. 갑질이라는 말이 우리 사회의 부끄러운 실상을 고스란히 드러내고 있습니다. 하갈 이야기를 통해 하나님이 그런 이들의 처지를 모른 척하지 않는 분이심을 깨닫습니다. 주님, 우리 곁에 있는 '하갈들'의 억눌린 신음소리에 귀를 기울이게 해주시고, 그들의 가슴에 한이 누적되지 않는 사회를 이루기 위해 혼신의 힘을 다하겠습니다. 우리를 선한 길로 인도해주십시오. 아멘.

하나님의 숨을
기다리며

하나님이 우리 편이시면

하나님이 우리 편이시면, 누가 우리를 대적하겠습니까?(로마서 8:31b)

이런저런 일들로 마음이 무거워지고, 그 무거움을 주체할 길 없을 때 마음은 무너지고 만다. 당당하게 살고 싶다는 바람은 슬그머니 잦아들고 버티고 견뎌야 할 시간이 우리를 짓누른다. 영문을 알 수 없는 공허감이 마음을 압도할 때면 만사가 부질없어진다. 즐겨 듣던 음악소리도 귀에 들어오지 않고, 책도 손에 잡히지 않는다. 마음 나눌 벗들의 얼굴을 떠올려보지만 선뜻 그들에게 손을 내밀지도 못한다. 바람에 흩날리는 낙엽처럼 정처를 잃어버린 마음이 평정을 되찾기까지는 꽤 오랜 시간이 걸린다. 언제나 당당하고 씩씩해 보이는 사람도 더러는 이런 영혼의 병을 앓곤 한다. 다만 그가 겪는 어둠의 시간이 다른 이들에게 드러나지 않았을 뿐이다. 바울에게도 그런 시간이 있었을까? 바울은 자기를 지배하고 있는 다른 법에 대해 말한 적이 있다. 선을 행하기를 바라지만 번번이 악에 기우는 자기 마음 때문에 그는 절망하고 있었다. 죄의 법이 확고하게 자기를 사로잡고 있음을 알았기에 그는 구원을 갈망했다. 영혼의 어둔 밤이 지나고 은총의 새벽이 밝아왔을 때 그는 비로소 자신의 생명이 하나님께 속해 있다는 사실을 깨달았다. 율법의 행위로는 구원을 받을 수 없고, 오직 은총만이 그를 구원할 수 있음을 알았을 때 말할 수 없는 영적 자유가 찾아왔다. 넘어지는 것을 두려워할 것 없었다. 아무리 크게 넘어져도 은총 바깥으로 넘어질 수 없음을 알았기 때문이다.

연약함을 걱정할 것 없다. 오히려 성령께서 우리의 약함을 도와주고, 말할 수 없는 탄식으로 우리를 위해 기도하시기 때문이다. 그래서 바울은 은총의 세계 안에 머물고 있는 한 우리가 겪는 모든 일들이 결국은 '선'으로 귀결된다고 고백한다. 실패의 쓰라림도, 고난의 아픔도 구원이라는 보화를 빚는데 사용된다. 세상에 버릴 것은 아무 것도 없다. 쭈뼛거리며 살 것 없다. 하나님을 사랑하는 사람들에게는 모든 것이 합력하여 선을 이룰 것이기 때문이다.

이런 믿음이 있기에 바울은 확고한 믿음을 품고 말한다. "하나님이 우리 편이시면, 누가 우리를 대적하겠습니

하나님의 숨을
기다리며

까?"(로마서 8:31) 백범 김구 선생은 이 놀라운 말씀을 가슴에 품고 살았다. 두려움과 절망감이 밀려올 때 이 말씀은 그의 내면을 지켜주는 든든한 방패가 되었을 것이다. '하나님이 우리 편'이라고 말하기 위해서는 먼저 우리가 '하나님 편'에 속해야 한다. 나 좋을 대로 살면서 하나님이 우리 편이라고 말한다면 그것은 믿음이 아니라 기만이다. 하나님의 뜻을 이루기 위해 투신한 사람이라야 '하나님이 우리 편이시면, 누가 우리를 대적하겠습니까?'라고 말할 수 있다.

기도

하나님, 어려운 일을 만날 때마다 우리는 '언젠가 좋은 날이 오겠지'라고 말하며 스스로를 위로합니다. 그러나 시간은 번번이 우리를 속이는 것 같습니다. 한 날의 괴로움은 그 날 겪는 것으로 족하다지만, 괴로움은 다음 날도 우리를 괴롭힙니다. 멍이 든 가슴은 조그마한 자극에도 비명부터 질러댑니다. 그러나 이제는 하나님의 편에 서서 살겠습니다. 하나님이 우리 곁에 계시다는 사실을 확신하며 당당하게 살겠습니다. 우리의 믿음 없음을 불쌍히 여겨주십시오. 아멘.

물이 바다를 향해 흐르지만 바다를 다 채우지 못하듯이 인간의 욕망은 채워지지 않는다. 욕망에 사로잡힌 영혼은 '이제 그만'이란 말을 모르기에 삶을 한껏 누리지 못한다. 돈이 중심이 되는 순간 아름다운 관계는 파탄 나고, 공동체도 파괴된다.

Monday 〰〰

Tuesday 〰〰

Wednesday 〰〰

하나님의 숨을

기다리며

Thursday ~~~~~

Friday ~~~~~

Saturday ~~~~~

Sunday ~~~~~

진리로
하나 되게 하소서

> 내가 아버지께 비는 것은, 그들을 세상에서 데려 가시는 것이
> 아니라, 악한 자에게서 그들을 지켜 주시는 것입니다. 내가 세
> 상에 속하지 않은 것과 같이, 그들도 세상에 속하지 않았습니
> 다. 진리로 그들을 거룩하게 하여 주십시오. 아버지의 말씀은
> 진리입니다. 아버지께서 나를 세상에 보내신 것과 같이, 나도
> 그들을 세상으로 보냈습니다. 그리고 내가 그들을 위하여 나를
> 거룩하게 하는 것은, 그들도 진리로 거룩하게 하려는 것입니다
> (요한복음 17:15-19).

요한복음서에는 겟세마네 동산에서의 기도가 등장하지 않
는다. 근심하고 괴로워하면서 "하실 수만 있으시면, 이 잔을
내게서 지나가게 해주십시오"(마태복음 26:39)라는 비장한 기
도의 자리에 들어선 것은, 세상을 떠나기 전 제자들과 세상
을 하나님 앞에 맡기는 위탁의 기도이다. 예수님은 먼저 아

버지께서 맡기신 일을 완수할 수 있도록 도우시어 "나를 아버지 앞에서 영광되게 하여 주십시오"(요한복음 17:5)라고 기도한다. 요한복음에서 예수님은 자신을 보냄을 받은 자로 계시한다. 보냄을 받은 자가 할 일은 보내신 분의 뜻을 행하는 것이고, 그가 누릴 영광은 위임된 일을 제대로 수행했다는 인정이다. 이어 예수님은 세상에 남겨질 제자들을 위해 네 가지를 청하셨다.

첫째, 주님은 제자들의 하나됨을 청하셨다(요한복음 17:11). 사탄의 전략은 가르고 지배하는devide and rule 것이다. 믿음의 선한 싸움을 계속하려는 이들의 연대가 필요한 것은 그 때문이다. 문익환 목사는 '하나가 된다는 것은 더욱 커지는 일'이라고 했다. 하나가 된다는 것은 차이를 제거하는 것 혹은 동화시키는 것을 의미하지 않는다. 차이를 존중하며 조화를 추구하는 것이다. 낯선 것은 더 커지라는 부름이다. 마음을 열어 낯선 것을 우리 삶의 자리에 맞아들일 때 삶은 풍요로워지고 다채로워진다. 그리스도의 제자는 누군가를 배제하는 저열한 쾌감을 탐하지 않는다.

둘째, 주님은 악한 자들로부터 제자들을 지켜달라고 기도하셨다(요한복음 17:15). 사탄의 공격은 교묘하고 집요하다. 사탄은 인간의 욕망과 두려움을 숙주로 하여 세력을 떨친다. 부풀려진 욕망은 만족을 모른다. 욕망이 우리 삶을 이끌 때 행복은 영원히 지연되는 법이다. 사탄은 우리를 밑도 끝도 없는 두려움 속으로 밀어 넣는다. 두려움에 사로잡힌 영혼은 하나님과 이웃에 대한 신뢰를 잃어버린 채 자기 나름의 안전을 확보하기 위해 안간힘을 다 한다. 그러는 동안 영혼은 피폐해진다. 믿음의 방패가 아니고는 악한 자가 쏘는 불화살을 막을 수 없다. 주님이 하나님의 보호하심 아래 그들을 맡기는 것은 그 때문이다.

셋째, 주님은 제자들을 진리로 거룩하게 해달라고 기도하셨다(요한복음 17:17). 오직 진리만이 참된 자유를 줄 수 있음을 아셨기 때문이다. 거짓은 또 다른 거짓을 낳는 법. 자기를 강화하기 위해서든, 이익을 확보하기 위해서든, 자기를 지키기 위해서든 거짓에 기댈 때 우리는 거미줄에 묶인 곤충처럼 옴짝달싹 못하는 상황에 빠진다. 진리의 열매는 진정성과 진실과 거룩함이다.

넷째, 제자들의 증언을 듣고 믿음의 세계에 들게 될 사람들도 더 깊은 사랑의 일치를 경험할 수 있게 해달라고 기도하셨다(요한복음 17:20). 일치의 공간이 넓어질 때 하나님의 통치는 더 아름답게 번져간다. 주님이 간곡함으로 바치셨던 기도는 믿는 이들이 일상 속에서 바치는 기도가 되어야 하며 실천의 기준이 되어야 한다.

하나님의 숨을
기다리며

하나님, 주님이 공들여 창조하신 세상이 아픕니다. 죽음과 공포에 내몰린 이들의 비명소리가 도처에서 들려오고, 피조물의 신음소리가 우리 귓전을 때립니다. 악한 자들이 선한 이들을 밥으로 여깁니다. 찢기고 갈라진 세상에서 힘겹게 버티는 동안 우리 마음도 거칠어졌습니다. 살아남기 위해 안간힘을 쓰다 보니 우리가 진리를 따라 살아가는 순례자임을 잊을 때가 많습니다. 주님께서 바치셨던 기도를 우리의 기도로 삼겠습니다. 그리고 기도한 대로 살기 위해 정신을 바짝 차리겠습니다. 우리의 든든한 방패가 되어주십시오. 아멘.

자기다움을
잃지 않는다는 것

주인은 자기 아내에게서 "당신의 종이 나에게 이 같은 행패를 부렸어요" 하는 말을 듣고서, 화가 치밀어 올랐다. 요셉의 주인은 요셉을 잡아서 감옥에 가두었다. 그 곳은 왕의 죄수들을 가두는 곳이었다. 요셉이 감옥에 갇혔으나, 주님께서 그와 함께 계시면서 돌보아 주시고, 그를 한결같이 사랑하셔서, 간수장의 눈에 들게 하셨다. 간수장은 감옥 안에 있는 죄수를 모두 요셉에게 맡기고, 감옥 안에서 일어나는 온갖 일을 요셉이 혼자 처리하게 하였다. 간수장은 요셉에게 모든 일을 맡기고, 아무것도 간섭하지 않았다. 그렇게 된 것은 주님께서 요셉과 함께 계시기 때문이며, 주님께서 요셉을 돌보셔서, 그가 하는 일은 무엇이나 다 잘 되게 해주셨기 때문이다(창세기 39:19-23).

산다는 것은 얽혀 들어가는 것이다. 원하든 원치 않든 우리는 타자들과의 관계 속에서 살아간다. 능동적으로 선택한

하나님의 숨을

기다리며

만남도 있지만, 어떤 상황이 부과한 만남도 있다. 다양한 만남 속에서 자기 동일성을 유지하기란 여간 어려운 일이 아니다. 시인 김광규는 〈나〉라는 시에서 관계 속에서 살아가는 존재의 복잡함을 노래했다. 다양한 타자와의 관계 속에 있는 '나'는 '아버지 아들 동생 형 남편 오빠 조카 아저씨 제자 선생 납세자 예비군 친구 적 환자 손님 주인 가장'이지 '오직 하나 뿐인 나는 아니다.' 가끔은 가면을 바꿔 쓰며 살아간다. 주어진 노릇에 충실하기 위해서이다. 그 충실함은 존재의 피곤함을 낳기도 한다. 그래서 시인은 묻는다. "과연/아무도 모르고 있는/나는 무엇인가/그리고/지금 여기 있는/나는 누구인가."

아버지 야곱의 사랑받던 아들 요셉은 자기가 선택하지 않은 운명에 내몰렸다. 아버지의 편애가 빚은 시기심에 내몰린 형들은 그를 미디안 상인들에게 팔았고, 그는 다시 애굽 사람 보디발의 집에 팔렸다. 사랑받는 아들에서 종으로의 기가 막힌 전락. 그러나 요셉은 과거의 화려한 기억에 사로잡힌 채 낙심하거나 원망으로 세월을 보내지 않았다. 자기 현실을 현실로 수용했다. 그의 충실한 삶이 주인의 마음을 사로잡았고, 마침내 보디발은 그에게 자기 집을 관리하는 중책을 맡겼다.

그러나 운명의 타격은 한 번으로 그치는 법이 없다. 보디발의 아내가 젊은 그를 유혹했다. 유혹은 집요했지만 그는 그 유혹에 넘어가지 않았다. 여주인의 집요한 손길을 외면하고 그는 옷을 남겨두고 현장을 떠났다. '남겨진 옷'은 그의 충실함을 드러내는 것이었지만, 그것은 거꾸로 그가 여주인을 겁탈하려 했다는 핵심 증거가 되었다. 보디발은 아내의 말을 듣고 화가 나서 요셉을 감옥에 가두었다. 또 다른 전략이었다. 그러나 요셉은 언제나 어디서나 요셉이다. 삶의 상황이 달라져도 그는 자기다움을 잃지 않는다. 감옥에서도 그는 따뜻하고 친절하다. 이 급진적 낙관주의는 닫힌 문을 여는 열쇠 구실을 하기도 한다. 간수장은 요셉에게 모든 것을 맡기고 간섭하지 않았다. 성경은 알 수 없는 운명의 배후에 어떤 힘이 움직이고 있었다고 말한다.

"그렇게 된 것은 주님께서 요셉과 함께 계시기 때문이며, 주님께서 요셉을 돌보셔서, 그가 하는 일은 무엇이나 다 잘되게 해주셨기 때문이다"(창세기 39:23).

운명의 타격 앞에서 울더라도 하나님 앞에 선 자로서의 자기 동일성을 포기하지 말아야 한다. 전략이 또 다른 전략을 낳는다 하더라도 끝끝내 견지해야 할 삶의 원칙을 지켜낼 때, 새로운 기회가 삶에 유입된다. 숨겨진 운명이 한꺼번에 자기 모습을 다 드러내는 법은 없지만, 그러거나 말거나 자기답게 사는 것이야말로 인간의 존엄성이다.

하나님, 푯대를 향해 나아간다고 하면서도 우리는 한정없이 방황합니다. 살아온 날을 돌아보면 어지럽기 그지없습니다. 가지런하게 살고 싶다는 바람을 품고 살지만 세파는 늘 우리를 흔들어댑니다. 사람들의 눈치를 보고 또 다른 이들의 기대에 맞춰 살려다 보니 삶의 피곤함이 이루 말로 다 할 수 없습니다. 요셉처럼 언제나 어디서나 한결같은 사람, 어려움 속에서도 따뜻함과 성실함을 잃지 않는 사람, 하나님 앞에서 사는 사람이 되고 싶습니다. 이런 소망이 무너지지 않도록 우리를 지켜주십시오. 아멘.

배신당한 하나님

"나는 내 백성의 기도에 응답할 준비를 하고 있었지만, 내 백성은 아직도 내게 요청하지 않았다. 누구든지 나를 찾으면, 언제든지 만나려고 준비를 하고 있었지만, 아무도 나를 찾지 않았다. 내 이름을 부르지도 않던 나라에게, 나는 '보아라, 나 여기 있다. 보아라, 나 여기 있다' 하고 말하였다. 제멋대로 가며 악한 길로 가는 반역하는 저 백성을 맞이하려고, 내가 종일 팔을 벌리고 있었다. 이 백성은 동산에서 우상에게 제사하며, 벽돌 제단 위에 분향하여, 내 앞에서 늘 나를 분노하게 만드는 백성이다. 그들은 밤마다 무덤 사이로 다니면서, 죽은 자의 영들에게 물어 본다. 돼지고기를 먹으며, 이방 제삿상에 올랐던 고기 국물을 마신다. 그러면서도 그들은 다른 사람들에게 '멀찍이 서 있어라, 우리는 거룩하니, 너희가 우리에게 닿아서는 안 된다. 가까이 오지 말아라' 하고 말하는 백성이다. 이런 자들을 내가 참지 못한다. 그들을 향한 나의 분노는 꺼지지 않는 불처럼

하나님의 숨을

기다리며

타오른다. 보아라, 이 모든 것이 내 앞에 기록되어 있으니, 내가 갚고야 말겠다. 그들의 품에 갚을 때까지는, 내가 절대로 잠잠하지 않겠다." 주님께서 말씀하신다. "산에서 분향하며 언덕에서 나를 모독한 자들의 죄악과, 그 조상의 죄악을 내가 모두 보응하겠다. 내가 먼저 그 행위를 헤아리고, 그들의 품에 보응하겠다"(이사야 65:1-7).

속 터질 일이다. 제사장 나라, 거룩한 백성이 되라고 택하여 세웠건만, 백성들은 하나님께 등을 돌리고 있다. 아름다웠던 사랑의 기억은 사라지고 권태로움만 남은 것인가? 권태롭더라도 지킬 건 지키면 얼마나 좋겠는가? 이스라엘 백성들은 노골적으로 하나님을 무시하면서 다른 정부를 찾아갔다. '할 것'과 '하지 말 것'을 세세히 구분하여 실천하고 사회적 약자들을 돌보며 살라는 하나님의 말씀은 버리자니 꺼림칙하고 실천하자니 무겁기 이를 데 없다. 욕망에 부푼 영혼은 그런 요구에 일부러 귀를 막고는 추파를 던지는 우상들에게 마음을 준다. 우상은 매혹적이다. 윤리적 삶을 요구하지 않을 뿐 아니라, 욕망을 긍정해주기 때문이다.

그들은 밤이면 무덤 사이를 걸어 다니면서 죽은 자들의 영에게 묻고, 돼지고기를 먹고, 이방 제삿상에 올랐던 고기 국물을 마신다. 이 대목은 셀류커드 왕조 시대에 벌어졌던 일들을 연상시킨다. 가혹한 종교적 탄압이 가해지던 그 시절에 믿음을 지키기 위해 목숨을 걸었던 이들도 있지만, 살아남기 위해서라는 핑계로 믿음의 길에서 이탈한 이들도 있었다. 마지못해 그렇게 한 이들도 있지만, 강자와의 합일을 꿈꾸며 적극적으로 헬라주의에 부역한 이들도 있었다.

하나님은 당신께 등을 돌린 백성들을 완전히 버리지는 않으신다. 그들이 인생의 곤고한 일을 만나 당신을 간절히 찾으면 만나려고 준비하고 계셨다. 하지만 백성들은 주님을 찾지도 않았고, 주님의 도움을 청하지도 않았고, 그 두렵고 거룩한 이름을 부르지도 않았다. 애가 타서 '보아라, 나 여기 있다. 보아라, 나 여기 있다'라고 외치시는 하나님께 귀를 막았다. 백성들이 돌아서기만 하면 받아들이려고 종일 팔을 벌리고 서 계셨지만 그들은 그 품에 몸을 맡기지 않았다. 하나님은 외로우시다. 아, 두 팔을 벌리고 서 계신 하나님! 배신당한 하나님!

그런데도 그들은 자기들의 죄를 모른다. 오히려 거룩하다고 생각한다. 함부로 다른 사람들을 부정하다고 규정하면서 그들을 멀리한다. 자기기만이요 허위의식일 뿐이다. 하나님은 그런 백성들을 더 이상 참아주지 않겠다고 말씀하신다. 그들을 향한 주님의 분노가 불처럼 타오를 때가 온다. 아직 그 불씨가 보이지 않는다고 안심할 일이 아니다. 시간이 촉박하다.

오늘 우리는 어떠한가? 교회에 다니고, 이런저런 봉사활동에 참여하는 것으로 참으로 믿는다 할 수 있을까? 일상의 삶의 자리에서는 욕망을 붙좇을 뿐만 아니라, '세상 사는 게 다 그렇지 뭐!' 하면서 적당히 불의한 세상과 타협하며 산다면 우리는 여전히 회개의 문턱을 넘지 못한 사람일 뿐이다. 하나님의 뜻을 따르기 위해 손해를 감수하려 할 때 비로소 믿음의 문이 열린다. 예수님께서 의를 위하여 핍박을 받은 이가 복이 있다 이르신 것은 괜한 소리가 아니다. 진리를 위해 고난을 감수할 때 영혼의 근육이 단단해진다.

기도

하나님, 주님은 언제나 미쁘신 분이지만 그 백성으로 일컬음을 받는 이들에게는 미쁨이 없습니다. 바람에 흔들리는 부평초처럼 우리에게는 뿌리가 없습니다. 하나님의 마음에 믿음의 뿌리를 굳게 내리고 살아보려 하지만, 우리의 의지와 결심은 깃털처럼 가벼워 바람 한 번만 불면 온데간데없이 스러져버립니다. 이제는 우리를 애타게 부르시는 하나님께 돌아가고 싶습니다. 주님의 팔에 안기고 싶습니다. 우리 옷자락을 잡아채는 우상들을 뿌리치고 주님께 나아갈 힘과 용기를 허락하여 주십시오. 아멘.

힘을 내어라

그러나 스룹바벨아, 이제 힘을 내어라. 나 주의 말이다. 여호사 닥의 아들 여호수아 대제사장아, 힘을 내어라. 이 땅의 모든 백 성아, 힘을 내어라. 나 주의 말이다. 내가 너희와 함께 있으니, 너희는 일을 계속하여라. 나 만군의 주의 말이다. 너희가 이집 트에서 나올 때에, 내가 너희와 맺은 바로 그 언약이 아직도 변 함이 없고, 나의 영이 너희 가운데 머물러 있으니, 너희는 두려 워하지 말아라(학개 2:4-5).

규모의 문제가 우리의 발목을 잡을 때가 많다. 어느 시인은 '천국에는 아라비아 숫자가 없다'고 했다. 모든 가치가 숫자 로 환원되는 세상이다. 사람들은 성적, 점수, 연봉, 재산, 아 파트 시세에 목숨을 건 것처럼 보인다. 숫자 앞에서는 우정 도 박애도 인간적 친밀함도 뒷전으로 밀려난다. 아름다움과 몸까지도 숫자로 관리되기에 피트니스 센터는 새로운 신전

하나님의 숨을
기다리며

이 되었다. 체중, 몸매, 체질량을 전문가의 손에 맡겨 관리하는 것이다. 현대인들의 몸과 마음은 이렇게 하여 자본주의 질서에 확고히 포획된다.

신앙인들조차 큰 교회와 작은 교회를 가르고, 교회의 크기에 따라 목회자들의 계급 관계가 만들어진다. 큰 교회 목사들은 신앙적 깊이나 인간적 품격과는 관계없이 발언권을 독점하고, 작은 교회 목사들은 이유 없이 주눅 들어 지낸다. 억울하면 출세하라고 했던가? 그래서 수단 방법을 가리지 않고 교인 숫자를 늘리면 그들은 유능한 목사라 인정받는다. 저마다 백향목이 되어 모든 나무들 위에 군림하고 싶어 한다. 겨자풀들의 천국을 가르쳤던 예수님은 오늘의 교회에서 침묵을 강요받고 있다.

바벨론 포로생활에서 귀환한 이들은 성전을 지음으로 삶의 중심을 세우려 했다. 뜻은 장했으나 척박한 땅에서의 생존이 어려워지자, 환멸이 찾아왔고 성전 건축은 뒷전으로 밀리고 말았다. 사는 것이 힘겨운 판에 성전을 짓는 것은 불가능하다고 사람들이 말할 때, 학개는 성전을 포기했기에 삶이 어려워진 것이라 말하며 성전 건축을 독려한다. 뜻이 바로 서야 삶도 회복된다는 것이다. 학개의 독려를 통해 성전 건축 공사가 재개되었다. 성전 터가 정비되고 기초가 놓일 때 옛 솔로몬 성전의 영화로움을 기억하던 이들은 그 초

라한 규모를 보고 통곡한다. 그들의 울음은 다른 이들까지 의기소침하게 만들었다. 하나님께 중요한 것은 규모가 아니건만, 사람들은 규모에 집착한다. 그때 학개를 통해 하나님의 메시지가 전달된다.

"그러나 스룹바벨아, 이제 힘을 내어라. 나 주의 말이다. 여호사닥의 아들 여호수아 대제사장아, 힘을 내어라. 이 땅의 모든 백성아, 힘을 내어라. 나 주의 말이다. 내가 너희와 함께 있으니, 너희는 일을 계속하여라. 나 만군의 주의 말이다"(학개 2:4).

'힘을 내어라'라는 구절이 세 번이나 반복된다. 중요한 것은 '내가 너희와 함께 있다'는 여호와의 확언이다. 에스겔은 온갖 부패의 온상이 되어버린 솔로몬 성전에서 하나님의 영이 떠나시는 모습을 보았다. 하나님의 영이 떠난 성전 혹은 교회는 더 이상 교회가 아니다. 그러나 하나님은 지금 학대받은 백성들에게 '내가 너희와 함께 있다'고 말씀하신다. 그렇다면 작은 시작을 부끄러워할 것도 두려워할 것도 없다. 하나님과 맺은 언약이 건재하고, 하나님의 영이 함께 하신다면 대체 주저할 것이 무엇이랴. 세상에는 큰 교회와 작은 교회가 있는 것이 아니라, 살아 있는 교회와 죽은 교회가 있을 뿐이다.

하나님의 숨을
기다리며

하나님, 사람들이 성전의 아름다움에 넋을 놓을 때 주님은 그 성전의 무너짐을 보셨습니다. 진리를 권위로 바꾸고, 거룩을 이익으로 바꾼 성전 혹은 교회는 마치 모래 위에 세운 집과 다를 바 없습니다. 이 땅에 주님의 이름으로 세워진 교회들이 이 두려운 진실을 깨닫게 해주십시오. 하나님의 영이 머무는 교회만이 병든 세상을 치유하는 주님의 일에 동참할 수 있습니다. 늘 망설이면서 실행의 시간을 놓치는 어리석음에서 벗어나 지금 마땅히 해야 할 일을 시작할 수 있는 용기를 허락하여 주십시오. 아멘.

비상한 행동

"'네 이웃을 사랑하고, 네 원수를 미워하여라' 하고 말한 것을 너희는 들었다. 그러나 나는 너희에게 말한다. 너희 원수를 사랑하고, 너희를 박해하는 사람을 위하여 기도하여라. 그래야만 너희가 하늘에 계신 너희 아버지의 자녀가 될 것이다. 아버지께서는, 악한 사람에게나 선한 사람에게나 똑같이 해를 떠오르게 하시고, 의로운 사람에게나 불의한 사람에게나 똑같이 비를 내려주신다. 너희를 사랑하는 사람만 너희가 사랑하면, 무슨 상을 받겠느냐? 세리도 그만큼은 하지 않느냐? 또 너희가 너희 형제자매들에게만 인사를 하면서 지내면, 남보다 나을 것이 무엇이냐? 이방 사람들도 그만큼은 하지 않느냐? 그러므로 하늘에 계신 너희 아버지께서 완전하신 것 같이, 너희도 완전하여라"(마태복음 5:43-48).

예수님은 다른 사람의 해석에 기대 성경을 해석하지 않는

하나님의 숨을
기다리며

다. 그리고 남의 언어를 빌려서 사상을 전개하지도 않는다. 그의 눈은 성경 말씀의 핵심을 향한다. 개에게 돌을 던지면 개는 돌을 따라가지만, 사자는 돌을 던진 사람을 향해 곧장 달려든다지 않던가. 랍비 전통은 말씀에 대한 하나의 해석을 찾는 작업에 골몰하지 않는다. 오히려 하나의 해석을 주장하는 이들을 비판한다. 문학의 세계를 구성하는 요소는 작가, 작품, 독자, 시대이다. 어떤 비평가는 문학작품을 읽는다는 것은 이들 네 구성 요소 사이의 대화, 협상, 경청의 과정이라고 말한다. 동일한 작품에 대한 해석은 시대마다, 사람마다 다를 수밖에 없다. 그 구성원들 사이의 대화와 교섭의 결과가 다르기 때문이다.

일본의 노벨 문학상 수상작가인 오에 겐자부로는 에드워드 사이드를 인용하여 독서로 얻는 건 단순한 정보가 아니라고 말한다. '어설프고 얄팍한 수용이 아니라, 전인간적인 경험'이 독서 경험이기에, 그것은 우리를 "뭉클하게move 하고, 활력을 느끼게animate 하고, 흥분시키는gets me excited 것"(『읽는 인간』 중에서)이어야 한다. 하물며 성경을 읽는 것은 더욱 그러해야 하지 않겠는가.

랍비들의 주석서인 미드라쉬는 '조사하다, 탐구하다'라는 뜻의 '다라쉬'에서 파생된 말이다. 성경은 늘 새롭게 재해석되어야 한다. 예수님은 율법의 일 점 일획도 사라지지 않을 거라고 말씀하시면서도 성경을 고루함 속에 버려두지 않는다. "'네 이웃을 사랑하고, 네 원수를 미워하여라' 하고 말한 것을 너희는 들었다. 그러나 나는 너희에게 말한다. 너희 원수를 사랑하고, 너희를 박해하는 사람을 위하여 기도하여라"(마태복음 5:43-44). '나는 ~ 말한다'는 구절은 마치 천지를 창조하실 때 하나님이 하신 말씀을 연상시킨다. 원수를 사랑하고 박해하는 사람을 위하여 기도하라는 말씀은 듣기에는 아름답지만, 누군가에 의해 삶이 망가진 이들에게는 가혹한 요구처럼 들린다. 본회퍼는 세상이 새롭게 되기 위해서는 비상한 행동이 필요한데, 그 비상한 행동이란 '자기를 힘들게 하는 이들을 축복하는 것'이라고 말했다. 바로 그것이 하나님의 자녀가 되는 길이다.

믿음의 사람들은 상식적이어야 하지만 상식을 넘어설 수 있어야 한다. 몰상식해져도 좋다는 말이 아니라 사람들의 기대를 뛰어넘는 정신의 크기를 보여야 한다는 말이다.

"너희를 사랑하는 사람만 너희가 사랑하면, 무슨 상을 받겠느냐? 세리도 그만큼은 하지 않느냐? 또 너희가 너희 형제자매들에게만 인사를 하면서 지내면, 남보다 나을 것이 무엇이냐? 이방 사람들도 그만큼은 하지 않느냐?"(마태복음 5:46-47) 한 걸음을 더 내디딜 수 있어야 한다. 그래야 새로운 지평이 열린다.

하나님의 숨을
기다리며

하나님, 우리는 남의 눈치를 보느라 이골이 났습니다. 불편해지기 싫어서, 미움 받기 싫어서 우리는 잘못된 것을 보면서도 침묵합니다. '내 생각은 이렇다'고 명백하게 말하기보다는 다른 이들의 입장을 먼저 확인하려 합니다. 그것이 세상 사는 지혜인지도 모르겠습니다. 그러나 진리는 그런 어중간한 타협을 허락하지 않습니다. 주님의 단호하고도 분명한 자세를 배우고 싶습니다. 진리를 오롯이 드러내기 위해 위험을 무릅쓰는 그 용기를 우리에게도 주십시오. 그리고 은총의 신비 안에서 상식을 넘어서는 신앙적 삶을 실천하며 살게 해주십시오. 아멘.

얼굴을 돌리신 하나님

> 주님의 손이 짧아서 구원하지 못하시는 것도 아니고, 주님의
> 귀가 어두워서 듣지 못하시는 것도 아니다. 오직, 너희 죄악이
> 너희와 너희의 하나님 사이를 갈라놓았고, 너희의 죄 때문에
> 주님께서 너희에게서 얼굴을 돌리셔서, 너희의 말을 듣지 않으
> 실 뿐이다(이사야 59:1-2).

"우리들에게 응답하소서 혀 짤린 하나님/우리 기도 들으소
서 귀 먹은 하나님/얼굴을 돌리시는 화상당한 하나님/그래
도 내게는 하나뿐인 민중의 하나님"(김흥겸).

엄혹했던 시기, 치열하게 몸부림치며 살던 젊은이는 무기
력한 하나님에게 화가 났다. 가엾은 사람들이 속절없이 유
린되는 어둠의 시간에 하나님은 아무 것도 하지 않는 것처
럼 보였기 때문이다. 세상의 소리를 듣지도 보지도 못하시
는 것 같은 하나님이 원망스러웠다. 그럼에도 불구하고 그

하나님은 '내게는 하나뿐인 민중의 하나님'이다. 이것은 노래가 아니라 통곡이다.

1970년대 초반 김지하는 희곡 〈금관의 예수〉를 통해 금관이 씌워진 채 저 높은 곳에 모셔진, 그래서 교회에서 침묵을 강요당하는 예수님을 구원하는 것은 세상 사람들에게 비존재 취급을 받으며 천덕꾸러기 신세로 전락한 이들이라고 말한 바 있다. 예수님이 사람들을 구원하는 것이 아니라, 벼랑 끝에 내몰린 어중이떠중이들이 예수를 구한다는 이 역설! 경건한 이들이 보기엔 경악할 만한 주장이다. 하지만 이것은 낯선 주장은 아니다. 일찍이 도스토예프스키도 『까라마조프 씨네 형제들』에서 종교 권력자에 의해 감옥에 갇히신 예수님 이야기를 들려준 적이 있지 않던가.

하나님은 정말 무기력하신 분인가? 세상에서 벌어지는 온갖 사건 사고에 눈을 감고 계신가? 불의한 이들이 의로운 이들을 박해하는 현실을 보면서도 왜 침묵하고 계시나? 강대국의 틈바구니에서 힘겹게 살아가던 이스라엘 백성들은 나라가 무너지고, 삶이 피폐해졌을 때 자기들을 지키지도 돌보지도 않으시는 하나님을 원망했다. 그래서 제국의 신들 앞에 무릎을 꿇은 이들이 있었다. 하나님을 향한 원망이 깊어갈 때 이사야를 통해 한 말씀이 임한다.

"주님의 손이 짧아서 구원하지 못하시는 것도 아니고, 주님의 귀가 어두워서 듣지 못하시는 것도 아니다. 오직, 너희 죄악이 너희와 너희의 하나님 사이를 갈라놓았고, 너희의 죄 때문에 주님께서 너희에게서 얼굴을 돌리셔서, 너희의 말을 듣지 않으실 뿐이다"(이사야 59:1-2).

원망하는 것은 약자의 버릇이다. 그들은 자기들의 삶을 성찰하지 못한다. 주어진 현실에 즉자적으로 반응할 뿐이다. 그러나 이사야의 가르침은 명확하다. 하나님은 무기력한 분이 아니다. 하나님은 세상에 연루되기를 꺼리지도 않으신다. 하나님은 땅에서 들려오는 신음소리를 '당신의 나라가 임하소서'라는 기도로 들으시는 분이시다. 하나님이 숨어 계신 것처럼 보이는 것은 사람들이 저지르는 죄악이 만든 불투명함 때문이다. 이사야는 하나님이 그들에게 얼굴을 돌리셨다고 말하지만 실제로 얼굴을 돌린 것은 백성들이다. 참회의 눈물을 흘리며 돌아오는 이들을 하나님은 외면하지 않으신다. 지금은 우리의 불충不忠을 고백하며 울 때이다.

하나님의 숨을

기다리며

기도

하나님. 편안할 때 우리는 하나님을 의식하지 않고 삽니다. 영원히 계속될 것 같던 인생의 봄날이 지나가고 엄동설한과 같은 고통의 시간이 찾아오면 다급하게 하나님의 도움을 구합니다. 이것이 못난 우리의 실상입니다. 우리가 원하는 시간에, 우리가 원하는 방법대로 하나님이 응답하지 않으시면 하나님의 존재를 의심하거나 원망을 터뜨립니다. 이제는 이런 어린 아이 같은 신앙생활에서 벗어나, 하나님의 마음을 알아차리고 그 마음에 따라 우리 삶을 조율하는 성숙한 신앙인이 되고 싶습니다. 주님의 영으로 우리를 감싸주십시오. 아멘.

모든 아픔을
고쳐 주신 주님

> 예수께서 온 갈릴리를 두루 다니시면서, 그들의 회당에서 가르
> 치며, 하늘 나라의 복음을 선포하며, 백성 가운데서 모든 질병
> 과 아픔을 고쳐 주셨다. 예수의 소문이 온 시리아에 퍼졌다. 그
> 리하여 사람들이, 갖가지 질병과 고통으로 앓는 모든 환자들과
> 귀신 들린 사람들과 간질병 환자들과 중풍병 환자들을 예수께
> 로 데리고 왔다. 예수께서는 그들을 고쳐 주셨다. 그리하여 갈
> 릴리와 데가볼리와 예루살렘과 유대와 요단 강 건너편으로부
> 터, 많은 무리가 예수를 따라왔다(마태복음 4:23-25).

"세상 모든 근심을 우리가 다 감당할 순 없지만 병들어 서
러운 마음만은 없게 하리라." 기독교 정신으로 운영되는 어
느 병원의 모토이다. 병자는 누구나 다 서럽다. 가벼운 질병
이야 며칠 불편하면 그만이지만, 그렇지 않은 경우 서러움
은 두려움을 동반한다. 큰 병이 아닐까 하는 두려움과 치료

비 부담, 경력 단절과 사회적 소외가 예상되기 때문이다.

예수님의 사역 가운데 큰 비중을 차지하는 것이 병자 치유이다. 나환자, 보지 못하는 사람, 듣지 못하는 사람, 중풍병 환자, 열병에 시달리는 사람, 한 편 손 마른 사람들이 예수님과 만나 회복되는 기적을 경험했다. 많은 이들이 그런 치병 사건이 사실인가에 집중한다. 그것의 사실성 여부가 곧 예수님이 메시아임을 입증하는 관건이 된다고 여기기 때문이다. 관점을 조금 달리해볼 필요가 있다. 예수님 당시에는 왜 그리도 많은 환자들이 있었을까? 변변한 의료 기관이 없었기 때문이지만, 더 근본적인 문제는 다른 데 있었다.

1세기 팔레스타인 사람들의 다수는 극심한 빈곤에 시달리고 있었다. 로마 제국과 제국에 부역하는 무리들을 제외하고는 모두가 가난했다. 기근과 가뭄, 그리고 가혹한 세금 정책으로 인해 그들의 삶은 피폐해질 대로 피폐해졌고, 만성적인 영양실조에 걸린 이들이 많았다. 달걀 1개에 1데나리온을 호가했다니 단백질 섭취는 언감생심이었을 것이다. 영양실조는 면역력 약화로 이어지고, 면역력 약화는 질병으로 이어졌다. 질병은 또한 사회적 소외를 낳았다.

전통적으로 유대인들은 병이 죄에 대한 하나님의 형벌이라 생각했지만 예수님은 달랐다. 구조적인 모순이 빚은 고통을 꿰뚫어보셨기 때문이다. 주님은 병에 시달리는 이들의 아픔을 고스란히 당신의 아픔으로 수용했다. 기적은 바로 그런 깊은 공감에서 움터 나왔다. 정신의 통전성을 유지하지 못할 만큼 영혼에 깊은 상처를 받은 사람들, 맑은 영이 아니라 더러운 영의 지배를 받는 이들도 예외는 아니었다. 주님은 귀신을 꾸짖어 내쫓으심으로 사람들이 주체적 삶을 살도록 도우셨다.

그러나 회복되어야 하는 것은 육신만이 아니었다. 세상에 대한 원망 혹은 피해의식에서 벗어나지 못하면 창조적인 삶은 불가능하다. 그래서 주님은 회당에서 사람들을 가르치시고 하늘나라의 복음을 선포하셨다. 자기 삶이 얼마나 소중한 선물인지를 일깨우고, 하나님의 통치에 동참하도록 사람들을 부르셨다. 사람들은 밥만 먹고 사는 것이 아니라 의미를 먹고 산다. 하늘나라에 대한 선포만으로 주님을 좇는다 말할 수 없다. 기적적인 치유의 능력을 발휘하진 못한다 해도 타자에 대한 공감적 배려를 익히는 것만으로도 우리는 병든 세상을 치유하려는 주님의 일에 동참할 수 있다.

하나님의 숨을
기다리며

하나님, 건강할 땐 몰랐습니다. 지금 병들어 신음하는 이들의 두려움과 서러움을 말입니다. 위로의 말을 건네면서도 건성일 때가 많았습니다. 건강을 잃고 두려움에 휩싸일 때 비로소 세상의 아픔이 눈에 들어왔습니다. 이사야는 고난 받는 종의 노래에서 '그는 언제나 병을 앓고 있었다'고 노래했습니다. 얼마나 놀라운 고백인지요? 주님은 세상의 모든 아픔을 앓고 계십니다. 그 사랑이 우리를 살게 합니다. 그 사랑이 우리를 일으켜 세웁니다. 이제 우리도 주님의 손이 되어 서러운 이들의 눈물을 닦아주겠습니다. 우리 속에 있는 무정한 마음을 도려내시고, 섬세한 사랑의 마음을 심어주십시오. 아멘.

하나님의 영이 떠난 성전 혹은 교회는 더 이상 교회가 아니다. 하나님과 맺은 언약이 건재하고, 하나님의 영이 함께 하신다면 대체 주저할 것이 무엇이랴. 세상에는 큰 교회와 작은 교회가 있는 것이 아니라, 살아 있는 교회와 죽은 교회가 있을 뿐이다.

Monday ～～～

Tuesday ～～～

Wednesday ～～～

하나님의 숨을

기다리며

Thursday ~~~~~~

Friday ~~~~~

Saturday ~~~~~

Sunday ~~~~~

생명 살림의 정치

왕은 속으로 생각하였다. '두 여자가 서로, 살아 있는 아이를 자기의 아들이라고 하고, 죽은 아이를 다른 여자의 아들이라고 한다. 그렇다면 좋은 수가 있다.' 왕은 신하들에게 칼을 가져 오게 하였다. 신하들이 칼을 왕 앞으로 가져 오니, 왕이 명령을 내렸다. "살아 있는 이 아이를 둘로 나누어서, 반쪽은 이 여자에게 주고, 나머지 반쪽은 저 여자에게 주어라." 그러자 살아 있는 그 아이의 어머니는, 자기 아들에 대한 모정이 불타올라, 왕에게 애원하였다. "제발, 임금님, 살아 있는 이 아이를, 저 여자에게 주시어도 좋으니, 아이를 죽이지는 말아 주십시오." 그러나 다른 여자는 "어차피, 내 아이도 안 될 테고, 네 아이도 안 될 테니, 차라리 나누어 가지자" 하고 말하였다. 그 때에 드디어 왕이 명령을 내렸다. "살아 있는 아이를 죽이지 말고, 아이를 양보한 저 여자에게 주어라. 저 여자가 그 아이의 어머니이다"(열왕기상 3:23-27).

하나님의 숨을
기다리며

이야기에 등장하는 여인들은 창녀들이다. 그 여인들은 사흘 간격을 두고 아기를 낳았다. 그런데 그만 자다가 한 여인이 자기 아기를 깔아 죽였다. 그 부주의한 어미는 이런 궁리 저런 궁리를 하다가 한 가지 방법을 생각해냈다. '아기를 바꾸자.' 그 여인은 다른 여인이 곤히 잠들어 있는 틈을 타서 아기를 바꿔치기 했다. 잠에서 깨어난 진짜 엄마는 곧 사태를 파악했고 그들 사이에 싸움이 벌어졌다. 둘은 솔로몬에게 가서 시비를 가려 달라면서 "살아 있는 아이가 자기의 아들이고, 죽은 아이는 다른 여자의 아들이라고 우겼다." 누가 보아도 난감한 상황이었다. 그러나 자초지종을 들은 솔로몬은 냉정하고 단호하게 말한다.

"살아 있는 이 아이를 둘로 나누어서, 반쪽은 이 여자에게 주고, 나머지 반쪽은 저 여자에게 주어라"(열왕기상 3:25).

왕의 냉정한 선언을 듣고 두 여인은 아주 다른 태도를 보인다. 진짜 엄마는 아기에 대한 모정이 불타올라서 스스로 아기를 포기하겠다고 말한다. 설사 그와 함께 살 수 없다 해도 아기의 목숨을 끊는 일이 차마 일어나서는 안 될 일이었던 것이다. 반면 가짜 엄마는 "어차피, 내 아이도 안 될 테고, 네 아이도 안 될 테니, 차라리 나누어 가지자"고 말한다. 생명이 우선인가? 산술적 공정이 우선인가?

솔로몬의 지혜로움의 예증으로 선택된 이 이야기가 기록

된 곳은 바벨론이다. 남과 북으로 갈라져 싸우다가 결국은 외세의 침입으로 나라는 망하고, 국민들은 바벨론에 잡혀간 희망 없는 처지에서, 사람들은 이야기를 수집하고 기록했다. 그것만이 자기들의 정체성을 잃지 않는 길이었기 때문이다. 솔로몬의 재판으로 알려진 이 이야기 속에는 이스라엘이 겪어온 참담한 기억과 아울러 미래를 어떻게 기획할지에 대한 암시가 녹아들어 있다.

창녀인 두 어머니는 신랑이신 하나님을 저버리고 제멋대로 타락과 죄악의 길을 걷다가 망해버린 이스라엘과 유다의 운명을 상징한다. 이야기꾼은 빈사상태에 빠져 있는 이스라엘 신앙공동체를 살리기 위해서는 더 이상 남과 북으로 갈라져 소모적인 논쟁에 빠져서는 안 된다고 넌지시 말하고 있는 것이다. 일단 이스라엘을 살리는 일이 최우선의 관심이 되어야 한다는 것이다. 누가 주도권을 쥐느냐를 두고 벌이는 보이지 않는 전쟁을 그쳐야 한다는 것이다. 작은 이득이라도 챙겨보려고 나라를 나누고 가르는 것은 결국 죽음의 길이라는 사실을 이야기꾼은 전하고 있다. "아이를 죽이지는 말아 주십시오." 솔로몬은 생명을 살리기 위해 자기 권리를 포기하려는 이가 진짜 엄마라고 선언했다. 오늘의 정치인들과 종교인들에게 절실한 것은 당리당략이 아니라 생명중심적 사고이다.

하나님의 숨을
기다리며

기도

하나님, 우리의 어리석음을 꾸짖어 주십시오. 이해관계가 맞아떨어질 때
는 반갑게 손을 잡고 따뜻한 웃음을 나누지만, 이해관계가 엇갈릴 때면
가까웠던 이들에게도 싸늘하게 등을 돌리곤 하는 게 인간의 세태입니다.
이런 일을 반복적으로 겪는 동안 우리는 인간에 대한 신뢰를 잃어버렸습
니다. 아무도 신뢰할 수 없다는 것처럼 쓸쓸한 일이 또 있을까요? 하나
님 이익이 아니라 신의를 따르는 사람이 되고 싶습니다. 생명을 훼손하면
서까지 제 욕망을 채우려 드는 사악한 마음을 우리 속에서 도려내 주십시
오. 아멘.

하나님, 무기력한 나날을 보내고 있는 우리를 긍휼히 여겨주십시오. 주님이 우리 손을 잡아 이끌어주시지 않으면 우리는 투덜거리며 욕망 주위를 맴돌 뿐입니다. 너무나 오랫동안 영적인 무력감에 젖어 삶이 은총임을 알지 못했 습니다. 이제는 주님과 함께 사랑으로 뛰어오르며 기쁨의 노래를 부르고 싶 습니다. 운명처럼 달라붙어 우리를 지배하는 우울에서 벗어나 생명의 춤을 추게 해주십시오. 부드럽고 자애로운 마음으로 이웃들의 상처를 보듬어 안 는 주님의 일꾼이 되게 해주십시오. 아멘.

3월

그릇된 열정의 위험

> 형제자매 여러분, 내 마음의 간절한 소원과 내 동족을 위하여 하나님께 드리는 내 기도의 내용은, 그들이 구원을 얻는 일입니다. 나는 증언합니다. 그들은 하나님을 섬기는 데 열성이 있습니다. 그러나 그 열성은 올바른 지식에서 생긴 것이 아닙니다. 그들은 하나님의 의를 알지 못하고, 자기 자신들의 의를 세우려고 힘을 씀으로써, 하나님의 의에는 복종하지 않게 되었습니다. 그러므로 그리스도는 율법의 끝마침이 되셔서, 모든 믿는 사람에게 의가 되어 주셨습니다(로마서 10:1-4).

"나에게는 큰 슬픔이 있고, 내 마음에는 끊임없는 고통이 있습니다. 나는, 육신으로 내 동족인 내 겨레를 위하는 일이면, 내가 저주를 받아서 그리스도에게서 끊어질지라도 달게 받겠습니다"(로마서 9:2-3).

세상의 어떤 것도 그리스도 예수 안에 있는 하나님의 사

하나님의 숨을

기다리며

랑에서 끊을 수 없다고 고백했던 바울의 어조가 심각하게 변했다. 그를 괴롭힌 '큰 슬픔', '끊임없는 고통'은 동족인 유대인들의 불신이었다. 선택받은 백성이라는 자부심을 품고 살지만 정작 진리 앞에서는 뒷걸음질치고 마는 동족들의 태도가 바울을 고통스럽게 만들었다. 앞서 보는 자의 비애가 큰 법이다.

플라톤이 들려주는 '동굴의 비유'가 떠오른다. 동굴 안에 묶인 채 벽만 바라보는 사람들은 자기들 앞에 어른거리는 그림자가 실체라고 생각한다. 한 사람이 그 동굴에서 벗어나서 세상의 실체와 마주하고는 동굴로 돌아와 사람들에게 지금 우리가 보고 있는 것은 그림자이고 실체가 아니라고 말하지만 아무도 그 말에 귀를 기울이지 않는다. 오히려 그는 이단자 취급을 받는다.

예언자들의 말 또한 경청되지 않았다. 그들이 보는 것을 다른 이들은 볼 수 없었기 때문이다. 홀로 보는 자는 외롭다. 바울은 그리스도 안에서 생명에 이르는 길을 찾았지만, 이미 길을 알고 있다고 믿는 이들은 다른 길을 걸을 생각이 없다. 바울은 동족들의 운명을 나 몰라라 하지 않는다. 안타까운 마음을 품고 그들을 위해 기도한다.

"형제자매 여러분, 내 마음의 간절한 소원과 내 동족을 위하여 하나님께 드리는 내 기도의 내용은, 그들이 구원을 얻는 일입니다"(로마서 10:1).

바울은 가는 곳마다 유대인들로부터 많은 박해를 받았다. 박해를 받으면 마음을 닫기 쉬운 데, 그는 더욱 절절한 안타까움으로 동족들을 위해 기도한다.

자기 확신에 찬 사람들은 자기들과 다른 이들을 용납하려 하지 않는다. 종교적 확신은 독단으로 변하고, 독단은 타자에 대한 부정으로 이어진다. 박해는 왜곡된 열정이 낳는 산물이다. 열정은 아름답지만 모든 열정이 아름다운 것은 아니다.

"나는 증언합니다. 그들은 하나님을 섬기는 데 열성이 있습니다. 그러나 그 열성은 올바른 지식에서 생긴 것이 아닙니다"(로마서 10:2).

올바른 지식 혹은 이해에 근거하지 않은 열정은 불과 같아서 남을 태울 뿐만 아니라 자기도 태우고 만다. 자기 의에 사로잡히는 순간 사람은 하나님의 말씀에 귀를 막는다. 자기의 의를 세우려고 하나님을 이용할 뿐이다. 하나님의 의는 죄인들을 있는 그대로 용납하는 은총이건만 그들은 그 은총을 수용하려 하지 않는다. 바울은 모든 믿는 사람에게 의가 되어 주신 그리스도를 전한다.

'안다' 하는 자부심, 내가 '옳다'는 독단적 확신이 우리를 나락으로 끌어들인다. 독단 속에는 사랑이 깃들 여지가 없

하나님의 숨을
기다리며

다. 사랑으로부터 멀어질 때 지옥이 다가온다. 바울은 배타적 확신이 아니라 사랑의 세계로 동족들을 인도하고 싶어 한다.

기도

하나님, 동족들의 불신앙 때문에 깊은 슬픔에 잠긴 바울의 마음이 뜨겁게 다가옵니다. 제사장 나라, 거룩한 백성이라는 이스라엘의 자부심은 온갖 시련 속에서 그들을 지켜준 방패였지만, 지나친 자기 확신은 그들을 오히려 진리로부터 멀어지게 만들었습니다. 자신의 오류 가능성을 인정하는 겸손한 확신은 왜 그다지도 어려운 것일까요? 가없는 사랑으로 사람들을 품어안으셨던 주님의 마음을 배우고 싶습니다. 상처 많은 이 민족의 가슴에 그리스도의 사랑을 가져가는 사람들이 되게 해주십시오. 아멘.

삶의 강령

> 나는 너희를 이집트 땅 종살이하던 집에서 이끌어 낸 주 너희
> 의 하나님이다. 너희는 내 앞에서 다른 신들을 섬기지 못한다
> (출애굽기 20:2-3).

아무리 그물이 커도 그것을 오므렸다 폈다 하는 벼릿줄이 없으면 무용지물이다. 일이나 글의 가장 중심이 되는 줄거리를 벼릿줄이라 하는 것도 그 중요성을 강조하기 위함일 것이다. 다 된 저고리에 깃고대를 바로 앉히지 않으면 옷매무새가 나지 않는 법이다. 벼릿줄과 깃고대를 합친 말이 강령이다. 강령은 '어떤 일의 기본이 되는 큰 줄거리'를 뜻한다. 우리 삶에도 강령이 있어야 한다. 가리산지리산 헤매지 않으려면 지향이 분명해야 하고, 행동의 준칙도 뚜렷해야 한다. 원칙만 고집할 뿐 변통할 줄 모른다면 문제겠지만, 지향이나 원칙조차 없이 되는 대로 사는 게 더 큰 문제다.

하나님의 숨을

기다리며

이스라엘을 이집트에서 이끌어내신 하나님은 출애굽 공동체가 시내 산 앞에 이르렀을 때 모세를 산으로 부르시어 그 백성과 언약을 맺으실 뜻을 밝히신다. 하나님은 절대적 권위로 당신의 뜻을 백성들에게 부과하시지 않고, 백성들의 자발적 동의가 있다면 그리 하겠다고 하셨다. 한 번도 자기 삶의 주도권을 갖지 못하고 살던 그들에게 동의 여부를 묻는 것은 그들이 더 이상 종이 아니라 자유인이라는 선언이 아니고 무엇이겠는가?

"이제 너희가 정말로 나의 말을 듣고, 내가 세워 준 언약을 지키면, 너희는 모든 민족 가운데서 나의 보물이 될 것이다. 온 세상이 다 나의 것이다. 그러므로 너희는 내가 선택한 백성이 되고, 너희의 나라는 나를 섬기는 제사장 나라가 되고, 너희는 거룩한 민족이 될 것이다. 너는 이 말을 이스라엘 자손에게 일러주어라"(출애굽기 19:5-6).

백성들이 동의하자 하나님은 제사장 나라, 거룩한 백성으로 살아갈 그들의 삶의 강령을 들려주신다. 그것이 십계명이다.

"나는 너희를 이집트 땅 종살이하던 집에서 이끌어 낸 주 너희의 하나님이다"(출애굽기 20:2)라는 십계명의 도입구는 모든 계명을 일이관지一以貫之 하는 핵심이라 할 수 있다. 하나님은 종살이 하는 이들의 해방자이시고, 백성들을 예속에서 자유로 이끄시는 구원자이시다. 그렇기에 그 첫 계명이 "너희는 내 앞에서 다른 신들을 섬기지 못한다"(출애굽기 20:3)는 것은 당연하다.

'다른 신들'은 사람들을 숙명론에 빠지도록 함으로써 강자들의 편익에 봉사하는 우상들이다. 역사 속에서 종교는 일쑤 지배와 피지배 관계를 영속화하는 일에 복무하곤 했다. 자유인이 되기 위해서는 먼저 '거짓 신들'에게서 벗어나야 한다. 거짓 신들은 욕망을 부추기는 한편 두려움을 주입함으로 사람들이 옴짝달싹 못하게 만든다.

참 하나님은 끝없는 욕망의 굴레와 막연한 두려움으로부터 우리를 건져 주신다. 하나님과 만난 사람들은 '경외심'에 사로잡힌다. 하나님의 크심 앞에서 자기의 작음을 알기에 함부로 살지 않는다. 무한경쟁을 내면화하고 살 때 경외심의 불꽃은 사그라들고, 이웃들은 함께 살아가야 할 동료가 아니라 극복해야 할 적이 된다. 인간의 전락이다. 하나님을 믿는다 하면서도 '다른 신들'을 추종하는 이들이 많다.

하나님의 숨을
기다리며

하나님, 시간 속을 걸어가는 일은 언제나 힘겹습니다. 일상의 일들에 부대끼며 살다보면 삶의 전망은 협소해지고, 지향해야 할 목표를 잃을 때가 많습니다. 남에게 뒤질세라 몸을 앞으로 내밀며 질주하지만 공허감이 슬며시 우리를 잡아채기도 합니다. 하나님의 백성이 되는 길이 우리 앞에 명확히 보이건만 그 길을 따라 걷지 못하는 우리의 무능을 꾸짖어주십시오. 하나님을 믿는다 하면서도 '다른 신들' 앞에 머리를 조아리곤 하는 못난 버릇으로부터 우리를 구원해주십시오. 우리를 자유케 하시는 하나님의 뜻을 혼신의 힘으로 따르게 해주십시오. 아멘.

빛을 비춘다는 것

예루살렘아, 일어나서 빛을 비추어라. 구원의 빛이 너에게 비치었으며, 주님의 영광이 아침 해처럼 너의 위에 떠올랐다. 어둠이 땅을 덮으며, 짙은 어둠이 민족들을 덮을 것이다. 그러나 오직 너의 위에는 주님께서 아침 해처럼 떠오르시며, 그의 영광이 너의 위에 나타날 것이다(이사야 60:1-2).

오랜 포로생활 끝에 벅찬 설렘을 안고 예루살렘에 귀환한 이들은 자기들 앞에 전개되는 현실의 어둠 앞에서 깊이 좌절했다. 폐허로 변한 도성을 보며 그들은 억장이 무너지는 것 같은 슬픔을 느꼈다. 무너진 것은 건물만이 아니었다. 살림살이가 워낙 힘겹다 보니 인심은 흉흉해지고, 서로를 바라보는 사람들의 시선은 가파롭기 이를 데 없었다. 바로 그러한 상황에서 들려온 말씀이 있었다.

"예루살렘아, 일어나서 빛을 비추어라. 구원의 빛이 너에

하나님의 숨을

기다리며

게 비치었으며, 주님의 영광이 아침 해처럼 너의 위에 떠올랐다"(이사야 60:1).

낙심한 이들에게 들려온 이 두 마디는 강력하기 이를 데 없었다. '일어나라', '빛을 비추어라.' 이 말은 잊고 있었던 소명을 상기시키는 말이다.

하나님은 아브라함을 부르시면서 "땅에 사는 모든 민족이 너로 말미암아 복을 받을 것"(창세기 12:3b)이라고 말씀하셨다. 이것은 하나님을 믿는 이들의 소명인 동시에 그들을 절망의 파도에 떠밀리지 않도록 지켜주는 닻이었다. 모두가 어둠에 익숙해져서 사람들이 더 이상 빛을 갈망하지 않을 때, 믿음의 사람들은 어둠을 깨치고 도래하는 빛을 본다.

"어둠이 땅을 덮으며, 짙은 어둠이 민족들을 덮을 것이다. 그러나 오직 너의 위에는 주님께서 아침 해처럼 떠오르시며, 그의 영광이 너의 위에 나타날 것이다"(이사야 60:2).

애굽 땅에 내린 아홉 번째 재앙은 '흑암'이었다. 사람들은 서로 볼 수도 없었고, 제자리를 뜰 수도 없었다. 아무 것도 할 수 없는 무기력이 그 땅을 뒤덮었다. 태양신의 아들을 자처하는 바로도 예외가 아니었다. 그런데 우리는 놀라운 말을 듣는다.

"그러나 이스라엘 자손이 사는 곳에는 어디에나 빛이 있었다"(출애굽기 10:23b).

이 빛은 혼돈과 흑암과 공허를 뚫고 나왔던 태초의 그 빛이다.

강상중 교수는 신경증을 앓던 아들이 스스로 세상을 등지는 참극과 동일본 대지진으로 한 순간에 2만 명 가까운 이들이 죽은 사건을 연이어 겪으며 "이런 비참을 겪고도, 그래도 살아가지 않으면 안 되는 것일까?"라는 의문에 사로잡힌다. 깊은 성찰 끝에 그는 독자들에게 이런 마음을 잊지 말자고 제안한다.

"좋은 미래를 추구하기보다는 좋은 과거를 축적해 가는 마음으로 살아가는 것. 두려워할 필요도 없고 기가 죽을 필요도 없이 있는 그대로의 자신으로도 괜찮다는 것. 지금이 괴로워 견딜 수 없어도, 시시한 인생이라고 생각되어도, 마침내 인생이 끝나는 1초 전까지 좋은 인생으로 바뀔 가능성이 있다는 것. 특별히 적극적인 일을 할 수 없어도, 특별히 창조적인 일을 할 수 없어도, 지금 거기에 있는 것만으로도 당신은 충분히 아름답다는 것."

생명에 대한 이런 검질긴 긍정이야말로 세상을 밝히는 빛이 아닐까? 비록 미광에 지나지 않는다 하여도 그 빛은 어둠의 세월에 지친 이들에게 새벽이 다가오고 있음을 일깨우는 징조가 될 테니까 말이다.

하나님의 숨을
기다리며

하나님, 매 순간 밝고 명랑하게 살고 싶지만 현실은 우리 얼굴에서 빛을 앗아가곤 합니다. 어둠에 익숙해진 우리 영혼은 점점 파리하게 변하고, 무뚝뚝하고 성마른 태도로 사람들을 대하곤 합니다. 친절한 사람, 따뜻한 사람이 되고 싶습니다. 주님이 주신 생명을 헛되이 허비하지 않도록 우리를 지켜주십시오. 어둠을 뚫고 들어오는 하늘빛을 바라보게 하시고, 흔들리지 않는 발걸음으로 진리를 향해 나아가게 해주십시오. 그런 우리의 삶이 누군가의 앞길을 밝히는 빛이 되게 해주십시오. 아멘.

본보기가 된 사람

사랑하는 이여, 악한 것을 본받지 말고, 선한 것을 본받으십시오. 선한 일을 하는 사람은 하나님에게서 난 사람이고, 악한 일을 하는 사람은 하나님을 뵙지 못한 사람입니다. 데메드리오는 모든 사람들에게 좋은 평을 받았고, 또 바로 그 진실한 삶으로 그러한 평을 받았습니다. 우리도 또한 그렇게 평합니다. 그대는 우리의 증언이 옳다는 것을 압니다(요한3서 1:11-12).

너새니얼 호손의 '큰 바위 얼굴'은 지속적으로 바라보는 것이 그의 존재가 된다는 사실을 넌지시 드러낸다. 높은 산이 둘러싸고 있는 분지 마을 앞에는 숭고하고 웅장하고 온화한 얼굴 모양의 바위가 있었다. 마을 사람들은 언젠가 큰 바위를 닮은 인물이 나타날 것이라고 믿었다. 어릴 때부터 어머니로부터 그 말을 들은 어니스트는 꼭 그 얼굴을 가진 사람을 만나리라는 기대를 품고 산다. 성공을 거둔 채 마을을 찾

하나님의 숨을

기다리며

아온 부자, 장군, 정치가의 모습에 기대를 걸었지만 그들은 숭고하지도 않고 온화하지도 않고 욕망에 찌들린 모습이었다. 멋진 시를 쓰는 시인이 큰 바위 얼굴에 가장 가까웠지만 그는 시와 생활이 일치하지 않는다며 자기는 큰 바위 얼굴이 아니라고 말한다. 그러다가 문득 시인은 어니스트의 얼굴이 큰 바위 얼굴을 닮았음을 발견한다.

사람은 바라보는 것을 닮는다. 물을 오래 바라보면 물을 닮고 산을 오래 바라보면 산을 닮게 마련이다. 바라본다는 것은 사랑한다는 말이고, 사랑한다는 말은 그리워한다는 말이다. 삶은 본받음이다. 파괴할 수 없는 것을 지속적으로 바라볼 때 그것이 우리 인격이 된다. 물론 주체적으로 자기 인생을 살지 못하고 늘 다른 이들의 눈을 의식하며 살아가는 것은 영적 나태요 타락이라 할 것이다. 그러나 인격 형성이라는 목표를 세우고 사는 이들은 반드시 본이 되는 사람을 만나야 한다. 그들이 곧 스승이다. 사도 바울은 "내가 그리스도를 본받는 사람인 것과 같이, 여러분은 나를 본받는 사람이 되십시오"(고린도전서 11:1)라고 말했다. 철저하게 자기를 부정한 사람이 아니고는 할 수 없는 말이다.

"사랑하는 이여, 악한 것을 본받지 말고, 선한 것을 본받으십시오. 선한 일을 하는 사람은 하나님에게서 난 사람이고, 악한 일을 하는 사람은 하나님을 뵙지 못한 사람입니다"(요한3서 1:11). 간결하지만 강력한 메시지이다. 죄는 악에 이끌리는 경향성이다. 악은 자아를 세상의 중심에 놓는 것이지만, 선은 타자의 유익을 추구하는 것이다. 누군가 강요해서가 아니라 어떤 이끌림에 의해 선을 본받을 때 영혼에는 그늘이 생기지 않는다. 여건이 좋든 나쁘든 선을 지향하는 이들은 하나님께 속한 사람이라 말할 수 있다.

요한은 데메드리오를 선한 사람의 모본으로 제시한다. "데메드리오는 모든 사람들에게 좋은 평을 받았고, 또 바로 그 진실한 삶으로 그러한 평을 받았습니다. 우리도 또한 그렇게 평합니다"(요한3서 1:12).

데메드리오의 어떤 면이 사람들의 호감을 산 것일까. 그와 대조되는 인물인 디오드레베는 으뜸 되기를 좋아하기에 남을 헐뜯고 공동체의 분열을 획책하곤 했다는 평을 듣고 있다. 데메드리오는 반대로 낮은 자리에서 섬기고, 어떤 상황에서든 화해자로서의 직무를 감당했던 것같다. 데메드리오는 선한 일의 본보기로 기억되고 있다.

하나님의 숨을
기다리며

기도

하나님, 우리는 자기 꿈을 이룬 사람들을 부러움의 눈으로 바라봅니다. 그들은 매사에 당당하고 자신감이 넘칩니다. 그러나 부러움이 질투로 바뀔 때도 있고, 그들과 같지 못한 자기 처지를 비관하기도 합니다. 우리 생이 무거운 것은 자기 삶을 살지 못하고 늘 남과의 비교를 통해 행복을 느끼려는 못난 버릇 때문입니다. 주님, 이제는 푯대이신 주님을 바라보며 살게 해주시고, 어떤 여건 속에서도 선을 지향하는 끈질긴 용기를 허락해주십시오. 우리 삶이 누군가의 본보기가 될 수 있도록 인도하여 주십시오. 아멘.

전리품보다는 자유를

교만에는 멸망이 따르고, 거만에는 파멸이 따른다. 겸손한 사람과 어울려 마음을 낮추는 것이, 거만한 사람과 어울려 전리품을 나누는 것보다 낫다(잠언 16:18-19).

평시에는 말이 공손하고 정중하지만 자기에 대한 다른 이들의 존경과 감사의 표현이 기대에 못 미칠 때 거칠게 자아를 드러내는 이들이 있다. 기분 내킬 때는 낮은 자리에서 섬기는 것처럼 보이지만 갈등 상황이 노정될 때면 늘 자기 권위를 내세우는 이들이 있다. 겸손이란 짐짓 자기를 낮추는 것이 아니라, 자기의 분수를 알고 그것을 지킬 줄 아는 분별력과 연결된다. 거짓 겸손은 역겹다. 차라리 노골적인 오만이 견디기 쉽다.

헤로도토스의 『역사』에 등장하는 페르시아 왕 크세르크세스는 폭풍 때문에 그리스 공략이 지체되자 포스포루스 해

하나님의 숨을
기다리며

협을 채찍으로 치게 하고, 그 속에 차꼬를 던져 넣으라고 지시한다. 자연까지도 자기 아래 있다는 오만함의 표현이다. 히브리의 지혜자는 "교만에는 멸망이 따르고, 거만에는 파멸이 따른다"(잠언 16:18)고 말한다. 교만은 '잘못된 높임에 대한 욕구'이며, 자기 분수를 지키려 하지 않는 영혼의 질병이다. 교만한 이들은 자기의 탁월함에 도취되어 다른 이들을 아래에 두려고 한다. 그런 교만은 결국 멸망으로 귀결되고 만다. 교만驕慢이라는 한자는 말을 탄 모양을 연상시키는 '교' 자와 마음이 길다는 뜻의 '만' 자가 결합되어 있다. 거만倨慢에서 '거倨'는 다리를 꼬고 앉은 모양을 나타내는 '거踞' 자와 동일한 의미이다. 말을 타고 바라보면 모두가 낮아 보인다. 다리를 꼬고 앉는 것은 상대방에 대한 존중의 태도는 아니다.

플로베르의 희곡 소설 『성 앙투안느의 유혹』은 사막에서 수행하는 수도자를 유혹하기 위해 찾아온 '일곱 가지 죄'의 이야기를 다룬다. '교만, 인색, 질투, 분노, 음욕, 탐욕, 나태'를 교회 전통은 '일곱 가지 죄의 뿌리'라 하여 '칠죄종seven deadly sins'이라 하는 데, 플로베르에 의하면 교만이 그 죄들의 대장 노릇을 한다. 교만은 하나님의 자리를 넘보는 대죄이다.

유약한 사람들은 교만한 사람 혹은 거만한 사람의 시선을 두려워한다. 그래서 그들의 마음에 들기 위해 노력한다.

눈 밖에 나는 순간 감당해야 할 불이익이 싫기 때문이다. 하지만 지혜자는 단호하게 말한다.

"겸손한 사람과 어울려 마음을 낮추는 것이, 거만한 사람과 어울려 전리품을 나누는 것보다 낫다"(잠언 16:19).

겸손한 사람은 자기 분수를 아는 사람이다. 그는 다른 이들과의 비교를 통해 자기 존재를 확인하려 하지 않는다. 그렇기에 낮은 자리에 처하는 것을 꺼리지 않는다. 남이 자기를 대접해주지 않는다 하여 화를 내지도 않는다. 그에게 중요한 것은 오직 하나님과의 친밀한 교제이다. 그 눈앞에서 살기에 그는 자유롭다. 전리품을 차지하기 위해 자유를 포기하는 어리석은 이들이 있다.

하나님. 다른 이들의 기대에 맞추어 사는 일은 늘 고단합니다. 사람들의 칭찬을 구할 때 우리 영혼은 누추해집니다. 깊은 곳에 뿌리를 내리지 못한 영혼은 작은 바람에도 휘청거리곤 합니다. 마음 깊은 곳에 도사리고 있는 두려움을 숨기려고 우리는 교만한 태도로 사람들을 대하기도 합니다. 주님, 우리를 긍휼히 여겨주십시오. 하나님을 경외하고 자기의 부족함을 진심으로 인정하는 이들 곁에 머물면서, 하늘로부터 오는 자유를 누리며 살게 해주십시오. 아멘.

듣는 귀가 열릴 때

주 하나님께서 나를 학자처럼 말할 수 있게 하셔서, 지친 사람을 말로 격려할 수 있게 하신다. 아침마다 나를 깨우쳐 주신다. 내 귀를 깨우치시어 학자처럼 알아듣게 하신다. 주 하나님께서 내 귀를 열어 주셨으므로, 나는 주님께 거역하지도 않았고, 등을 돌리지도 않았다(이사야 50:4-5).

루쉰의 『아큐정전』에 나오는 '아큐'는 전형적인 약자이다. 그는 살아남기 위해 '정신승리법'이라는 묘책을 사용한다. 정신승리법이란 치욕스러운 상황을 좋은 상황이라고 왜곡하여 자기 위안을 삼는 행위를 가리키는 말이다. 힘이 없어 젊은 깡패에게 얻어맞으면 아들 벌 되는 아이들과 다툴 수 없었다고 말함으로 자기의 비겁을 정당화하는 것이다. 루쉰은 즉자적 민중들의 그런 태도가 불식되고 대자적 민중이 탄생할 때 중국사회가 변화될 수 있다고 생각했다.

이사야서에 등장하는 '고난 받는 종'도 정신승리법을 사용한 것일까? "나는 나를 때리는 자들에게 등을 맡겼고, 내 수염을 뽑는 자들에게 뺨을 맡겼다. 내게 침을 뱉고 나를 모욕하여도 내가 그것을 피하려고 얼굴을 가리지도 않았다"(이사야 50:6). 외견상으로는 그렇게 보인다. 그러나 실제는 다르다. 하나님의 마음에 접속된 이들은 폭력을 가하는 이들보다 크다. 정신승리법은 타자에 대한 경멸을 숨기고 있지만, 믿음의 사람들은 어떤 경우에도 사랑 안에 머문다. 십자가에 달리신 주님이 당신을 조롱하고 박해하는 무리들을 용서해달라고 기도할 수 있었던 것은 그 때문이다.

믿음으로 산다는 것은 자기 내면에 든든한 기둥 하나를 마련하는 일이다. 기둥이 바로 서면 어지간한 무게가 얹혀도 무너지지 않는다. 고난 받는 종이 고난 속에서도 의연하게 살 수 있는 것은 하늘에 뿌리를 내린 존재이기 때문이다. 그는 자기를 지키는데 급급하지 않는다. 오히려 자기와 같은 처지에 있는 이들을 위로하고 격려한다. 아픔을 겪어본 이라야 아픈 이들을 도울 수 있다. 좌절을 맛본 사람이라야 좌절한 사람을 위로할 수 있다. 고난 받는 종은 그 두 마음을 통하게 만드는 분이 바로 하나님이라고 말한다.

"주 하나님께서 나를 학자처럼 말할 수 있게 하셔서, 지친 사람을 말로 격려할 수 있게 하신다. 아침마다 나를 깨

우쳐 주신다. 내 귀를 깨우치시어 학자처럼 알아듣게 하신
다"(이사야 50:4).

하나님은 당신을 신뢰하는 이들에게 먼저 '듣는 귀'를 열
어주신다. 물론 듣는 귀는 들으려는 열망이 있을 때만 열린
다. 자기 생각으로 가득 찬 이들은 하늘의 소리를 듣지 않는
다. 하늘의 소리를 듣기 위해 고요함 속으로 들어간 이들은
세미한 가운데 들려오는 하늘의 소리에 민감하게 반응한다.
귀가 열린 사람이라야 지친 사람을 말로 격려할 수 있는 법
이다. 입에 발린 말이 아니라 진심이 담긴 말, 빈 말이 아니
라 사건을 일으키는 말, 넘어진 이를 일으켜 세우는 말의 뿌
리는 하나님의 마음을 알아차리는 것이라 할 수 있다.

기도

하나님, 날로 흉포해지는 세상에서 사랑 안에 머물기란 여간 어려운 일이
아닙니다. 우리는 낯선 사람들을 일단 경계하는 일에 익숙합니다. 갑각류
처럼 안으로 자꾸 움츠러들다 보니 우리는 환대의 능력을 잃어버리고 말
았습니다. 그 때문에 늘 외롭습니다. 삶이 힘겨울 때면 누군가 다가와 손
내밀어 주기를 바라면서도 정작 우리들은 어려운 이들에게 선뜻 다가서
지 못합니다. 이제는 자아의 감옥에서 벗어나 이웃들을 위로하고 격려하
며 살고 싶습니다. 우리 마음을 꼭 붙들어 주십시오. 아멘.

방망이 깎는 노인처럼

영원한 언약의 피를 흘려서 양들의 위대한 목자가 되신 우리 주 예수를 죽은 사람들 가운데서 이끌어내신 평화의 하나님이 여러분을 온갖 좋은 일에 어울리게 다듬질해 주셔서 자기의 뜻을 행하게 해 주시기를 빕니다(히브리서 13:20-21a).

수필 문학을 한 차원 끌어 올린 것으로 평가받는 윤오영 선생이 들려주는 '방망이 깎던 노인' 이야기는 시간에 쫓겨 사는 오늘의 우리에게 잠시 멈춰 서서 호흡을 가다듬어 보라고 말하는 듯하다. 작가는 아주 오래 전 기억을 떠올린다.

동대문 맞은 편 길가에 앉아서 방망이 깎아 파는 노인이 있었다 한다. 방망이 한 벌을 깎아달라고 부탁하자 노인은 처음에는 빨리 깎는 것 같더니, 이리 저리 돌려보며 굼뜨기가 이를 데 없었다. 그만 하면 될 것 같아 그냥 달라고 해도 못 들은 척 했다. 차 시간이 다 되었으니 그저 달라고 해도

하나님의 숨을
기다리며

"끓을 만큼 끓어야 밥이 되지, 생쌀이 재촉한다고 밥되나"
라고 통 치고 말았다. 자꾸 재촉을 하다가 포기한 화자에게
노인은 말했다. "글쎄 재촉을 하면 점점 거칠고 늦어진다니
까. 물건이란 제대로 만들어야지 깎다가 놓치면 되나." 결국
차를 놓치고 다음 차를 타고 집에 돌아오면서도 불쾌한 마
음이 가시질 않았다. 그러나 방망이를 본 아내는 칭찬 일색
이었다. 제대로 된 방망이를 사 왔다는 것이었다.

히브리서 기자는 편지의 수신인들을 위해 이런 기도를
바친다. "영원한 언약의 피를 흘려서 양들의 위대한 목자가
되신 우리 주 예수를 죽은 사람들 가운데서 이끌어내신 평
화의 하나님이 여러분을 온갖 좋은 일에 어울리게 다듬질
해 주셔서 자기의 뜻을 행하게 해 주시기를 빕니다"(히브리
서 13:20-21a). 신앙생활의 과정은 어쩌면 하나님께서 당신의
뜻을 행하도록 우리를 다듬어 가시는 과정인지도 모르겠다.
깎고, 자르고, 두드리고, 문지르는 일을 통해 우리는 조금씩
성도다운 모습을 갖추게 된다. 하나님이 주도하시지만 인간
의 노력도 필요하다. 하나님의 일이란 하나님의 최선과 인
간의 최선이 만나 이루어지는 법이다.

좋은 방망이를 얻었다고 기뻐하는 아내에게 전의 것이
나 별로 다른 것 같지 않다고 하자 아내는 이렇게 응대한다.
"배가 너무 부르면 힘들어 다듬다가 옷감을 치기를 잘하고,

같은 무게라도 힘이 들며, 배가 너무 안 부르면 다듬잇살이
펴지지 않고 손에 헤먹기가 쉽다." 정성을 다해 깎은 방망이
라야 제 역할을 잘 감당하는 법이다.

어거스틴은 우리가 하는 일은 죄뿐이라면서 어쩌다 선한
일을 한다 해도 그것은 우리 속에서 하나님이 하시는 일이
라고 고백한다. 인간의 죄성의 깊이를 통찰한 이의 말이다.
우리가 잊지 말아야 할 것이 있다. 우리 없이 세상을 창조하
신 하나님은 우리와 함께 아름다운 일을 이루기 원하신다.
아름다운 일이란 하나님이 기뻐하시는 일이다. 예수 그리스
도는 하나님이 기뻐하시는 일은 생명을 온전하고 풍성하게
하는 일임을 가르쳐주셨다. 하나님은 지금도 우리를 다듬질
하고 계신다.

기도

하나님, 세월의 더께가 앉은 우리 영혼은 죄에 대해 아주 둔감하게 변했
습니다. 영적 민감함을 잃었기에 세상에 만연한 아픔을 보면서도 아파하
지 않습니다. 욕망 둘레를 맴돌며 근근이 살아가는 것으로 할 도리를 다
했다고 여길 때가 많습니다. 그러나 하나님은 함께 병든 세상, 망가진 세
상을 치유하자고 우리를 부르십니다. 주님, 그 부름에 응하고 싶습니다.
우리 마음을 사로잡고 있는 일체의 군더더기들을 걷어내 주시고, 주님의
마음과 꿈을 우리 속에 심어주십시오. 아멘.

하나님의 숨을

기다리며

교만은 '잘못된 높임에 대한 욕구'이며, 자기 분수를 지키려 하지 않는 영혼의 질병이다. 교만한 이들은 자기의 탁월함에 도취되어 다른 이들을 아래에 두려고 한다. 그런 교만은 결국 멸망으로 귀결되고 만다.

Monday 〰〰〰

Tuesday 〰〰〰

Wednesday 〰〰〰

하나님의 숨을
기다리며

Thursday ~~~~~

Friday ~~~~~

Saturday ~~~~~

Sunday ~~~~~

시민 불복종 운동

한편 이집트 왕은 십브라와 부아라고 하는 히브리 산파들에게 이렇게 말하였다. "너희는 히브리 여인이 아이 낳는 것을 도와 줄 때에, 잘 살펴서, 낳은 아기가 아들이거든 죽이고, 딸이거든 살려 두어라." 그러나 산파들은 하나님을 두려워하였으므로, 이집트 왕이 그들에게 명령한 대로 하지 않고, 남자 아이들을 살려 두었다. 이집트 왕이 산파들을 불러들여, 그들을 꾸짖었다. "어찌하여 일을 이렇게 하였느냐? 어찌하여 남자 아이들을 살려 두었느냐?" 산파들이 바로에게 대답하였다. "히브리 여인들은 이집트 여인들과 같지 않습니다. 그들은 기운이 좋아서, 산파가 그들에게 이르기도 전에 아기를 낳아 버립니다." 그래서 하나님이 산파들에게 은혜를 베풀어 주셨으며, 이스라엘 백성은 크게 불어났고, 매우 강해졌다. 하나님은 산파들이 하나님을 두려워하는 것을 보시고, 그들의 집안을 번성하게 하셨다(출애굽기 1:15-21).

하나님의 숨을

기다리며

요셉이 세상을 떠난 후 야곱 일가족의 삶은 매우 불안정하게 변했다. 그들의 수가 늘어나자 바로는 그들이 사회 불안을 야기할지 모른다는 생각에 사로잡힌다. 그러한 불안 자체가 권력의 폭력성을 반증하는 것이다. 바로는 그들을 면밀히 감시하는 한편 그들을 억압하는 정책을 시행한다. 곡식을 저장할 목적으로 비돔과 라암셋을 세울 때 그들을 동원했다. 가혹한 노동에 시달렸지만 그들은 오히려 수가 더욱 불어나고 자손이 번성하였다. 바로는 히브리 산파인 십브라와 부아를 불러 히브리 여인이 애 낳는 것을 도와주되 낳은 아기가 아들이면 죽이고 딸이면 살려두라고 명한다. 일종의 인종 말살정책을 시행하고자 했던 것이다. 바로가 기대고 있던 명분은 '제국의 안위를 위하여'였을 것이다. 제국주의자들에게 생명은 존엄하지도 신비하지도 않다. 언제든 필요에 따라 제거할 수도 있는 대상일 뿐이다.

바로는 히브리 산파들이 자기의 명령에 순종하지 않을 수도 있다는 사실을 전혀 고려하지 않았다. 권력은 명령과 실행의 틈 없는 일치를 지향한다. 하지만 산파들은 '죽음-기계'가 되라는 왕의 지엄한 명령을 따르지 않았다. 이것은 일종의 시민 불복종 운동으로 체제의 입장에서는 매우 엄중한 도발행위이다. 왕은 두 여인을 불러 명령대로 수행하지 않은 것을 꾸짖는다. 그때 산파들은 "히브리 여인들은 이집트 여인들과 같지 않습니다. 그들은 기운이 좋아서, 산파가 그들에게 이르기도 전에 아기를 낳아 버립니다"(출애굽기 1:19)라고 대답한다. 해학이다. 바로는 웃음거리가 되었다.

성경은 여인들이 그런 일을 할 수 있었던 것은 하나님을 두려워하는 사람들이었기 때문이라고 말한다. 생명의 잉태와 출산이 지속적인 창조의 과정임을 여인들은 잘 알고 있었기에 차마 태어난 아기들을 죽일 수 없었던 것이다. 인간성에 반하는 행위를 거절하였다는 의미에서 십브라와 브아는 성서판 '안티고네'라 할 수 있다.

비극작가 소포클레스의 주인공인 안티고네는 반역자들의 시체를 수습하는 자는 처형하겠다는 크레온 왕의 포고령을 무시하고 내전 중에 사망한 오빠들의 시신을 수습하여 매장했다. 그렇게 하는 것이 왕의 법에는 어긋나지만 하나님의 법에 합당하다고 생각했기 때문이다. 안티고네는 우리에게 어느 법을 따를 것이냐고 묻고 있다. 안티고네는 하나님의 법을 따랐고 그 결과 그는 결국 죽고 만다.

반면 히브리 산파들은 하나님의 도우심으로 집안이 번성하는 복을 누린다. 하나님은 죽은 자들의 하나님이 아니라 산 자들의 하나님이시다. 하나님은 생명 중심적 사고를 하는 이들 편에 서 계신다. 생명을 소모품처럼 취급하는 권력은 내세우는 명분이 어떠하든 악이다. 연약한 자들이 가장

강력한 자의 권력의 토대를 뒤흔들 수도 있음을 두 산파는
보여주고 있다.

기도

하나님, 십브라와 브아는 어떻게 두려움을 떨쳐버릴 수 있었나요? 왕의
명령을 거절하면서도 두 여인은 비장하지 않았습니다. 그들은 바람처럼
가볍고, 햇살처럼 맑은 영혼으로 권력의 억압에서 벗어났습니다. 생명이
하나님께 속해 있음을 확신했기 때문일 것입니다. 지금 이 세상에 노골적
으로 누군가를 죽이라고 명령하는 이들은 없지만 사람들을 죽음의 벼랑
으로 내모는 이들이 참 많습니다. 부디 우리가 그 죽음의 하수인이 되지
않게 해주십시오. 어려운 여건 속에서도 생명 중심의 사고를 하는 참 사
람이 되게 해주십시오. 아멘.

생명 중심적 사고

마침 바로의 딸이 목욕을 하려고 강으로 내려왔다. 시녀들이 강가를 거닐고 있을 때에, 공주가 갈대 숲 속에 있는 상자를 보고, 시녀 한 명을 보내서 그것을 가져 오게 하였다. 열어 보니, 거기에 남자 아이가 울고 있었다. 공주가 그 아이를 불쌍히 여기면서 말하였다. "이 아이는 틀림없이 히브리 사람의 아이로구나." 그 때에 그 아이의 누이가 나서서 바로의 딸에게 말하였다. "제가 가서, 히브리 여인 가운데서 아기에게 젖을 먹일 유모를 데려다 드릴까요?" 바로의 딸이 대답하였다. "그래, 어서 데려오너라." 그 소녀가 가서, 그 아이의 어머니를 불러 왔다. 바로의 딸이 그에게 말하였다. "이 아이를 데리고 가서, 나를 대신하여 젖을 먹여 다오. 그렇게 하면, 내가 너에게 삯을 주겠다." 그래서 그 여인은 그 아이를 데리고 가서 젖을 먹였다. 그 아이가 다 자란 다음에, 그 여인이 그 아이를 바로의 딸에게 데려다 주니, 공주는 이 아이를 양자로 삼았다. 공주는 "내가 그를 물에서 건졌다" 하면서, 그의 이름을 모세라고 지었다(출애굽기 2:5-10).

"1947년 봄/심야深夜/황해도黃海道 해주海州의 바다/이남以南과 이북以北의 경계선境界線 용당포浦//사공은 조심조심 노를 저어 가고 있었다./울음을 터뜨린 한 영아를 삼킨 곳./스무 몇 해 지나서도 누구나 그 수심水深을 모른다."

김종삼 시인의 〈민간인〉이다. 숨죽인 채 물살을 가르는 순간 터진 아기의 울음소리, 사람들은 극심한 공포에 사로잡힌다. 발견되는 순간 그들 모두 수장될 수 있었기 때문이다. 엄마는 피눈물을 삼키며 아기를 물에 묻는다. 세월이 지나도 용당포 가까운 그곳의 수심을 아는 사람은 아무도 없다. 한이 서린 그곳의 깊이를 누가 알 수 있을까?

레위 가문의 한 여인이 아들을 낳았다. 잘 생긴 그 아들을 차마 죽일 수 없어서 여인은 석 달 동안 남몰래 아기를 길렀다. 그러나 더 이상 숨길 수 없게 되자 여인은 갈대 상자를 가져다가 역청과 송진을 바르고, 아기를 거기 담아 강가의 갈대 사이에 놓아두었다. 그 아이의 누이는 멀찍이 서서 아이가 어떻게 되는지를 지켜보고 있었다.

마침 바로의 딸이 목욕하러 강가로 나왔다가 갈대 숲 속에 있는 상자를 보고는 시녀를 시켜 가져오게 하였다. 울고 있는 아기를 본 공주는 그 아이가 히브리 사람의 아이임을 알아보았지만 그를 못 본 체 할 수 없었다. 불쌍히 여기는 마음, 맹자가 말하는 측은지심惻隱之心이 그를 사로잡았다. '불쌍히 여기는 마음'이야말로 사람을 사람 되게 하는 마음이다. 그 아이가 비록 바로가 제거하려는 히브리인의 아이라 해도 아이를 죽음의 자리에 방치하는 것은 차마 사람이 할 수 없는 일이었다. '애틋하고 안타까워서 감히 어찌'라는 뜻의 부사 '차마'는 늘 부정어와 결합하여 의미를 강화한다. 차마 할 수 없는 일이 있고, 차마 해서는 안 되는 일이 있다.

공주가 늘 인종이나 신분을 뛰어넘는 보편적 사고를 하는 사람이었는지는 알 수 없다. 하지만 무력하기 이를 데 없는 아이가 공주의 가슴 속에서 따뜻한 인간애를 이끌어내고 있다. 강함보다 약함이 힘이 셀 때가 있는 법이다. 그때 동생의 운명을 지켜보다 아이의 누이가 나서서 바로의 딸에게 말한다.

"제가 가서, 히브리 여인 가운데서 아기에게 젖을 먹일 유모를 데려다 드릴까요?"(출애굽기 2:7)

공주가 그렇게 하라고 하자 아이의 누이는 그 아이의 엄마를 불러 왔다. 숨어서 아기에게 젖을 물리던 여인은 이제 떳떳하게 젖을 물릴 수 있게 되었다.

제도와 권력이 만들어놓은 철벽을 여인들이 가볍게 무너

하나님의 숨을
기다리며

뜨리고 있다. 다른 것 없다. '차마' 생명을 포기할 수 없었던 마음이 이루어낸 기적이다. 무한 경쟁의 전장에 내몰리는 이들일수록 생명에 대해 무감각해진다. 이 사건에 연루된 여인들은 생명 중심적 사고야말로 하나님의 통치의 핵심임을 삶으로 증언하고 있다.

기도

하나님, 열매를 많이 따려거든 전지에 인색하지 말아야 한다는 말이 있습니다만, 우리는 늘 처리해야 할 많은 일들에 에워싸인 채 살아가느라 허둥댑니다. 복잡하게 얽힌 삶이 무겁기만 합니다. 마음은 점점 굳어지고, 어지간한 자극에도 반응할 줄을 모르고 삽니다. 세상에 만연한 아픔을 보고는 잠시 혀를 차기도 하지만, 곧 잊어버리고 맙니다. 생명이 속절없이 파괴되는 현실을 보면서도 모른 체 외면하곤 했습니다. 주님, 우리 속에 참 사람다운 따뜻함을 일깨워주십시오. 생명을 지키고 풍성하게 하는 일에 기꺼이 동참하게 해주십시오. 아멘.

슬로보핫의 딸들

슬로브핫의 딸들이 나아왔다. 슬로브핫은 요셉의 아들인 므낫
세의 가족으로서, 헤벨의 아들이요, 길르앗의 손자요, 마길의
증손이요, 므낫세의 현손이다. 그의 딸들의 이름은 말라와 노아
와 호글라와 밀가와 디르사이다. 그들은 회막 어귀에서 모세와
제사장 엘르아살과 지도자들과 온 회중 앞에 서서 호소하였다.
"우리의 아버지는 광야에서 돌아가셨습니다. 그러나 주님을 거
역하여 모였던 고라의 무리 속에 끼지는 않으셨습니다. 아버지
께서는 다만 자신의 죄로 돌아가셨습니다. 그런데 아버지께는
아들이 없습니다. 그러나 아들이 없다는 이유로 아버지의 가족
가운데서 아버지의 이름이 없어져야 한다니, 어찌 이럴 수가
있습니까? 우리 아버지의 남자 친족들이 유산을 물려받을 때
에, 우리에게도 유산을 주시기 바랍니다"(민수기 27:1-4).

일찍이 하나님은 모세에게 "땅은 사람 수에 따라서, 그들의

하나님의 숨을
기다리며

유산으로 나누어 주어야 한다"(민수기 26:53)고 말씀하셨다.
모세는 가나안 입성을 앞두고 아론의 아들 제사장 엘르아셀
에게 백성들의 수를 가문별로 파악하라고 지시한다. 약속의
땅에 들어간 후에 땅을 지파별로 가문별로 분배하기 위한
예비조치였다. 인구조사가 거의 마무리 될 즈음 슬로브핫의
딸들이 회막 어귀에 있던 모세와 제사장 엘르아살과 지도자
들과 온 회중 앞에 나아왔다. 민수기는 그들의 이름을 적시
하고 있다. 말라, 노아, 호글라, 밀가, 디르사. 성경에서 한 가
족에 해당하는 여성들의 이름을 이렇게 명토박아 기록한 것
은 오직 이들 뿐이다.

그들은 백성을 대표하는 그 권위자들 앞에서 자기들이
모습을 드러낸 까닭을 밝힌다. 그들은 아들을 남기지 못한
채 광야에서 세상을 떠난 아버지의 이름이 소멸되는 것은
부당하다고 말한다.

"그러나 아들이 없다는 이유로 아버지의 가족 가운데서
아버지의 이름이 없어져야 한다니, 어찌 이럴 수가 있습니
까? 우리 아버지의 남자 친족들이 유산을 물려받을 때에, 우
리에게도 유산을 주시기 바랍니다"(민수기 27:4).

슬로브핫의 딸들은 당연시되던 문화적 관습에 의문 부호
를 붙였다. 그들은 그게 세상사니 어쩌겠냐고, 그저 체념하
고 받아들일 수밖에 없다고 생각하지 않았다. 회막 앞에서

그들은 잘못된 통념이나 사회적 관습은 고쳐야 하지 않겠느냐고 발언했다.

주류세계에 속한 사람들은 자기들이 누리는 특권을 당연한 것으로 여긴다. 주변화된 사람이라야 한 사회의 모순을 예민하게 통찰하는 법이다. 낮은 자리에 서지 않으면 보이지 않는 것들이 많다. 슬로브핫의 딸들은 인습적인 사고에 사로잡히지 않았다. 그들은 전복적 상상력을 통해 주류 세계를 뒤흔들고 새로운 세상을 견인해내려 한다. 그들의 고요한 항변을 들으신 하나님은 그들의 호소가 타당하다고 여기시고는 "어떤 사람이 아들이 없이 죽으면, 그 유산을 딸에게 상속시켜라"(민수기 27:8)라고 명령하신다.

강자들은 늘 이의를 제기하는 약자들에게 '가만히 있으라'고 말한다. 약자들이 모습을 드러내고, 그들의 목소리를 낼 때 기존질서가 흔들리기 때문이다. 기득권을 누리는 이들은 주변인들을 침묵시키기 위해 온갖 장치를 동원한다. 법으로 위협하고, 폭력을 가하기도 하고, 그들을 개별화하여 회유하기도 한다. 하지만 하나님은 주변부의 소리를 경청하고 그들에게 응답하는 분이시다. 슬로브핫의 딸들이 보여준 용기와 그들이 제기한 문제가 타당하다고 여기신 하나님의 응답이 결합하여 역사의 수레바퀴를 굴리는 힘이 되었다. 좋은 세상은 저절로 오지 않는다. 다른 세상을 꿈꾸고,

하나님의 숨을
기다리며

그런 세상을 열기 위해 기꺼이 고난을 감수하는 이들을 통해 온다. 자랑스러운 이름을 다시 호명한다. 말라, 노아, 호글라, 밀가, 디르사.

기도

하나님, 우리는 가만히 있으라는 말을 참 많이 듣고 살았습니다. '선생님 말씀 잘 듣고 얌전히 지내야 해!'라는 권고부터, '평지풍파 만들지 말고 입을 다물라'는 위협적인 말까지. 우리는 갈등을 나쁜 것이라고만 생각했습니다. 하지만 누릴 것을 다 누리며 사는 이들은 그렇지 못한 이들의 아픔과 불편함을 이해할 수 없습니다. 누군가가 일어나 이의를 제기하고 비명을 지르기까지는 아무도 자기 발밑에 사람이 있다는 사실을 알지 못합니다. 주님, 우리에게 영적인 예민함을 허락하여 주셔서 이웃들의 신음소리에 응답할 줄 아는 사람들이 되게 해주십시오. 아멘.

정의를 위하여 받는 고난

그러므로 여러분이 열심으로 선한 일을 하면, 누가 여러분을 해치겠습니까? 그러나 정의를 위하여 고난을 받으면, 여러분은 복이 있습니다. 그들의 위협을 무서워하지 말며, 흔들리지 마십시오. 다만 여러분의 마음속에 그리스도를 주님으로 모시고 거룩하게 대하십시오. 여러분이 가진 희망을 설명하여 주기를 바라는 사람에게는, 언제나 답변할 수 있게 준비를 해 두십시오. 그러나 온유함과 두려운 마음으로 답변하십시오. 선한 양심을 가지십시오. 그리하면 그리스도 안에서 행하는 여러분의 선한 행실을 욕하는 사람들이, 여러분을 헐뜯는 그 일로 부끄러움을 당하게 될 것입니다. 하나님께서 바라시는 뜻이라면, 선을 행하다가 고난을 받는 것이, 악을 행하다가 고난을 받는 것보다 낫습니다(베드로전서 3:13-17).

"악이 승리하기 위한 조건은 단 한 가지다. 선한 사람들이

하나님의 숨을
기다리며

아무것도 하지 않는 것이다"(에드먼드 버크). 선한 의지를 가지고 있는 이들은 많지만 악에 맞서 싸우는 이들은 많지 않다. 악과 맞서는 일은 위험을 동반하기 때문이다. 기분 나쁜 일에 연루될 수도 있고 손해를 입을 수도 있다. 세상의 어둠에 대해 투덜거리면서도 정작 빛을 밝히기 위한 노력은 게을리 하는 게 보통 사람들의 실상이다. 하지만 때로는 비상한 용기를 발휘해야 할 때도 있다.

어느 누구도 세상의 모든 문제에 다 개입할 수는 없다. 그러나 인간의 존엄이 무시되는 상황이 눈앞에서 자행될 때는 떨쳐 일어날 용기를 발휘해야 한다. 권력이 남용되고 가난한 이들이 모욕당하는 현실을 목도하면서도 침묵하는 것은 비겁이다. 오늘의 교회가 무력하게 변해버린 것은 정의에 대한 감수성을 잃어버렸기 때문이다. 제사장적 위로는 넘치지만 예언자적 외침이 잦아든 교회는 세상의 빛이 될 수 없다. 그리스도를 따르면서 많은 고난을 겪었던 베드로는 성도들에게 용기를 발휘하라면서 고난을 두려워하지 말라고 말한다. 악행 때문에 겪는 어려움은 고난이 아니다. 고난은 정의를 세우기 위해 자발적으로 받아들인 어려움이다.

"그러나 정의를 위하여 고난을 받으면, 여러분은 복이 있습니다. 그들의 위협을 무서워하지 말며, 흔들리지 마십시오"(베드로전서 3:14).

무서워하지 말며 흔들리지도 말라는 말은 고난의 풀무를 거쳐 온 이의 말이기에 강력하다. 정의를 위하여 고난 받기를 각오할 때 폭력이나 모욕은 힘을 발휘하지 못한다. 겟세마네 동산에서 기도하시던 예수님은 깊이 잠들어 있던 제자들을 깨우시면서 "일어나서 가자"(마가복음 14:42)고 말씀하셨다. 폭력과 죽음이 예기되는 상황 속으로 기꺼이 들어가려 할 때 영적 자유가 유입된다. 고통은 두려워하며 피하려하는 이들에게 더 큰 힘을 발휘한다. 어려움을 회피하는 버릇이 들면 존재의 기반이 약해지는 법이다. 그리스도를 마음속에 주님으로 모셔야 하는 것은 그 때문이다.

우리가 정의를 위한 싸움에 나서야 하는 것은 하나님 나라의 일꾼으로 부름 받았기 때문이다. 믿는 이들은 수시로 우리가 꿈꾸는 세상에 대한 비전을 나눠야 하고 그것을 세상 앞에 드러내야 한다. 비전이 흔들릴 때 두려움이 우리를 사로잡는다.

"여러분이 가진 희망을 설명하여 주기를 바라는 사람에게는, 언제나 답변할 수 있게 준비를 해 두십시오"(베드로전서 3:15).

비전 나눔은 늘 겸허함 속에서 이루어져야 한다. 강박적인 태도 혹은 고압적인 자세로 상대방을 설득하려는 이들이 있다. 그들은 진정한 의사소통과 하나님 나라의 진전을 방

하나님의 숨을
기다리며

해할 뿐이다. 온유함과 두려운 마음, 선한 양심은 다른 이들 속에 있는 선의 가능성을 이끌어내는 두레박이다.

기도

하나님, 이런저런 범죄 소식이 들려올 때마다 우리 마음이 저려옵니다. 마치 영혼을 빼앗긴 좀비 같은 이들이 거리를 활보하고 있다는 사실이 두렵기만 합니다. 그보다 더 큰 문제는 불의가 제도화되어 사람들이 그것을 정상적 상태로 받아들인다는 사실입니다. 서럽고 쓰린 삶을 감내하며 사는 이들이 조금이라도 자기들의 살 권리를 주장하면 세상은 '불온'의 낙인을 찍곤 합니다. 주님, '의를 위하여 박해를 받은 사람은 복이 있다'는 그 말씀을 붙들고, 어둠에 맞서 빛을 드러낼 수 있도록 우리를 인도해주십시오. 아멘.

권세는 하나님의 것

신분이 낮은 사람도 입김에 지나지 아니하고, 신분이 높은 사람도 속임수에 지나지 아니하니, 그들을 모두 다 저울에 올려놓아도 입김보다 가벼울 것이다. 억압하는 힘을 의지하지 말고, 빼앗아서 무엇을 얻으려는 헛된 희망을 믿지 말며, 재물이 늘어나더라도 거기에 마음을 두지 말아라. 하나님께서 한 가지를 말씀하셨을 때에, 나는 두 가지를 배웠다. '권세는 하나님의 것'이요, '한결같은 사랑도 주님의 것'이라는 사실을. 주님, 주님께서는 각 사람에게 그가 행한 대로 갚아 주십니다(시편 62:9-12).

"내 영혼이 잠잠히 하나님만을 기다림은 나의 구원이 그에게서만 나오기 때문이다"(시편 62:1).

말은 고요하지만, 그 고요함은 격렬한 현실을 거쳐 온 후에 얻은 것이다. 물과 불 사이를 왕래하며 단단해지는 쇠처럼 시인의 마음은 절망과 희망 사이를 오가면서 고요해졌을 것이다. 삶에서 직면하는 여러 가지 문제를 해결하기 위해 헤덤비며 살았지만 현실은 장벽처럼 굳건할 뿐, 어지간한 타격이 가해져도 끄덕도 하지 않는다. 누구보다 격심한 고통을 겪었기에 시인은 울가망한 마음을 다잡고 다짐하듯 말한다. "하나님만이 나의 반석, 나의 구원, 나의 요새이시니, 나는 결코 흔들리지 않는다"(시편 62:2).

시인을 절망적 상황으로 몰아간 것은 가까운 사람들이 보인 태도이다. 그들은 기울어 가는 담과도 같고, 무너지는 돌담과도 같은 사람을 죽이려고 함께 공격하고, 높은 자리에 있는 이들을 떨어뜨릴 궁리만 하고, 입으로는 축복하지만 마음속으로는 저주를 퍼붓는다(시편 62:3-4).

무리 중 가장 연약한 개체를 공격하는 육식동물들처럼 악에 인이 박힌 사람들은 연약한 자들을 자기들의 먹잇감으로 삼는 일을 주저하지 않는다. 권위에 대한 존중도 없다. 헐뜯고 물어뜯어 끌어내리려 할 뿐이다. 교언영색巧言令色, 감언이설甘言利說로 사람들의 마음을 사려하지만 속에는 저주가 가득하다. 이런 일을 몇 차례 겪고 나면 우리 마음의 토대인 신뢰가 무너지고, 아무도 믿을 수 없다는 부정적 확신이 우리를 사로잡는다.

그러나 인생의 단 맛과 쓴 맛을 다 본 시인은 비관주의에 빠지지 않는다. 여전히 믿고 의지해야 할 분이 있기 때문이다. 그는 하나님 앞에서 자기 삶을 성찰한다. 세상을 지배하는 것이 악인들처럼 보여도 그들은 아침 해가 떠오르면 안개처럼 스러질 수밖에 없는 존재일 뿐이다. 그는 신분이 낮은 사람도 높은 사람도 하나님의 저울에 달아보면 입김보다 가볍다고 말한다. 인생이 허무하다고 말하려는 것이 아니다. 신분이 낮다고 주눅 들어 지낼 것도 없고, 높다고 하여 으쓱거릴 것도 없다는 것이다. 인간이 의지하는 모든 것들은 시간과 더불어 새처럼 날아갈 수밖에 없다. 그릇된 희망이 무너져야 진짜 희망이 열린다.

"억압하는 힘을 의지하지 말고, 빼앗아서 무엇을 얻으려는 헛된 희망을 믿지 말며, 재물이 늘어나더라도 거기에 마음을 두지 말아라"(시편 62:10).

노자는 "인위적인 조작을 하는 자는 반드시 무너지고, 한사코 움켜잡는 자는 반드시 그것을 잃는다爲者敗之 執者失之위자패지 집자실지"(『도덕경』 29장)고 말했다. 옳은 말이다. 덧없는 삶의 여정 가운데 우리가 붙들어야 할 것을 시인은 두 마디로 요약한다. '권세는 하나님의 것', '한결같은 사랑도 주님의 것'. 우리가 할 수 있는 일이 아주 작다는 사실을 시인하면서도 주님이 사랑 안에서 모든 것을 뜻대로 이루어 가실 것이라는 믿음이 우리를 살게 한다.

하나님의 숨을
기다리며

하나님, 사다리에 올라선 듯 우리 삶은 위태롭기만 합니다. 애써 희망을 품어보려 하지만 세상에는 희망의 징조보다 절망의 징조가 더 많습니다. 세상의 어둠에 익숙해진 눈으로 보기에 더욱 그러한지도 모르겠습니다. 우리는 가끔 돈과 권세와 명예를 삶의 방패로 삼습니다. 그러나 그것은 쥐었다고 생각하는 순간 손아귀에서 빠져나가 가뭇없이 사라져버립니다. 주님, 이제 권세는 하나님의 것, 한결같은 사랑도 주님의 것이라는 고백을 삶의 토대로 삼겠습니다. 그 믿음에서 물러서지 않도록 우리를 지켜주십시오. 아멘.

사랑의
사건으로서의 교회

> 사람들이 이 말을 듣고 마음이 찔려서 "형제들이여, 우리가 어떻게 하면 좋겠습니까?" 하고 베드로와 다른 사도들에게 말하였다. 베드로가 대답하였다. "회개하십시오. 그리고 여러분 각 사람은 예수 그리스도의 이름으로 세례를 받고, 죄 용서를 받으십시오. 그리하면 성령을 선물로 받을 것입니다. 이 약속은 여러분과 여러분의 자녀와 또 멀리 떨어져 있는 모든 사람, 곧 우리 주 하나님께서 부르시는 모든 사람에게 주신 것입니다"(사도행전 2:37-39).

베드로의 설교를 들은 사람들은 마음에 큰 찔림을 받았다. 그의 말은 더 이상 자연인 베드로의 말이 아니라 에너지로 가득한 말 곧 사건을 일으키는 말이었다. 사람들은 애써 보지 않으려 했던 자기들의 더럽고, 추하고, 탐욕스러운 모습을 보며 탄식하듯 물었다. "형제들이여, 우리가 어떻게 하면 좋겠습니까?" 이 질문이야말로 구원의 서곡이다. 베드로는 서슴없이 대답했다.

"회개하십시오. 그리고 여러분 각 사람은 예수 그리스도의 이름으로 세례를 받고, 죄 용서를 받으십시오. 그리하면 성령을 선물로 받을 것입니다"(사도행전 2:37-38).

조금의 망설임도 없다. 암 덩어리를 도려내는 의사의 메스처럼 정밀한 말씀이다. 회개란 우리의 전 존재가 새로워지는 과정의 시작이다. 하나님을 믿는다 하면서도 돈과 명예와 권세를 가장 소중한 가치로 여기는 삶과 작별하는 것, 이웃을 경계하고, 미워하고, 배척하던 삶으로부터 돌이키는 것이다. 물론 이것은 우리가 할 수 없다. 오직 성령이 임할 때만 가능하다.

예수의 이름으로 세례를 받는다는 것은 예수와 한 운명이 되는 것, 곧 예수의 눈과 마음으로 세상과 이웃을 대하는 것을 의미한다. 그게 참 사람의 길이다. 복음서가 증언하고 있는 예수님은 세상이 인위적으로 만들어놓은 경계선을 넘나들면서, 만날 수 없었던 사람들이 서로 만나게 하셨고, 차별과 혐오의 세상을 이해와 사랑의 세상으로 바꾸셨다. 그리스도인은 바로 이런 일을 수행해야 하는 사람들이다. 그러기 위해서는 우리를 알게 모르게 지배하는 분열의 영을 쫓아내고, 주님의 영을 모셔야 한다.

성령은 하나 되게 하는 영이다. 성령이 임했을 때 모든 사람들이 한 마음과 한 뜻이 되었다. 사람들을 갈라놓던 경계선은 어느새 사라지고 모두가 정다운 이웃이 되었다. 성령은 곧 우리 속에 잠들어 있던 사랑을 깨운다. 몇 해 전 미국 서부에 있는 '죽음의 계곡death vally'에서 놀라운 일이 벌어졌다. 몇 년 동안 비가 내리지 않아 척박하기 이를 데 없는 그 땅에 때맞춰 많은 비가 내리자 땅 속 깊은 곳에 잠들어 있던 꽃씨들이 발아하여 아름다운 꽃들을 피워낸 것이었다. 죽음의 땅처럼 보이던 그곳이 생명을 품고 있었던 것이다.

"사랑한다는 것은/자기를 뛰어넘는 비약입니다./모든 사랑은 비약으로 이어지고/비약은 다시 비상으로 날개를 폅니다.//한 사람에 대한 사랑은/그 한 사람에 머물지 않고/그가 사랑하는 모든 사람으로 이어지고/어느새 아름다운 사회와/훌륭한 역사에 대한 사랑으로 이어집니다"(신영복).

이것이 바로 성령께서 하시는 일에 대한 정확한 설명이다. 사랑은 자기를 넘어서는 비약이고, 그 비약은 더 큰 사랑을 부르고, 그 사랑에 응답한 이들이 공동체를 이룸으로 사회와 역사가 새로워진다. 살아있는 교회는 사람들이 만드는 정교한 조직이나 프로그램이 아니라, 자신의 상처와 연약함을 인정하고 동료들을 품으려는 이들 사이에서 벌어지는 사랑의 사건이다.

하나님의 숨을
기다리며

기도

하나님, 세상에는 정말 장벽이 많습니다. 보이는 장벽도 있지만 보이지 않는 장벽이 더 많습니다. 장벽은 자유로운 소통을 가로막습니다. 도저히 넘을 수 없는 강고한 담 앞에 설 때마다 무기력감과 아울러 분노가 우리를 휘어잡습니다. '우리는 다르다'는 우월의식에 사로잡힌 이들은 이웃들과 만날 생각이 없습니다. 생활 속의 분단이 고착화될수록 평화의 꿈은 멀어집니다. 성령님, 오셔서 우리들의 가슴에 드리운 장벽을 무너뜨리시고 이웃들을 있는 그대로 바라보며 사랑의 관계를 맺을 수 있도록 이끌어 주십시오. 아멘.

데스페라도

3월 14일

> 그대는 이것을 알아두십시오. 말세에 어려운 때가 올 것입니다.
> 사람들은 자기를 사랑하며, 돈을 사랑하며, 뽐내며, 교만하며,
> 하나님을 모독하며, 부모에게 순종하지 아니하며, 감사할 줄 모
> 르며, 불경스러우며, 무정하며, 원한을 풀지 아니하며, 비방하
> 며, 절제가 없으며, 난폭하며, 선을 좋아하지 아니하며, 배신하
> 며, 무모하며, 자만하며, 하나님보다 쾌락을 더 사랑하며, 겉으
> 로는 경건하게 보이나, 경건함의 능력은 부인할 것입니다. 그대
> 는 이런 사람들을 멀리하십시오(디모데후서 3:1-5).

스페인의 위대한 사상가인 미구엘 데 우나무노는 스페인 전
쟁의 참상을 목격한 후에 자기를 찾아온 니코스 카잔차키
스에게 그 땅에서 벌어지고 있는 혼란의 원인은 사람들이
아무것도 믿지 않는데 있다고 말한다. 그는 그런 이들을 가
리켜 '데스페라도desperado'라고 칭한다. '붙잡고 있을 만한

하나님의 숨을

기다리며

것이 아무 것도 없는 사람'이라는 뜻이다. 그들은 아무 것도 믿지 않기에 황폐하게 변하고, 급기야 거친 분노에 사로잡혀 살 수밖에 없다는 것이다(니코스 카잔차키스, 『스페인 기행』, 204쪽 참고).

디모데후서의 저자는 말세에 나타날 일을 우주적 파국이 아닌 윤리적 파탄이라는 관점에서 서술하고 있다. 말세는 세상의 끝이 아니라 옛 질서가 끝나는 때인 동시에 새로운 질서가 태동하는 때이다. 그때는 '어려운 때'이다. 본문은 그때의 징표로 19가지를 꼽는다. 그 가운데서 우리가 주목해야 할 것은 잘못된 사랑이다. "사람들은 자기를 사랑하며, 돈을 사랑하며"(디모데후서 3:2), "하나님보다 쾌락을 더 사랑하며"(디모데후서 3:4). '자기', '돈', '쾌락'을 사랑하는 것이 모든 죄의 뿌리이다. 바울 사도는 자기를 사랑하는 이들의 행태를 아주 단순화시켜 말한다. "모두 다 자기의 일에만 관심이 있고, 그리스도 예수의 일에는 관심이 없습니다"(빌립보서 2:21). 이들은 오직 자기와 자기 가족의 안위와 행복에만 골몰할 뿐, 예수의 일 곧 우리가 함께 살아갈 세상을 바로 세우는 일에는 관심이 없다. 남들이 피땀 흘리며 쟁취한 자유와 기쁨을 공짜로 누릴 뿐, 더 나은 세상을 만들기 위해 헌신할 생각은 없다.

돈을 사랑하는 것도 심각한 문제이다. 돈은 사용하는 것이지 사랑해야 할 대상은 아니다. 그런데도 사람들은 돈을 사랑한다. 돈만 있으면 못할 일이 없는 것처럼 생각되기 때문이다. 돈이 지배하는 세상은 돈을 매개로 하지 않는 관계의 아름다움을 인정하려 하지 않는다. 가난하지만 오손도손 깊은 정을 나누며 살던 공동체는 다 깨지고 말았다. 공동체가 주는 따뜻함을 잃어버려 우리 삶이 빈곤해졌다.

성 어거스틴은 사랑에는 두 종류가 있다고 설명한다. 큐피디타스cupiditas는 탐욕으로 번역되기도 하는데, 하나님을 문제의 해결책으로 사용하면서 세상에서의 만족을 구하는 사랑을 가리키는 말이다. 사랑해야 할 대상은 사용하고, 정작 사용해야 할 것은 사랑하는, 전도된 사랑이 곧 죄요 탐욕이다. 카리타스caritas는 살기 위해 세상의 것들을 사용하면서도 지고의 선이신 하나님에 대한 갈망을 품고 사는 사랑을 뜻한다.

카리타스를 잃은 이들의 마음에 깃드는 것은 헛헛함과 불안이다. 사람들은 그것을 잊기 위해 쾌락을 추구한다. 쾌락 그 자체가 나쁜 것은 아니지만 그것을 맹렬히 추구하는 삶은 문제이다. 쾌락은 탐닉 곧 뭔가에 푹 빠진 상태이다. 그런 상태에서는 잊지 말아야 할 것을 다 잊게 된다. 아끼고 존중해야 할 이들을 쾌락을 얻기 위한 수단으로 사용하기도 한다. 전도된 사랑은 자기와 타자를 동시에 망가뜨린다.

하나님의 숨을
기다리며

기도

하나님, 우리는 거칠고 무정한 세상에서 사느라 지쳤습니다. 얼굴빛 환한 사람들과 만나고 싶지만 거리에서 마주치는 사람들은 언제라도 화낼 준비를 갖추고 있는 것처럼 보입니다. 분주하게 살다보니 마음의 여백은 점점 줄어들고 애초부터 우리 속에 심어주신 그 따뜻한 생명의 온기는 다식어버렸습니다. 행복을 위해 '자기', '돈', '쾌락'을 추구하지만 그것은 오히려 우리를 더 큰 불안 속으로 몰아갑니다. 주님, 우리를 불쌍히 여겨주십시오. 주님의 사랑의 온기로 우리 속에 깃든 두려움을 녹여주십시오. 아멘.

권력이 남용되고 가난한 이들이 모욕당하는 현실을 목도하면서도 침묵하는 것은 비겁이다. 오늘의 교회가 무력하게 변해버린 것은 정의에 대한 감수성을 잃어버렸기 때문이다. 제사장적 위로는 넘치지만 예언자적 외침이 잦아든 교회는 세상의 빛이 될 수 없다.

Monday ~~~~~

Tuesday ~~~~~

Wednesday ~~~~~

하나님의 숨을
기다리며

Thursday ~~~~~

Friday ~~~~~

Saturday ~~~~~

Sunday ~~~~~

이슬과 그늘

내가 그들의 반역하는 병을 고쳐 주고, 기꺼이 그들을 사랑하겠다. 그들에게 품었던 나의 분노가 이제는 다 풀렸다. 내가 이스라엘 위에 이슬처럼 내릴 것이니, 이스라엘이 나리꽃처럼 피고, 레바논의 백향목처럼 뿌리를 내릴 것이다. 그 나무에서 가지들이 새로 뻗고, 올리브 나무처럼 아름다워지고, 레바논의 백향목처럼 향기롭게 될 것이다. 그들이 다시 내 그늘 밑에 살면서, 농사를 지어서 곡식을 거둘 것이다. 포도나무처럼 꽃이 피고, 레바논의 포도주처럼 유명해질 것이다. 에브라임이 고백할 것이다. '나는 이제 우상들과 아무 상관이 없습니다.' 그러면 나는 그에게 응답할 것이다. '내가 너를 지켜 주마.' 나는 무성한 잣나무와 같으니, 너는 필요한 생명의 열매를 나에게서 언제나 얻을 수 있을 것이다(호세아 14:4-8).

역사는 하나님으로부터 달아나려는 인간과 그를 찾아오시

하나님의 숨을
기다리며

는 하나님의 숨바꼭질이다. 거듭되는 배신에 하나님은 화를 내시기도 하지만, 차마 자식을 버리지 못하는 부모의 마음으로 뜻을 돌이키곤 하신다. 예언자들의 핵심 메시지도 '여호와께로 돌아오라'는 것이다. '돌아옴'은 달아남 혹은 떠남을 전제로 한다. 사람은 하나님 아닌 다른 것들에 매혹당할 때가 많다. 호세아는 그것을 달콤한 말과 그럴듯한 선물로 꾀는 정부를 따라간 여인에 빗대 말한다.

이스라엘은 앗시리아와 군마와 우상이 자기들을 지켜줄 것이라고 믿었다. 그러나 믿었던 도끼에 발등 찍힌다는 말처럼, 그들은 오히려 이스라엘을 나락으로 이끌 뿐이었다. 쓰라린 경험 끝에 이스라엘은 "고아를 가엾게 여기시는 분은 주님밖에 없습니다"(호세아 14:3)라고 고백한다. 방황의 세월을 뒤로 하고 돌아온 백성을 대견하게 여기시며 주님은 이스라엘 위에 '이슬'처럼 내려 생명이 소생하게 만들고, 폭양을 가리는 '그늘'이 되어 그들을 안전하게 보호해주시겠다고 약속하신다.

소리 없이 내려 초목에 생명을 주는 이슬처럼 하나님은 생명의 보존자이시다. 나리꽃과 레바논의 백향목, 올리브 나무 등은 이슬이 거느리고 있는 이미지이다. 보이지 않아도, 들리지 않아도 하나님은 지금 우리 가운데 계시면서 우리를 위해 생명을 창조하고 계신다. 하나님은 또한 폭양에 지친 나그네가 쉬어갈 수 있는 넉넉한 그늘이시다. 세상에는 그늘을 자처하는 것들이 꽤 많다. 돈이나 군사력이 그 대표적인 예이다. 그러나 그 그늘은 마치 가시나무 그늘과 같아서 그 아래 거하려는 이들은 상처투성이가 될 각오를 해야 한다.

하지만 하나님은 그런 그늘과는 다르다. 이사야는 하나님을 가리켜 "폭풍우를 피할 피난처이시며, 뙤약볕을 막는 그늘"(이사야 25:4)이라고 노래했다. 시편 기자도 "가장 높으신 분의 보호를 받으면서 사는 너는, 전능하신 분의 그늘 아래 머무를 것"(시편 91:1)이라고 노래했다. 살다 보면 삶의 물기가 다 빠진 듯 지칠 때도 있고, 뙤약볕 아래를 걷는 것처럼 힘들 때도 있다. 하지만 하나님이 사랑을 거두신 것은 아니다. 16세기의 스페인 사람 십자가의 성 요한은 이렇게 말한다.

"어린이가 자람에 따라 어머니는 응석을 받아주지 않고 부드러운 애정을 감춘다. 그녀는 자기의 달콤한 젖가슴에 쓰디쓴 노회즙을 바르고 어린이가 아이 버릇을 그만두고 더 크고 더 중요한 일에 습관을 들이도록 아이를 품에서 내려 놓고 제 발로 걷도록 한다"(십자가의 성 요한, 『어둔 밤』 제1권 1,2).

하나님은 때로는 이슬과 그늘로 우리를 돌보시지만, 다른 순간에는 젖가슴에 노회즙蘆薈(백합과의 상록 다년생 식물로 아프리카가 원산지)을 바르는 어머니처럼 우리를 성숙의 길로 인도하시기도 하신다. 지금이야말로 우리가 하나님께로 돌아가야 할 때이다.

하나님, 물기 없는 땅, 그늘 없는 땅을 걸어가는 것처럼 삶이 고달픕니다. 행복은 늘 저만치 떨어진 곳에서 우리에게 어서 오라고 손짓합니다. 허위단심으로 달려가보지만 행복은 신기루처럼 가물거릴 뿐입니다. 욕망 충족을 삶의 우선순위로 삼고 살아온 결과 우리가 거두는 것은 공허함과 고단함입니다. 이제는 전심전력을 다하여 주님께 돌아가려 합니다. 우리 발걸음을 붙잡는 것들이 많지만 뿌리치면서 주님께로 돌아가겠습니다. 우리의 의지가 꺾이지 않도록 힘을 불어넣어주십시오. 그 길 위에서 참된 기쁨과 만나게 해주십시오. 아멘.

남은 불꽃으로

한나가 주님 앞에서 계속 기도를 드리고 있는 동안에, 엘리는 한나의 입술을 지켜보고 있었다. 한나가 마음속으로만 기도를 드리고 있었으므로, 입술만 움직이고 소리는 내지 않았다. 그러므로 엘리는, 한나가 술에 취한 줄로 생각하고, 그를 꾸짖었다. "언제까지 술에 취해 있을 것이오? 포도주를 끊으시오." 한나가 대답하였다. "제사장님, 저는 술에 취한 것이 아닙니다. 포도주나 독한 술을 마신 것이 아닙니다. 다만 슬픈 마음을 가눌 길이 없어서, 저의 마음을 주님 앞에 쏟아 놓았을 뿐입니다. 이종을 나쁜 여자로 여기지 마시기 바랍니다. 너무나도 원통하고 괴로워서, 이처럼 기도를 드리고 있습니다." 그러자 엘리가 말하였다. "그렇다면 평안한 마음으로 돌아가시오. 이스라엘의 하나님이, 그대가 간구한 것을 이루어 주실 것이오." 한나가 대답하였다. "제사장님, 이 종을 좋게 보아 주시기 바랍니다." 한나는 그 길로 가서 음식을 먹었다. 그리고 다시는 얼굴에 슬픈

하나님의 숨을
기다리며

기색을 띠지 않았다(사무엘상 1:12-18).

실로의 제사장 엘리는 매우 모순된 인물이다. 사무엘이 주
님의 소명을 발견하도록 돕는 역할을 잘 감당했지만 자기
집안을 다스리는 일에는 실패한 인물이다. 그의 두 아들 홉
니와 비느하스는 제사장의 특권을 이용하여 사욕을 채우
곤 했다. 사람들이 제물로 바치려고 가져온 것 가운데 가장
좋은 것을 취하였고, 회막 문에서 일하는 여인들과 동침하
는 일까지 서슴치 않았다. 아들들의 악행에 대한 소문을 들
은 엘리가 아들들을 불러 잘못을 꾸짖기는 했지만 이미 나
쁜 습성이 몸에 밴 그들은 돌이킬 줄을 몰랐다. 아들들이 아
버지의 꾸짖음을 듣고도 돌이키지 않았다는 것은 그가 영적
권위를 잃었다는 이야기일 것이다.

성경에서 엘리는 처음부터 노인의 모습으로 그려진다. 아
기를 낳지 못하는 한나가 괴로운 마음으로 하나님 앞에 엎
드려 기도할 때 엘리는 '주님의 성전 문설주 곁에 있는 의자
에 앉아 있었다'(사무엘상 1:9). 나중에 블레셋과의 전투 중에
법궤를 약탈당했고, 홉니와 비느하스도 그 전투 중에 죽었
다는 소식을 들을 때도 그는 '길가 의자에 앉아 있었다'(사무
엘상 4:13). 늙고 비대했던 그는 그 의자에서 고꾸라져서 죽고
말았다. 비극적인 최후이다. 그는 사람들의 삶의 자리에 살

갑게 다가가는 사람이 아니었다.

가족들이 모두 축제의 음식을 먹으며 즐거워하고 있을 때 한나는 홀로 성소에 들어가서 기도를 올렸다. 입을 달싹거리기는 했지만 말이 미처 입 밖으로 빠져나오지 못했다. 한의 깊이를 보여주는 장면이다. 그런데 멀리앉아서 엎드린 여인의 모습을 지켜보던 엘리는 한나가 낮 술에 취한 것이 분명하다고 생각하고는 그를 불러 꾸짖는다.

"언제까지 술에 취해 있을 것이오? 포도주를 끊으시오"(사무엘상 1:14).

멀리서 바라보면서 누군가의 사정을 다 아는 것처럼 생각하는 이들이 많다. 참된 인식은 그들 곁에 다가설 때 비로소 시작되지 않던가.

강단에 서서 학생들을 바라보기만 하는 교사들은 학생들을 모범생과 그렇지 않은 학생들로 분류하곤 한다. 그러나 학생들의 책상 사이로 걸어 들어가기만 해도 학생들이 달리 보이기 시작한다. 학생에 대해 가장 깊이 이해하는 것은 학생들의 삶의 자리로 찾아가 만나는 교사이다. 보이는 대로 판단하는 것처럼 어리석은 일은 또 없을 것이다.

엘리는 자기 자리를 떠날 줄 모르는 사람이었지만 한나의 이야기를 듣고 자기의 판단을 철회하고 여인의 아픔에 공감하고 그를 위해 축복할 줄 아는 사람이었다. 그의 속에

하나님의 숨을
기다리며

는 여전히 제사장으로서의 신적 불꽃이 꺼지지 않고 남아 있었던 것이다. "그렇다면 평안한 마음으로 돌아가시오. 이스라엘의 하나님이, 그대가 간구한 것을 이루어 주실 것이오"(사무엘상 1:17). 그의 속에 있었던 그 불꽃은 한나의 마음에 옮겨 붙었고, 한나의 마음을 사로잡고 있던 어둠은 스러졌다. 한나는 그 이후에 다시는 얼굴에 슬픈 기색을 띠지 않았다.

기도

하나님. 삶이 힘겨울 때마다 내 고통을 이해하고 내 이야기에 경청해주는 사람이 있으면 하고 바랍니다. 그들이 문제를 해결해주지는 못한다 해도 원통한 마음을 털어놓는 것만으로도 우리는 우울의 심연에서 몸을 일으킬 수 있기 때문입니다. 다른 이들의 아픔에 깊이 공감하는 마음이야말로 우리 속에 하나님이 숨겨놓으신 불꽃임을 알았습니다. 어두운 시간을 보내고 있는 이들 곁에 다가서서 꺼져가는 그들의 심지에 불을 옮겨 붙이는 사람이 되고 싶습니다. 우리 속에서 그 불꽃이 꺼지지 않도록 지켜주십시오. 아멘.

좁은 문

> 좁은 문으로 들어가거라. 멸망으로 이끄는 문은 넓고, 그 길이
> 널찍하여서, 그리로 들어가는 사람이 많다. 생명으로 이끄는 문
> 은 너무나도 좁고, 그 길이 비좁아서, 그것을 찾는 사람이 적다
> (마태복음 7:13-14).

예수님은 제자들에게 "좁은 문으로 들어가라"고 권고하신
다. 멸망으로 인도하는 문은 넓고, 그 길이 널찍하여서, 그
리로 들어가는 사람이 많다. 넓은 문은 사람들에게 잘 알려
진 길, 자명한 길, 익숙한 길이다. 그 길은 바로 율법학자들
과 바리새파 사람들이 가르치는 길이다. 613조의 율법 조문
을 지키는 것으로 하나님의 뜻을 수행한다고 믿는 길 말이
다. 하지만 예수님은 좁은 길, 그러니까 그 시대 사람들에게
낯선 길을 제시한다. 그것은 철저한 자기 변화의 길, 하나님
의 마음과 깊은 일치를 이루는 길, 섬김의 길, 남을 위해 자

기를 희생하는 길, 한 알의 밀알처럼 썩어짐으로 생명을 풍성하게 하는 길이다. 그 길은 더 높은 곳으로 인도하는 길이 아니라 저 낮은 곳으로 인도하는 길이다.

차정식 박사는 좁은 길과 관련하여 흥미로운 관점을 제시한다. 그는 예수님이 '좁은 문으로 들어가라' 하신 것은 서민들의 일상적 경험을 반영한 것이 아닌가 추측한다. "집과 집 사이로 이어진 길, 그리고 동네와 동네 사이를 연결해 주는 들판과 언덕의 길 역시 사람 한두 명 지나다니고 작은 수레 하나 통과할 정도의 좁은 길이 대부분이었다"(차정식, 『거꾸로 읽는 신약성서』, 342쪽)는 것이다. 물론 넓은 길도 있었다. 마차가 다닐 수 있도록 포장한 대로, 즉 공공 도로, 집정관 도로, 근위대 도로, 군용 도로가 여기에 해당된다. "마차나 수레를 타고 이런 튼튼하고 넓은 길을 따라가다 만나는 대표적인 집이 왕궁, 관공서, 부유층의 대저택들이었다. 그리로 들어가는 대문은 당연히 크고 웅장했다"(같은 책, 343쪽). 사람들은 줄을 대서라도 그 길을 거쳐 그런 집에 드나들고 싶어 했을 것이다. 하지만 주님은 그 길의 끝에는 멸망이 있다고 말씀하신다.

이렇게 보면 좁은 문으로 들어가라는 말은 아픔의 자리, 눈물과 애환이 있는 자리, 겨자풀처럼 보잘 것 없는 이들이 연대하여 삶의 신산스러움을 이겨내는 삶의 자리로 들어가라는 말이 된다. 그것이 제자들이 걸어야 할 길이라는 것이다. 사람들에게 매력적으로 보이는 길, 즉 넓은 길은 오히려 덫이 되어 사람들을 사로잡아 자유를 빼앗는다. 세상은 현대사회의 우상인 성공을 가리켜 보이며 우리에게 넓은 길로 가라고 말한다. 하지만 예수님은 그 길의 끝에 도사리고 있는 것이 멸망임을 훤히 내다보고 계셨다.

누구를 대하든 그를 아끼고 존중하고 사랑하고 보살피려는 마음이 우리 속에서 솟아나올 때 우리는 생명의 길 위에 있다 할 수 있다. 우리들이 맺는 모든 관계 속에서 하나님의 나라와 그의 의를 구하는 것, 바로 그것이 아름다운 삶의 비결이다. 삼위일체는 사랑의 어울림이 우주의 근본임을 보여 준다. 성부 성자 성령께서 깊은 신뢰와 사랑 속에서 일치를 이룬 것처럼, 우리 또한 어우렁더우렁 어울리며 살아감으로 하늘이 예비한 기쁨을 한껏 누릴 수 있으면 좋겠다.

하나님의 숨을
기다리며

하나님, 편안하고 안락한 삶에 길들여진 우리는 조금의 불편조차 감내하려 하지 않습니다. 풍요로움이 주는 쾌적함을 구하는 것은 인간의 본능입니다. 구질구질한 삶을 면해보려고 우리는 안간힘을 다합니다. 그러는 동안 우리는 존재의 따스함을 잃고 무정한 사람이 되었습니다. 물질적으로는 풍요롭지만 동료 인간들의 아픔에는 무감각한 이들이 거리를 채우고 있습니다. 주님, 좁은 문으로 들어갈 용기를 허락해 주십시오. 홀로 만족하는 사람이 아니라 더불어 행복한 삶을 추구하도록 우리 속에 주님의 영을 불어넣어주십시오. 아멘.

존재의 집을 짓는 우리

"그러므로 내 말을 듣고 그대로 행하는 사람은, 반석 위에다 자기 집을 지은, 슬기로운 사람과 같다고 할 것이다. 비가 내리고, 홍수가 나고, 바람이 불어서, 그 집에 들이쳤지만, 무너지지 않았다. 그 집을 반석 위에 세웠기 때문이다. 그러나 나의 이 말을 듣고서도 그대로 행하지 않는 사람은, 모래 위에 자기 집을 지은, 어리석은 사람과 같다고 할 것이다. 비가 내리고, 홍수가 나고, 바람이 불어서, 그 집에 들이치니, 무너졌다. 그리고 그 무너짐이 엄청났다." 예수께서 이 말씀을 마치시니, 무리가 그의 가르침에 놀랐다. 예수께서는 그들의 율법학자들과는 달리, 권위 있게 가르치셨기 때문이다(마태복음 7:24-29).

산상수훈의 결론에 해당하는 본문이다. 두 사람이 예시되고 있다. 하나는 반석 위에 집을 지은 사람이고, 다른 하나는 모래 위에 자기 집을 지은 사람이다. 주님의 말씀을 듣고 그대로 행하는지 여부가 그 둘을 가르는 기준이다. 물론 이것은 건축 공학에 대한 가르침이 아니라 존재의 집을 짓는 우리 삶에 대한 이야기이다. 반석 위에 집을 짓는 사람은 좀 손해가 나더라도, 사람들에게 어리석다 손가락질을 당하더라도 주님의 가르침대로 살아보려고 애쓰는 사람이다. 계산하지 않고, 대가를 바라지 않고, 바람이 분다고 휘뚝거리지 않고 묵묵히 걸어가는 사람이다.

화창한 날만 계속된다면 모래 위에 세운 집도 어연번듯해 보인다. 하지만 둘 사이의 차이가 드러나는 순간이 찾아온다. 그 상황을 설명하기 위해 25절과 27절은 동사 네 가지를 사용한다. '비가 내리다', '홍수가 나다', '바람이 불다', '그 집에 들이치다.' 두 사람이 처한 상황은 똑같지만 결과는 천양지차이다. 25절은 '무너지지 않았다'라고 말한 후 "그 집을 반석 위에 세웠기 때문"이라고 말한다. 반면 모래 위에 세운 집의 운명을 설명하는 27절은 '무너졌다'고 말한다. 이 구절이 25절과 대구를 이루기 위해서는 "그 집을 모래 위에 세웠기 때문"이라는 구절이 나와야 한다. 하지만 본문은 그 구절을 과감히 포기하고 그 자리에 더 충격적인 표현을 채워 넣고 있다. "그리고 그 무너짐이 엄청났다." 텍스트를 읽는 이들은 이 대목에서 심리적 타격을 받게 된다.

우리 삶의 공력이 드러나는 날은 반드시 온다. 예기치 않은 시련은 우리가 어떤 사람인지를 보여주는 시금석이다. 에버하르트 베트게가 쓴 디트리히 본회퍼의 전기는 히틀러 치하의 독일 교회가 어떻게 타락의 길을 걸었는지를 잘 보여준다. 히틀러는 종교인들을 어떻게 다루어야 할지 잘 알았다. 그는 근기가 약한 목사들을 특권적 자리에 올려놓았다. 그러자 그들은 히틀러가 원하는 말만 했다. 권력에 길들여지는 순간 그들은 '주'(퀴리오스)를 바꾼 것이다. 일말의 양심이라도 남아 있어서 그래도 믿음을 지키려고 애쓰는 이들도 있었다. 하지만 많은 이들이 결국에는 히틀러에게 굴복하고 말았다. 국가가 그들의 생활비를 끊어버리자 목사들은 슬그머니 히틀러가 요구하는 대로 말하기 시작했다.

한편 끝내 길들여지기를 거부했던 이들은 결국 죽음의 벼랑으로 내몰리고 말았다. 죽음으로 모든 것이 끝이라고 생각하는 사람이라면 본회퍼 류의 사람들의 최후는 비극이다. 하지만 영원한 생명을 내다보는 이들에게는 그것이야말로 더 큰 생명을 향한 투신이었다. 그들은 실패자처럼 보이지만 사실은 승리자들이다. 그들은 비와 홍수와 바람이 몰아치던 그 위기의 순간에도 무너지지 않았다. 양심의 자유를 지켰다. 반석 위에 집을 짓는다는 것은 바로 이런 삶을 능동적으로 선택한다는 것을 의미한다.

하나님의 숨을

기다리며

하나님, 욕망의 전장으로 변해버린 세상에 사느라 우리는 지쳤습니다. 우리보다 앞서가는 이들을 바라보노라면 삶의 비애가 우리를 사로잡습니다. '내가 이렇게 무능한가' 하는 자책감에 시달리기도 합니다. 그래서 그들 뒤를 숨가쁘게 따라갑니다. 앞만 보고 달리느라 하늘을 보지 못합니다. 이웃들에게 눈길도 주지 않습니다. 이것이 영혼의 전락임을 이제야 알았습니다. 주님, 모래 위에 집을 짓는 어리석은 사람이 되고 싶지 않습니다. 이제라도 주님의 말씀 위에 인생의 집을 짓고 싶습니다. 반석 위에 집을 짓는 이의 가멸찬 기쁨을 맛보게 해주십시오. 아멘.

모든 악의 뿌리

3월 19일

자족할 줄 아는 사람에게는, 경건은 큰 이득을 줍니다. 우리는 아무것도 세상에 가지고 오지 않았으므로, 아무것도 가지고 떠나갈 수 없습니다. 우리는 먹을 것과 입을 것이 있으면, 그것으로 만족해야 할 것입니다. 그러나 부자가 되기를 원하는 사람은, 유혹과 올무와 여러 가지 어리석고도 해로운 욕심에 떨어집니다. 이런 것들은 사람을 파멸과 멸망에 빠뜨립니다. 돈을 사랑하는 것이 모든 악의 뿌리입니다. 돈을 좇다가, 믿음에서 떠나 헤매기도 하고, 많은 고통을 겪기도 한 사람이 더러 있습니다(디모데전서 6:6-10).

자본주의는 사람이 아니라 돈이 모든 가치의 중심으로 추앙받는 시스템이다. 공의보다는 이익이, 배려보다는 효율이, 깊은 사고보다는 욕망이 사람들의 마음을 사로잡는다. 자본주의는 욕망을 확대 재생산함을 통해 유지되기에 당대에 가

하나님의 숨을

기다리며

장 잘 나가는 스타들을 동원해 상품의 매력을 전염시키려
한다. 사람들은 사회적 위신을 위해서 기꺼이 '기호'를 소비
한다. 과도한 소비는 빚으로 이어지고, 빚을 갚기 위해 자기
를 착취한다. 악순환이다.

　돈과 욕망이 지배하는 세상이 제일 미워하는 사람은 자
족할 줄 아는 사람이다. 가진 것이 변변치 않은 데도 당당한
사람을 보면 화를 내기도 한다. 그들을 게으르고 무능하다
고 낙인 찍거나 그렇게 살면 안 된다고 충고하기도 한다. 예
수님은 "사람이 빵으로만 살 것이 아니라 하나님의 입에서
나오는 모든 말씀으로 살 것"(마태복음 4:4)이라고 말했다. 빵
의 문제가 사소하다고 말한 것이 아니다. 밥의 문제를 잘 해
결하는 것은 정말 중요하다. 오죽하면 제자들에게 기도를
가르치시면서 '오늘 우리에게 일용할 양식을 주십시오'라고
기도하라 이르셨겠는가.

　하지만 밥의 문제에만 붙들려 사는 것은 생을 낭비하는
것이다. 인간이 인간인 바에야 '하나님의 말씀' 혹은 '하나
님의 뜻'을 어떻게 수행하며 살 것인가도 심각하게 물어야
한다. 지금 우리 삶이 빈곤한 까닭은 물질이 부족해서가 아
니라 뜻이 부족해서이다. 물기가 배면 화약이 터지지 않는
것처럼 욕망의 물기가 밴 영혼은 크게 폭발하지 못한다.

　한국교회는 70년대와 80년대에 '번영의 신학'을 통해 성

장했다. 예수를 잘 믿으면 물질의 복과 건강의 복과 영혼 평안의 복을 받는다는 말에 사람들은 열광했다. 하지만 사람들이 바라던 그것은 진짜 복의 그림자에 지나지 않는다. 진짜 복은 '하나님 자신'이다. 하나님의 뜻에 따라 삶을 조율하고, 그 뜻을 이루기 위해 자신을 바치며 사는 것이 복이라는 말이다. 나머지 것은 그런 삶의 결과이다. 하지만 우리는 본과 말을 뒤집었다. 하나님의 뜻은 내팽개치고 복에만 매달렸다. 경건을 이익의 도구로 바꾼 결과 오늘의 교회는 세상의 빛과 소금이 되지 못하고 오히려 추문거리가 되고 말았다.

"그러나 부자가 되기를 원하는 사람은, 유혹과 올무와 여러 가지 어리석고도 해로운 욕심에 떨어집니다. 이런 것들은 사람을 파멸과 멸망에 빠뜨립니다"(디모데전서 6:9).

이건 경고의 나팔소리이다. 부자가 되려는 마음이야말로 사탄이 틈타기 좋은 마음이다. 그에게 이웃은 사랑하고 돌보고 삶을 함께 경축해야 할 길벗이 아니라, 이용해야 할 수단이기 때문이다. "돈을 사랑하는 것이 모든 악의 뿌리"라는 가르침은 간결하지만 통렬하다.

하나님의 숨을
기다리며

하나님, 가끔은 돈이 많았으면 좋겠다는 생각이 들 때가 있습니다. 도와야 할 사람이 많고, 해야 할 일도 많기 때문입니다. 그러나 그런 생각이 부질 없다는 사실을 잘 압니다. 주님은 가진 것이 아무 것도 없으셨지만 모든 사람에게 당신 자신을 선물로 주셨습니다. 그 선물을 받은 이들은 누구나 다 아름다운 사람으로 깨어났습니다. 우리는 자신을 내줄 생각이 없기에 모든 일을 돈으로 해결하려 합니다. 이제는 이런 삶에서 돌이키고 싶습니다. 이웃들에게 우리 자신을 선물로 내줄 수 있는 선하고 따뜻한 마음을 허락하여 주십시오. 아멘.

집요한 요구

예수께서 제자들에게, 늘 기도하고 낙심하지 말아야 한다는 뜻으로 비유를 하나 말씀하셨다. "어느 고을에, 하나님도 두려워하지 않고, 사람도 존중하지 않는, 한 재판관이 있었다. 그 고을에 과부가 한 사람 있었는데, 그는 그 재판관에게 줄곧 찾아가서, '내 적대자에게서 내 권리를 찾아 주십시오' 하고 졸랐다. 그 재판관은 한동안 들어주려고 하지 않다가, 얼마 뒤에 이렇게 혼자 말하였다. '내가 정말 하나님도 두려워하지 않고, 사람도 존중하지 않지만, 이 과부가 나를 이렇게 귀찮게 하니, 그의 권리를 찾아 주어야 하겠다. 그렇게 하지 않으면, 그가 자꾸만 찾아와서 나를 못 견디게 할 것이다.'" 주님께서 말씀하셨다. "너희는 이 불의한 재판관이 하는 말을 귀담아 들어라. 하나님께서 자기에게 밤낮으로 부르짖는, 택하신 백성의 권리를 찾아주시지 않으시고, 모른 체하고 오래 그들을 내버려 두시겠느냐? 내가 너희에게 말한다. 하나님께서는 얼른 그들의 권리

하나님의 숨을

기다리며

이 비유에는 두 사람이 등장한다. 한편에는 하나님도 두려
워하지 않고 사람도 존중하지 않는 재판관이 있고 다른 편
에는 사회적 약자의 대명사인 과부가 있다. 둘은 사회적 지
위 뿐만 아니라 성격도 아주 다르다. 재판관은 다른 이들의
아픔 따위는 아랑곳하지 않는 오만한 사람이다. 그런데 과
부는 자기의 처지를 체념적으로 받아들이는 사람이 아니라
그릇된 것을 바로잡고자 노력하는 사람이다.

그리스 철학자인 헤라클레이토스는 "인간의 성격이 그의
운명"이라고 말했다. 어려운 문제를 만나면 대범하게 돌파
하는 사람도 있지만, 그 문제에 짓눌리는 이들도 있다. 물론
성격에는 옳고 그름이 없다. 내향적인 사람도 있고 외향적
인 사람도 있다. 내향적인 사람에게 너는 왜 내향적이냐고
책망해서도 안 되고, 외향적인 사람에게 너무 외향적이라고
탓해서도 안 된다.

인간의 운명을 결정하는 또 다른 요인은 그가 서있는 자
리이다. 서있는 자리가 다르면 똑같은 현실도 달리 보인다.
누군가를 이해하기 위해서는 자리를 바꿔보지 않으면 안 되
는 것은 그 때문이다. 자기 자리를 고수하면서 남을 이해한

다고 말하는 것은 오만에 지나지 않는다. 재판관과 과부는 서 있는 자리가 다르기에 세상을 바라보는 방식도 다르다.

과부가 재판관에게 요구하는 내용은 간단하다.

"내 적대자에게서 내 권리를 찾아 주십시오"(누가복음 18:3).

적대자^{antidikos}는 소송 상대자를 가리킨다. 그러니까 과부는 비유에는 등장하지 않는 누군가로부터 권리를 침해 받았거나 재산상의 손실을 입었다고 주장하고 있다. 여인은 재판관에게 사안을 잘 살펴 시시비비를 가려내 짓밟힌 정의를 바로 세우고, 빼앗긴 권리를 회복해달라고 청하고 있다. 재판관은 처음에는 들은 척도 하지 않았다. 하지만 여인은 집요했다. 몇 번 무시당하거나 거절당하면 포기하고 체념할 법도 하건만 여인은 낙심하지 않았다. 그 집요하고 완강한 모습에 질렸는지 재판관의 태도가 달라진다.

"이 과부가 나를 이렇게 귀찮게 하니, 그의 권리를 찾아 주어야 하겠다. 그렇게 하지 않으면, 그가 자꾸만 찾아와서 나를 못 견디게 할 것이다"(누가복음 18:5).

재판관을 움직인 것은 정의에 대한 관심이 아니라 자기 자신의 안위이다. 여기서 '귀찮게 하다'라고 번역된 헬라어 단어 휘포피아조^{hypopiazo}는 두 가지 뜻으로 쓰인다. 첫째는 '눈 밑을 때리다, 얼굴을 치다'는 뜻으로 물리적인 폭행을 가리킨다. 둘째는 '괴롭히다, 귀찮게 하다'는 뜻으로 심적인 괴로움을 주는 것을 가리킨다. 여인이 재판관을 때렸을 리는 만무하니 이 경우에는 성가시게 한다는 뜻으로 새기는 게 옳겠다. 그 여인의 존재 자체가 재판관에게 부담이 되었다. 자신의 평판에 영향을 줄 수 있었기 때문이다. 결국 여인은 잃어버렸던 자기의 권한을 되찾았다. 세상을 바꾸는 것은 이처럼 자기 권리를 집요하게 요구할 줄 아는 약자들이다.

기도

하나님. 우리는 어려운 일을 만날 때마다 누군가를 원망합니다. 강고한 질서에 틈을 내는 일은 아예 불가능한 일이라고 치부하기도 합니다. 그러나 주님은 '기도하고 낙심하지 말아야 한다'고 말씀하십니다. 곰곰이 생각하니 이것은 둘이 아니라 하나입니다. 어떠한 악조건 속에서도 기도하는 것이 낙심하지 않는 비결이고, 낙심하지 않는 삶의 자세야말로 기도이니 말입니다. 주님, 이제부터 지레 겁을 먹고 불의를 용인하지 않겠습니다. 정당한 권리를 되찾는 것이 곧 이 땅에 정의를 세우는 일이기 때문입니다. 현실의 벽에 부딪혀 낙심하지 않도록 우리를 지켜주십시오. 아멘.

베들레헴의 우물물

수확을 시작할 때에, 블레셋 군대가 르바임 평원에 진을 치니, 삼십인 특별부대 소속인 이 세 용사가 아둘람 동굴로 다윗을 찾아갔다. 그 때에 다윗은 산성 요새에 있었고, 블레셋 군대의 진은 베들레헴에 있었다. 다윗이 간절하게 소원을 말하였다. "누가 베들레헴 성문 곁에 있는 우물물을 나에게 길어다 주어, 내가 마실 수 있도록 해주겠느냐?" 그러자 그 세 용사가 블레셋 진을 뚫고 나가, 베들레헴의 성문 곁에 있는 우물물을 길어 가지고 와서 다윗에게 바쳤다. 그러나 다윗은 그 물을 마시지 않고, 길어 온 물을 주님께 부어 드리고 나서, 이렇게 말씀드렸다. "주님, 이 물을 제가 어찌 감히 마시겠습니까! 이것은, 목숨을 걸고 다녀온 세 용사의 피가 아닙니까!" 그러면서 그는 물을 마시지 않았다. 이 세 용사가 바로 이런 일을 하였다(사무엘하 23:13-17).

하나님의 숨을

기다리며

다윗이 블레셋과의 전투에 나선 것을 보면 아직 그가 절대 왕권을 수립하기 이전임을 알 수 있다. 수확철은 언제나 전쟁의 시기였다. 수확물을 빼앗기 위한 싸움이 벌어지곤 했기 때문이다. 철병거로 무장한 블레셋이 베들레헴에 진을 치고 있었다. 다윗은 적의 수중에 떨어진 고향이 그리워서 혼잣소리처럼 말한다. "누가 베들레헴 성문 곁에 있는 우물물을 나에게 길어다 주어, 내가 마실 수 있도록 해주겠느냐?" 하지만 삼십인 특별 부대에 속한 이들 가운데 세 명의 장수는 다윗의 그런 탄식을 명령으로 받아들였다. 그들은 블레셋 진을 뚫고 나가 베들레헴 성문 곁에 있는 우물물을 길어 가지고 와서 다윗에게 바친다.

보기 드문 충성이고 용기이다. 죽기로 작정하지 않고는 할 수 없는 일이다. 그들이 그럴 수 있었던 것은 다윗을 통해 그들이 새 삶을 얻었기 때문일 것이다. 성경은 그들이 사울에게 쫓겨 '아둘람 동굴'에 피신하고 있던 다윗을 찾아갔다고 말한다. 사울은 왕으로 기름부름을 받았던 때의 첫 마음을 잃은 채 전제왕권을 수립하기 위해 총력을 기울이고 있었고, 다윗은 잠재적인 적으로 분류되어 쫓기는 신세가 되었던 것이다. 그가 아둘람 굴에 머물고 있다는 소문이 퍼지자 "압제를 받는 사람들과 빚에 시달리는 사람들과 원통하고 억울한 일을 당한 사람들"(사무엘상 22:2)이 모두 다윗에게 몰려왔다. 다윗은 어려움에 처해 있던 그들을 세심한 사랑으로 돌보아 주었다. '뿌리 뽑힘'이라는 공통점 때문에 그들은 서로를 더 깊이 이해하고 연대할 수 있었다. 세 장수는 자기들에게 삶의 의미를 되찾게 해준 다윗을 위해서라면 못할 일이 없었다.

그러나 다윗은 휘하 장수들이 떠온 물을 차마 마실 수 없었다. 그 물은 그들의 피와 생명이었기 때문이다. 물 한 잔의 유혹 때문에 부하들을 잃어버릴 수도 있었다는 생각이 들자 다윗은 아뜩해졌다. 다윗은 그 물을 주님께 부어드리면서 말한다.

"주님, 이 물을 제가 어찌 감히 마시겠습니까! 이것은, 목숨을 걸고 다녀온 세 용사의 피가 아닙니까!"(사무엘하 23:17)

여기서 우리 눈길을 사로잡는 것은 '제가 어찌 감히'라는 구절이다. 바로 이 마음이 다윗을 다윗 되게 한 마음이다. 그는 부하들의 헌신을 당연한 것으로 여기지 않았다. 다윗이 물을 땅에 부어 주님께 바치는 순간, 그 장수들의 가슴에 감동이 찾아들었을 것이다. '아, 우리를 이렇게도 아끼시는구나!' 그들을 묶었던 연대의 끈이 더욱 튼실해졌을 것이다.

사무엘서 기자가 다윗에 대한 이야기를 마감하면서 오늘의 본문을 삽입한 것은 왕이 어떠해야 하는지를 일깨우기 위함이 아닐까? '생명에는 경중이 없다.' '모두의 생명이 소

하나님의 숨을

기다리며

중하다.' '생명을 아끼는 것이야말로 지도자의 가장 큰 덕목이다.' 물을 주님께 부어드림으로 다윗은 해갈보다 더 소중한 것을 얻었다.

기도

하나님, 삶이 고달플 때마다 사람들은 마음 둘 곳을 알지 못해 방황합니다. 그곳에 가면 스산했던 마음이 따뜻해지고, 삶의 원기가 회복되는 곳 말입니다. 전장을 떠돌며 살아야 했던 다윗의 마음을 알 수 있을 것 같습니다. 베들레헴에 있는 우물물을 마시고 싶었던 것은 그의 속에 깃든 외로움 때문이었을 겁니다. 그러나 부하들의 헌신을 통해 다윗은 자기 본분을 확연히 깨닫게 되었습니다. 우리 마음이 한정 없이 방황할 때, 주님, 우리 마음을 원위치로 되돌려줄 벗들을 허락하여 주십시오. 아멘.

좁은 문으로 들어가라는 말은 아픔의 자리, 눈물과 애환이 있는 자리, 겨자 풀처럼 보잘 것 없는 이들이 연대하여 삶의 신산스러움을 이겨내는 삶의 자리로 들어가라는 말이다. 사람들에게 매력적으로 보이는 길, 즉 넓은 길은 오히려 덫이 되어 사람들을 사로잡아 자유를 빼앗는다.

Monday 〰〰

Tuesday 〰〰

Wednesday 〰〰

하나님의 숨을
기다리며

Thursday ~~~~~

Friday ~~~~~

Saturday ~~~~~

Sunday ~~~~~

하와의 복권

남자에게는 이렇게 말씀하셨다. "네가 아내의 말을 듣고서, 내가 너에게 먹지 말라고 한 그 나무의 열매를 먹었으니, 이제, 땅이 너 때문에 저주를 받을 것이다. 너는, 죽는 날까지 수고를 하여야만, 땅에서 나는 것을 먹을 수 있을 것이다. 땅은 너에게 가시덤불과 엉겅퀴를 낼 것이다. 너는 들에서 자라는 푸성귀를 먹을 것이다. 너는 흙에서 나왔으니, 흙으로 돌아갈 것이다. 그때까지, 너는 얼굴에 땀을 흘려야 낟알을 먹을 수 있을 것이다. 너는 흙이니, 흙으로 돌아갈 것이다." 아담은 자기 아내의 이름을 하와라고 하였다. 그가 생명이 있는 모든 것의 어머니이기 때문이다. 주 하나님이 가죽옷을 만들어서, 아담과 그의 아내에게 입혀 주셨다(창세기 3:17-21).

성경에서 제일 억울한 사람 가운데 하나가 하와이다. 하와의 이름은 언제나 '선악과', '타락', '유혹'과 결부되곤 한다.

하나님의 숨을

기다리며

순진한 아담을 꾀어 하나님의 금지 명령을 위반하도록 했다는 혐의를 받고 있다. 종교학자들은 유혹과 하와를 연결시키는 것은 여성이 갖고 있는 신비한 매력에 대한 남성들의 공포 때문이라고도 말한다. 정말 그러한가? 하와는 히브리어로 '생명'이란 뜻의 하야hajja에서 유래된 단어(라틴어 Eva)로서 '모든 생명체의 어머니'라는 뜻이다. 어떤 학자는 그 이름이 고대 히타이트 족의 천둥신의 아내인 헤바Heba와 연결될 수도 있다고 말한다.

창세기 기자는 하와에게 '모든 생명체의 어머니'라는 영예스러운 호칭을 부여하고 있다. 타락 이야기에 익숙한 사람들이 상상하기 어려운 반전이 아닐 수 없다. 지금은 '하와'가 복권되어야 하는 시대이다. 아담이 인류의 첫 사람인 동시에 우리 모두를 의미하듯이, 하와는 생명을 북돋고 살리기 위해 수고를 아끼지 않는 모든 사람의 이름이다. 하와는 '여성적 원리'를 드러낸다. 남성들이 주도해 온 세상은 지배, 정복, 경쟁의 원리에 바탕을 두고 있다. 긴장과 의구심을 거둘 수 없다. 그런 세상에서 평화의 열매를 거두기란 여간 어려운 것이 아니다.

하지만 여성들의 문화는 배려, 공감, 보살핌, 양육, 협동의 원리 위에 세워진다. 여성들을 그런 역할에 고정시키기 위해 하는 말이 아니다. 여성들은 계급적으로 위/아래를 나누는 일에 목숨을 걸지 않는다. 생명을 잉태하고, 출산하고, 돌보는 일은 자비의 심성이 없이는 할 수 없는 일이다. 그렇기에 여성들은 하나님의 마음에 훨씬 가깝다.

나희덕 시인은 아기를 낳은 후 젖몸살을 심하게 앓았던 이야기를 시로 형상화했다. 40도를 오르내리는 열과 수시로 찾아드는 오한 속에서 밤을 보내야 했는데, 어머니가 곁에서 밤새 뜨거운 찜질로 젖망울을 풀어주려고 굳었던 가슴을 쓸어주시며 기도하시더라는 것이다. 어머니의 땀이 시인의 가슴을 흔들어 깨웠고, 가슴 가장 깊은 곳에 있던 뭔가가 솟구쳤다. 그것은 바로 어머니였다. 어머니의 사랑이 딸의 가슴에 잠들어 있던 '어머니성'을 불러낸 것이다('해빙')

이런 기적은 여성이 아니면 경험할 수 없는 신비이다. 생명을 키우는 일은 홀로는 할 수 없기에 여성들은 다른 이들과 협력하는 데도 익숙하다. 낯선 사람들을 만나도 얼마 지나지 않아 스스럼없이 어울리고 이야기를 나눈다. 그리스도인이라면 다른 의미의 '하와' 즉 '모든 생명의 어머니'가 되어야 한다. "나는, 양들이 생명을 얻고 또 더 넘치게 얻게 하려고 왔다"(요한복음 10:10b)고 하신 예수님의 마음과 하와의 마음이 아름답게 조응하고 있다.

하나님의 숨을
기다리며

기도

하나님, 평화로운 세상을 꿈꾸지만 우리는 늘 불안 속에서 살아갑니다. 유동하는 공포가 삶의 구석구석을 채우고 있습니다. 거리에서 마주치는 사람들은 언제라도 화를 낼 준비를 하고 있는 것처럼 보입니다. 친절하고 따뜻한 얼굴과 만나면 마치 선물이라도 받은 것처럼 행복해집니다. 주님, 우리 속에서 숨죽이고 있는 '하와'를 깨워주십시오. 생명을 풍성하게 하는 일이 곧 하나님에 대한 예배임을 잊지 않게 해주십시오. 오늘도 마주치는 모든 사람들을 하나님의 형상으로 대하도록 우리 마음을 하늘빛으로 채워주십시오. 아멘.

우리가 자랑해야 할 것

나 주가 말한다. 지혜 있는 사람은 자기의 지혜를 자랑하지 말아라. 용사는 자기의 힘을 자랑하지 말아라. 부자는 자기의 재산을 자랑하지 말아라. 오직 자랑하고 싶은 사람은, 이것을 자랑하여라. 나를 아는 것과, 나 주가 긍휼과 공평과 공의를 세상에 실현하는 하나님인 것과, 내가 이런 일 하기를 좋아한다는 것을, 깨달아 알 만한 지혜를 가지게 되었음을, 자랑하여라. 나 주의 말이다(예레미야 9:23-24).

예레미야는 멸망이 목전에 닥쳐왔는데도 허망한 자랑에 빠진 이들에게 "지혜 있는 사람은 자기의 지혜를 자랑하지 말아라. 용사는 자기의 힘을 자랑하지 말아라. 부자는 자기의 재산을 자랑하지 말"(예레미야 9:23)라고 충고한다. 겸허함을 모르는 '지혜'는 다른 이들을 훈육의 대상으로 바라보고, '힘'은 자기의 의지를 타자들에게 강제하고픈 욕망으로 이

하나님의 숨을
기다리며

어지고, '재산'은 과시적인 소비의 욕망을 부추긴다.

자랑하는 마음의 뿌리에는 열등감이 있다. 그들은 다른 이들의 칭찬이나 인정을 통해 자기 정체성을 확인받고 싶어 한다. 지혜와 힘과 재산은 그들이 중요한 사람임을 입증해주는 전리품이나 마찬가지이다. 반면 내면이 충실한 이들은 굳이 다른 이들 앞에서 자신을 과시적으로 내보이려 하지 않는다. 프랑스 사상가인 르네 지라르는 인간의 욕망은 실체가 있는 것이 아니라 언제나 매개되어 있다고 말했다. 무엇을 가지고 싶다, 무엇을 하고 싶다, 무엇이 되고 싶다고 말할 때 그 마음의 뿌리에는 그것을 이미 누리고 있는 이들에 대한 선망의 감정이 작용하고 있다는 것이다. 선망의 감정이 지배할 때 우리는 부자유 속에 살 수밖에 없다.

믿음의 사람들은 세인들이 선망의 대상으로 바라보는 이들의 삶을 모방하지 않는다. 그들이 모방하려는 것은 하나님의 마음이다. 예레미야는 우리가 삶을 통해 경험하는 하나님의 모습을 긍휼, 공평, 공의라는 세 단어로 요약하고 있다. 긍휼은 몸으로 표현되는 사랑 혹은 사랑으로 가득 찬 친절함이고, 공평은 회복적 정의를 가리킨다. 공의는 사사로운 감정에 흔들리지 않는 견결한 태도이다. 하나님은 엄중하신 동시에 부드럽고, 상처 입은 세상과 사람을 치유하고 회복시키시는 일에 전력을 기울이신다. 우리가 자랑해야 할 것은 이것뿐이다.

모제스 마이모니데스Moses Maimonides는 중세 최고의 철학자이자 랍비였다. 그는 『당황하는 이들을 위한 지침The Guide for the Perplexe』이라는 책에서 하나님의 존재, 인간 인식의 한계, 악의 문제 등을 다뤘다. 주제가 어려운 만큼, 내용도 어렵다.

책의 말미에 그는 자기의 가르침을 요약하는 성경구절을 인용한다. 그게 바로 예레미야 9장이다. 고도의 지적인 사색을 거쳐 소박하기 이를 데 없는 결론에 이른 것이다. 그 책을 쓴 후 그의 삶은 크게 달라졌다. 그는 우리가 하나님을 다 알 수는 없지만 하나님처럼 행동할 수는 있다고 믿었고, 인간의 지혜는 하늘을 향한 발돋움이지만 결국 그것은 땅에서 바로 살기 위한 것이라고 생각했다. 그는 의학을 공부해 병든 이들을 고쳐 주었고, 고민에 빠진 사람들의 이야기를 들어주고 또 해결책을 제시했다. 또 사람들과 함께 공부하고 기도하는 것을 즐겼다. 그는 머리가 아니라 몸으로 사는 길을 택했던 것이다.

하나님의 숨을

기다리며

하나님, '타인의 시선이 나를 타락시킨다'는 사르트르의 말이 참 적실하게 다가옵니다. 우리는 하나님의 눈을 의식하며 살기보다는 사람들의 눈을 의식하며 살 때가 많습니다. 그래서 가끔은 위선적인 태도를 보이고, 가식적인 미소를 짓기도 합니다. 세상에 적응하느라 지쳤습니다. 속이 텅 비어버린 것 같습니다. 헛된 자랑거리를 추구하던 삶에서 돌이키고 싶습니다. 긍휼과 공평과 공의로 드러나는 하나님의 마음과 접속하기 위해 부단히 노력하겠습니다. 주님, 우리를 버리지 말아주십시오. 아멘.

소나 나귀를 매개로 하여

3월 24일

> 너희는 원수의 소나 나귀가 길을 잃고 헤매는 것을 보거든, 반
> 드시 그것을 임자에게 돌려주어야 한다. 너희가 너희를 미워하
> 는 사람의 나귀가 짐에 눌려서 쓰러진 것을 보거든, 그것을 그
> 대로 내버려 두지 말고, 반드시 임자가 나귀를 일으켜 세우는
> 것을 도와주어야 한다(출애굽기 23:4-5).

성정이 다르고 지향이 다른 이들과 함께 산다는 것은 고단
한 일이다. 평화롭게 공존할 수 있으면 좋겠지만 사소한 차
이가 관계를 어렵게 만들곤 한다. 욕정을 품고 사는 사람들
사이에 갈등이 없을 수 없다. 문제는 갈등이 '함께 함'에 대
한 회의를 일으킨다는 것이다. 갈등이 생길 때마다 다른 이
들과 등을 돌리고 살 수는 없는 노릇이다. 그렇기에 화해의
연습이 필요하다.

토라는 화해를 가르치기 위해 구체적인 상황 하나를 제

시한다. 소나 나귀가 길을 잃고 헤매고 있다. 자칫 잘못하면 들짐승의 먹이가 될 수도 있는 상황이었다. 그 짐승이 잘 아는 사람이나 가까운 이들의 소유라면 우리는 얼른 그 짐승을 붙잡아 주인에게 돌려줄 것이다. 짐에 눌려 쓰러진 짐승의 경우도 마찬가지이다. 그 주인을 잘 모른다 해도 그 딱한 광경을 차마 그냥 지나칠 수 없는 게 사람의 마음이다. 그런데 만약 그 짐승의 주인이 원수라면 이야기가 달라진다. 이해관계가 얽혀 사이가 나빠졌든, 삶의 방식이 너무 달라 비위가 맞지 않는 사이이든, 원수의 불행은 그다지 기분 나쁜 일은 아니니 말이다.

하지만 성경은 단호하게 말한다. 원수의 것이라 해도 길을 잃고 헤매는 짐승을 보거든 반드시 임자에게 돌려주고, 짐에 눌려 쓰러진 짐승을 보거든 그냥 내버려 두지 말고 반드시 임자를 도와 나귀를 일으켜 세우라는 것이다. '반드시'라는 단어가 반복되고 있다. 이것은 해도 그만이고 안 해도 그만인 요구가 아니다. 우리가 모름지기 하나님의 백성이라면 꼭 해야 하는 일이다. 하나님은 왜 이런 마음 내키지 않는 일을 요구하시는 것일까? 그것이 치유의 길이기 때문이다.

우리가 바라보아야 할 것은 길을 잃거나 무거운 짐에 눌려 쓰러진 '원수의 짐승'이 아니라, 그런 상황을 대하는 우리의 마음이다. 내게 적대감을 불러일으키는 사람이 어려움에 처한 모습을 보면 '잘 됐다', '고소하다'고 생각하는 것이 우리들의 솔직한 모습이다. 하지만 그런 마음을 당연한 것으로 혹은 자연스러운 것으로 받아들이면 안 된다. 그 마음에 고착되는 순간 인간적 성장은 멈추게 마련이다. 비록 적대감이 그와 나를 갈라놓았지만, 더 깊은 곳에서는 서로 연결되어 있는 존재임을 잊지 말아야 한다.

원수를 직접적으로 돕기란 쉽지 않은 일이다. 그러나 토라는 가여운 처지에 빠진 동물을 매개로 하여 화해를 모색할 지혜를 발휘해보라고 말한다. 꼭 동물이 아니라도 마음을 열고 바라보면 우리를 이어줄 끈들이 있음을 알 수 있다. 곤란에 처한 원수를 돕는 것은 사실은 자기를 돕는 일이기도 하다. 우리 속에 있는 쓴 뿌리, 즉 악한 경향을 극복할 기회가 되기 때문이다. 화해의 용기를 발휘할 때 우리는 더욱 커진다.

하나님, 마음 내키지 않는 이들과 함께 지내기란 여간 어려운 일이 아닙니다. 우리는 그런 불편한 장소와 상황에서 벗어나고 싶어 합니다. 마음이 무거울 때는 그런 이들이 없는 어딘가로 훌쩍 떠나 살고 싶다는 헛된 꿈에 사로잡히기도 합니다. 그러나 마음에 맞는 사람들과만 지낼 수 없는 게 세상 현실입니다. 주님, 낯선 이들을 존중하는 열린 마음을 심어주십시오. 고통과 시련을 함께 감내하면서 서로에 대한 더 깊은 이해와 사랑에 당도하도록 우리를 이끌어 주십시오. 아멘.

나그네를
억압해서는 안 된다

너희는 너희에게 몸 붙여 사는 나그네를 억압해서는 안 된다.
너희도 이집트 땅에서 나그네로 몸 붙여 살았으니, 나그네의
서러움을 잘 알 것이다(출애굽기 23:9).

"너희는 너희에게 몸 붙여 사는 나그네를 억압해서는 안 된
다." 여기서 말하는 나그네는 잠시 집을 떠나 여행 중에 있
는 사람이 아니라 이스라엘 백성 가운데 머물고 있는 이방
인들을 가리킨다. 지금도 그렇지만 고대 세계에서 자기의
고향을 떠나 낯선 외국인들 틈에서 살아간다는 것은 참 가
슴 시린 일이었을 것이다. '게르' 곧 '나그네'는 두 부류로
나뉘었다. 하나는 이스라엘 사람들에게 동화되어 살아가는
개종자였다. 룻은 시어머니 나오미를 차마 홀로 버려둘 수
없어서 자기 고향인 모압을 떠나 베들레헴으로 이주한 여인
이다. 룻은 "어머님의 겨레가 내 겨레이고, 어머님의 하나님

이 내 하나님"이라고 말한다. 이처럼 이스라엘에 철저히 동화된 이들을 게르 체덱ger tzedek이라 한다.

이들과는 달리 이스라엘 사람들 사이에서 살아가지만 이스라엘에 동화되지 않는 사람들도 있었다. 그들은 자기들의 고유의 문화와 종교를 가지고 살았다. 토라는 이들을 게르 토샤브ger toshav라고 부른다. 이들의 사회적 지위는 거의 밑바닥 수준이었다. 안식일 규정만 보아도 그런 사실을 금방 알 수 있다. 십계명의 제4계명은 안식일에 쉬어야 할 대상을 죽 열거한다. '너희', '너희의 아들이나 딸', '너희의 남종이나 여종', '너희 집짐승', 그리고 마지막이 '너희의 집에 머무르는 나그네'(출애굽기 20:10)이다. 고대 세계에서 나그네는 정말 짐승만도 못한 취급을 받는 사람들이었다.

그런데 토라는 누구도 돌보지 않는 나그네, 즉 사회적 약자들에게 하나님이 깊은 관심을 갖고 계시다고 말한다. 하나님은 그들이 두려움에 떨거나 굴욕감을 느끼지 않고 살 수 있기를 바라신다. 성결법전에서 하나님은 '게르'에 대한 생계 대책을 세우라고 엄중하게 지시하신다. 곡식과 올리브 혹은 포도를 거두고 남은 것은 고아와 과부와 나그네의 몫이라는 것이다. 심지어는 삼년에 한 번씩 거두는 십일조도 그들의 복지를 위해 사용해야 한다고 말씀하신다.

하나님이 그 백성에게 나그네들을 잘 돌보라 하신 것은

그들이 나그네의 서러움을 누구보다 잘 아는 이들이기 때문이다. 좌절을 경험해 본 사람만이 좌절하는 자의 마음을 헤아릴 수 있고, 아픔을 겪어본 사람만이 아픈 사람의 두려움과 공포를 이해할 수 있지 않던가.

나그네에게 설 자리를 마련해주는 일, 그가 인간답게 살 수 있도록 돕는 일이야말로 해방자 하나님의 마음을 흡족하게 해드리는 일이다. 그것은 또한 스스로 복 받는 길이기도 하다. 신명기법전은 유산도 없고 차지할 몫도 없는 레위 사람이나 떠돌이나 고아나 과부들을 배불리 먹일 때 하나님의 복이 주어질 것이라고 말한다(신명기 14:29).

기도

하나님, 세상이 너무 거칠어졌습니다. 거리에서, 직장에서, 광장에서 사람들이 거침없이 내뱉는 욕설과 냉소가 우리 가슴을 멍들게 만듭니다. 가슴에 멍이 든 사람들은 자기보다 약한 이들을 함부로 대함으로 보상을 얻으려 합니다. 아무리 노력해도 생의 곤경에서 벗어날 길 없는 이들이 폭력과 배제의 대상으로 전락하는 세상은 악한 세상입니다. 주님은 우리가 나그네로 상징되는 사회적 약자들을 세심하게 돌보라 명하십니다. 그 명령을 두려움과 떨림으로 받들겠습니다. 주님, 우리의 방패가 되어주십시오. 아멘.

하나님의 숨을

기다리며

예언자 오뎃

사마리아에 오뎃이라고 하는 주님의 예언자가 있었는데, 그가, 사마리아로 개선하는 군대를 마중하러 나가서, 그들을 보고 말하였다. "주 당신들의 조상의 하나님께서 유다 백성에게 진노하셔서, 그들을 당신들의 손에 붙이신 것은 사실이오. 하지만 당신들이 살기가 등등하여 그들을 살육하고, 그것으로 성이 차지 않아서, 유다와 예루살렘의 남녀들까지 노예로 삼을 작정을 하고 있소. 당신들도 주 하나님을 거역하는 죄를 지었다는 것을 알아야 하오. 당신들은 이제 내가 하는 말을 들으시오. 당신들이 잡아 온 이 포로들은 바로 당신들의 형제자매이니, 곧 풀어 주어 돌아가게 하시오. 그렇게 하지 않으면, 주님께서 진노하셔서 당장 당신들을 벌하실 것이오"(역대하 28:9-11).

스무 살에 유다 왕이 된 아하스는 열여섯 해 동안 예루살렘에서 다스렸다. 그의 통치를 역대지 기자는 '주님께서 보시기에 올바른 일을 하지 않았다'는 한 마디로 요약한다. 그는 풍요와 다산을 보장해준다는 바알을 섬겼고, 패권주의를 추구하는 나라 사람들이 섬겼던 신들에게 절을 했다. 그 결과는 참담했다. 하나님께서 보호를 철회하자마자 시리아와 북왕국 이스라엘의 공격을 받았다. 약탈이 벌어졌고, 수많은 사람들이 죽었다. 포로로 잡혀간 이들도 많았다. 포로가 된 이들의 미래는 어둠 그 자체였다. 희망이라곤 없었다. 그러나 희망은 늘 예기치 않은 곳에서 피어난다.

이스라엘에는 아직 깨어있는 사람이 있었다. '오뎃'이라는 예언자였다. 그는 사마리아로 개선하는 군대를 맞이하러 나가서 준엄하게 그들을 꾸짖었다. 하나님께서 유다 백성들에게 진노하셔서 그들을 치시도록 허락하신 것은 사실이지만 이스라엘의 행태는 도를 넘었다는 것이다.

"당신들이 살기가 등등하여 그들을 살육하고, 그것으로 성이 차지 않아서, 유다와 예루살렘의 남녀들까지 노예로 삼을 작정을 하고 있소. 당신들도 주 하나님을 거역하는 죄를 지었다는 것을 알아야 하오"(역대하28:9b-10). 승리의 기쁨을 만끽하는 이들에게 오뎃은 찬물을 끼얹고 있다.

노자는 『도덕경』 30장에서 인간 세상에서 전쟁이 없을 수는 없다고 시인한다. 그는 국민을 보호하지 않으면 안 될 그런 때, 마지못해서 하는 것이 전쟁이라며 이렇게 말한다.

하나님의 숨을
기다리며

"고故로 선자善者는 과이이果而已요 불감이취강不敢以取强이라."
'목적을 겨우 이룰 따름이요 감히 강함을 취하려고 하지 않는다'는 뜻이다. 패전한 나라에 대해서 지나치게 가혹하게 대하지 말아야 하고, 또 스스로 강해지려고 해서는 안 된다는 것이다.

오뎃은 이스라엘 군대가 부르는 승전가 속에 깃든 오만함을 보았던 것이다. 그는 군대 지휘관들에게 사로잡아 온 포로를 놓아 돌아가게 하라고 말한다. 오뎃은 그들이 포로이기 이전에 언약 공동체에 속한 형제자매들이라는 사실을 상기시키면서 그들을 함부로 대한다면 결국 하나님의 징계가 내릴 것이라고 말한다. 추상과 같은 오뎃의 가르침에 에브라임의 지도자 네 사람이 깊이 공감하고 군대를 막아섰다. 자칫하면 반역자로 낙인찍힐 수도 있는 상황이었다. 그러나 그들은 물러서지 않았다.

결국 군인들은 포로와 전리품을 백성과 지도자들에게 넘겼고, 에브라임의 네 지도자는 전리품을 풀어 헐벗은 이는 입히고, 맨발로 끌려온 이들에게는 신을 신기고, 음식을 나눠주고, 상처 입은 이들은 치료해주고, 환자들은 나귀에 태워 돌려보내주었다. 이스라엘 남북왕조 시대에 벌어진 가장 아름다운 장면 가운데 하나이다. 이 모든 일은 눈 밝은 사람 하나가 있었기에 가능한 일이었다.

하나님, 세상에 똑똑한 사람은 많지만 용기 있는 사람은 많지 않습니다. 신앙적 양심에 따라 살기 위해 위험을 무릅쓰는 이들 또한 많지 않습니다. 모처럼의 승전을 기뻐하며 위풍당당하게 행진하는 군대를 막아서는 것, 그들의 기쁨에 찬물을 끼얹는 것은 누구나 할 수 있는 일이 아닙니다. 오직 하나님의 영에 사로잡힌 사람만 할 수 있습니다. 주님, 불의를 보면서도 비겁한 침묵 속에 머물지 않도록 우리 속에 주님의 숨을 불어넣어 주십시오. 그리고 고통 받는 이들 속에서 하나님의 형상을 보아낼 눈을 열어 주십시오. 아멘.

하나님의 숨을
기다리며

사랑은 제자됨의 징표

예수가 그리스도이심을 믿는 사람은 다 하나님에게서 태어났습니다. 낳아주신 분을 사랑하는 사람은 다 그분이 낳으신 이도 사랑합니다. 우리가 하나님을 사랑하고, 또 그 계명을 지키면, 이로써 우리가 하나님의 자녀를 사랑한다는 것을 압니다. 하나님을 사랑하는 것은 그 계명을 지키는 것입니다. 하나님의 계명은 무거운 짐이 아닙니다. 하나님에게서 태어난 사람은 다 세상을 이기기 때문입니다. 세상을 이긴 승리는 이것이니, 곧 우리의 믿음입니다. 세상을 이기는 사람은 누구입니까? 예수가 하나님의 아들이심을 믿는 사람이 아니고 누구겠습니까?(요한일서 5:1-5)

예수님을 하나님의 아들로 믿는다는 말은 그분이 나의 모든 죄를 다 사해주셨다는 확신과 더불어, 그분이야말로 우리가 성취해야 할 가장 아름다운 인간의 전형이심을 고백하는 것이다. 예수님의 삶을 관통하고 있는 생각 하나는 하나님께로부터 보냄을 받았다는 소명 의식이다. '나'의 뜻이 아니라 '아버지'의 뜻을 이루기 위해 주님은 늘 깨어 있었다. 매사에 하나님의 뜻을 여쭙고, 그 뜻을 이루기 위해서 세상과 대결하는 것도 마다하지 않으셨다. 예수님은 이웃들의 고통에 민감한 분이셨다. "건강한 사람에게는 의사가 필요하지 않으나, 병든 사람에게는 필요하다"(마태복음 9:12)는 말은 주님의 삶의 방향성을 뚜렷하게 드러내주는 말이다.

맹자는 공자를 가리켜 '성지시자聖之時者'라 하였다. 공자는 성인 가운데 시중時中의 도리를 지킨 분이라는 뜻이다. '시중'이란 '수시처중隨時處中'이라는 말을 줄인 것으로 때에 따라 가장 적절하게 처신한다는 말이다. 어떤 틀에 매이지 않으면서도 삶의 핵심을 놓치지 않을 수 있다면 얼마나 좋을까? 예수님이야말로 시중의 삶을 사신 분이시다. 예수님은 하나님이 사랑이심을 세상 사람들 앞에 온전히 드러내셨다. 철학적으로 말하자면 예수님은 하나님의 '現-存在Dasein'이다.

예수님을 믿는 이들은 그분을 따라 살아야 한다. 예수님의 삶은 하나님의 명에 대한 '아멘'이었다. 사랑에 근거한 순종이기에 비애가 남지 않는다. 하나님을 사랑하는 이들은 그분의 계명을 지켜야 한다. 예수님을 사랑하는 사람 역시 그 분의 계명을 지켜야 한다. 주님이 주신 계명은 "서로 사랑하라"이다. 사랑이야말로 예수님의 제자임을 보여주는 징표이다. 사랑은 단순한 감정이 아니라 의지에 속한다. 노력이 필요하다는 말이다. 사랑은 수고를 전제한다. 수고 없는 사랑의 고백은 허사일 뿐이다.

도스토예프스키의 『까라마조프 씨네 형제들』에 나오는 조시마 장로의 말은 우리에게 시사하는 바가 많다. "지옥이란 다름 아닌 사랑할 수 있는 능력을 상실한 데서 오는 괴로움이다." 사랑할 수 없음이 지옥이다. 거꾸로 말하자면 사랑에 무능한 사람이 되지 않을 때 우리는 천국에 속한 사람이 된다.

좋은 식당에 가면 웨이터들이 늘 손님들의 식탁을 주목하고 있다가 물잔에 물이 떨어지면 곧 다가와 물을 채워준다. 낯선 나그네들을 영접했던 아브라함도 그들이 먹는 동안 서서 시중을 들었다지 않던가(창세기 18:8). 하나님의 사랑도 그렇다. 우리가 누군가를 돕기 위해 내 잔을 비워낼 때 하나님은 그것을 넉넉히 채워주신다. 이런 은총을 경험한 이들은 "내 잔이 넘치나이다"라고 고백한다. 주님의 사랑의 통로가 되는 것보다 더 좋은 일은 없다.

기도

하나님, 세상의 모든 존재들은 사랑받기를 구합니다. 사랑이야말로 우리 속에 깃든 가장 아름다운 삶의 가능성을 깨어나게 합니다. 주님은 조건 없는 사랑으로 사람들을 맞아주셨습니다. 배고픈 사람은 먹이셨고, 외로운 사람에게는 친구가 되어주셨습니다. 사랑을 갈구하지만 사랑을 누리지 못한 이들의 가슴에는 차가운 얼음이 자랍니다. 그 얼음은 두려움과 냉소 혹은 공격성으로 나타나기도 합니다. 주님, 따뜻한 봄볕이 만물을 깨우듯이 우리도 사랑으로 세상에 봄을 가져오는 사람들이 되게 해주십시오. 아멘.

하나님의 숨을
기다리며

시험을
기뻐하라고?

> 나의 형제자매 여러분, 여러 가지 시험에 빠질 때에, 그것을 더
> 할 나위 없는 기쁨으로 생각하십시오. 여러분은 믿음의 시련이
> 인내를 낳는다는 것을 알고 있습니다. 여러분은 인내력을 충분
> 히 발휘하여, 조금도 부족함이 없이 완전하고 성숙한 사람이
> 되십시오(야고보서 1:2-4).

현대 문화의 특색은 빠름이다. 돈이 주인 노릇하는 세상은
'기다림'의 요소를 제거했다. 욕망하는 것은 돈만 있으면 거
의 실시간으로 얻을 수 있다. 사람들은 '패스트 푸드'로 점
심을 해결하고, 고속도로를 타고 질주하고, 컴퓨터 통신망
과 휴대폰을 통해 세상을 헤집고 다닌다. 신자유주의가 허
락하는 시간은 과정을 중시하지 않는다. 결과만이 중요하
다. 이것이 진보인가? 사람의 성장이 동반되지 않은 문명의
진보는 진정한 진보일 수 없다. 현대인들의 삶이 불안정해

보이는 까닭은 기다리고, 그리워하고, 뜸 들이고, 숙성시키는 과정을 경험하지 못하기 때문이 아닐까?

우리는 '가속의 시간'을 살고 있지만, 아름다움을 향한 역사의 걸음은 느리기 이를 데 없다. 많은 이들이 현실에 절망한다. 하지만 인간의 소명은 우리가 살고 싶은 세상을 지금 여기서 시작하는 것이다. 가능성을 따지면 아무 것도 할 수 없다. 중요한 것은 시작이다. 심고 물 주는 것은 우리의 몫이지만 자라게 하시는 분은 하나님이시다. 사티쉬 쿠마르라는 평화 운동가의 말이 큰 도전이 된다.

"중국인들이 어떻게 만리장성을 쌓았습니까? 벽돌 한 장을 놓고 그 위에 다시 한 장을 놓았던 겁니다. 다른 방법이 없습니다. … 도보여행을 하거나 소설을 쓰거나 인생을 살아가거나 모든 긴 여정들은 끈질기고 지속적인 작업으로 이루어집니다. 우리가 시스틴 성당의 천장을 보면 '굉장하구나. 어떻게 이렇게 만들었지?' 하고 감탄하게 됩니다만, 그 답은 매우 단순합니다. 한 번 붓질을 하고 그 다음에 또 한 번의 붓질을 한 겁니다. 매번 여기에는 어떤 색을 넣을 것인지, 어떤 질감을 나타낼 것인지 자문하면서 말입니다. 그게 창조적인 과정입니다."

작은 시작을 부끄러워하면 우리는 새로운 세상을 볼 수 없다. 할 수 있기 때문이 아니라, 해야 할 일이기에 어떤 일

하나님의 숨을
기다리며

을 시작하는 사람들을 가리켜 선각자라 한다. 그들은 길 없는 곳에 길을 만드는 사람들이다. 루쉰은 길은 처음부터 그곳에 있던 것이 아니라고 말한다. 본래 길이 없던 곳을 사람들이 밟고 지나감으로 생겨난 것이라는 것이다. 초대 교회 사람들이 '그 길의 사람'이라고 불린 것은 참 의미심장하지 않은가?

'그 길'을 걷는 이들 앞에 이런 저런 시험이 찾아온다. 당연하다. 불의한 세상의 관행에 따라 처신하기를 거부하는 이들을 세상은 곱게 보지 않는다. 불이익을 안겨주기도 한다. 야고보는 그러한 때 그것을 오히려 "더할 나위 없는 기쁨으로 생각"(야고보서 1:2)하라고 말한다. 믿음의 시련은 인내를 낳고, 인내력을 충분히 발휘할 때 완전하고 성숙한 사람의 길에 접어들게 된다는 것이다. 굴종의 인내는 우리 속에 그늘을 만들지만 소망의 인내는 품격을 낳는다. 우리는 성숙한 사람이 되는 길 위에 서 있는가?

하나님, 가끔 생이 참 막막하다는 생각이 들 때면 알 수 없는 비애감이 우리를 사로잡습니다. 세상은 우리가 자기 리듬에 따라 살도록 허락하지 않습니다. 우리는 시간을 타고 살지 못하고 늘 쫓기며 삽니다. 뒤쳐질지도 모른다는 조바심 때문입니다. 곁을 바라볼 여유조차 없습니다. 이웃들의 신음소리에도 반응하지 못한 채 그냥 앞만 보고 달립니다. 우리를 불쌍히 여겨주십시오. 이제 새로운 세상을 시작할 용기를 허락해주십시오. 시험을 기쁘게 여기고, 비록 더디더라도 낙심하지 않는 인내심을 우리 속에 심어주십시오. 아멘.

하나님의 숨을

기다리며

믿음의 시련은 인내를 낳고, 인내력을 충분히 발휘할 때 완전하고 성숙한 사람의 길에 접어들게 된다. 굴종의 인내는 우리 속에 그늘을 만들지만 소망의 인내는 품격을 낳는다. 우리는 성숙한 사람이 되는 길 위에 서 있는가?

Monday ~~~~~~

Tuesday ~~~~~~

Wednesday ~~~~~~

하나님의 숨을
기다리며

Thursday ~~~~~

Friday ~~~~~

Saturday ~~~~~

Sunday ~~~~~

벌떡 일어선 사람

오후 세 시의 기도 시간이 되어서, 베드로와 요한이 성전으로 올라가는데, 나면서부터 못 걷는 사람을 사람들이 떠메고 왔다. 그들은 성전으로 들어가는 사람들에게 구걸하게 하려고, 이 못 걷는 사람을 날마다 '아름다운 문'이라는 성전 문 곁에 앉혀 놓았다. 그는, 베드로와 요한이 성전으로 들어가려는 것을 보고, 구걸을 하였다. 베드로가 요한과 더불어 그를 눈여겨 보고, 그에게 말하였다. "우리를 보시오!" 그 못 걷는 사람은 무엇을 얻으려니 하고, 두 사람을 빤히 쳐다보았다. 베드로가 말하기를 "은과 금은 내게 없으나, 내게 있는 것을 그대에게 주니, 나사렛 예수 그리스도의 이름으로 [일어나] 걸으시오" 하고, 그의 오른손을 잡아 일으켰다. 그는 즉시 다리와 발목에 힘을 얻어서, 벌떡 일어나서 걸었다. 그는 걷기도 하고, 뛰기도 하며, 하나님을 찬양하면서, 그들과 함께 성전으로 들어갔다. 사람들은 모두 그가 걸어 다니는 것과 하나님을 찬양하는 것을 보고, 또

하나님의 숨을
기다리며

> 그가 아름다운 문 곁에 앉아 구걸하던 바로 그 사람임을 알고
> 서, 그에게 일어난 일로 몹시 놀랐으며, 이상하게 여겼다(사도행
> 전 3:1-10).

우리는 어려운 이웃들과 만나기를 꺼린다. 어쩌면 두려워하
는 것인지도 모르겠다. 그들이 우리 삶의 평온을 깨뜨릴지
도 모른다는 생각에 지레 겁을 먹는 것이다. 장 바니에는 한
가난한 여인에게 사람들이 쉽게 다가서지 못하는 속내를 이
렇게 표현했다.

"만일 내가 이 여인에게/아주 가까이 다가간다면/그녀의
말에 귀를 기울인다면/그 자녀들의 이름을 알기 시작하고/
그녀의 과거와/그녀의 생활을 알기 시작한다면/만일 내가
그녀와 일체감을 나눈다면/나는 더 이상/전과 같이 먹을 수
없을 것이고/더 이상 사치와 낭비를 할 수 없을 것입니다./
만일 내가 진정으로 사랑하고 관심을 가진다면/나의 생활
이 바뀌어야 할 것입니다./생활을 바꾸어야 합니다./지금까
지 쌓아 온 그 생활이/무너져야 할 것입니다."

가난한 사람들, 장애를 안고 살아가는 사람들, 소외된 이
들을 가까이 하려 하지 않는 것은 그들과 연루되는 순간 이
전의 삶을 계속할 수가 없고, 그 결과 우리가 치러야 할 대
가가 너무도 크다는 사실을 잘 알기 때문이라는 것이다. 그

래서 사람들은 할 수 있으면 어려운 사람들을 바라보거나 그들 곁에 멈춰 서려 하지 않는다. 그들이 보이지 않는 자리에서 혀를 차며 말할 뿐이다. '세상이 왜 이 모양이지.' 그리고는 재빨리 자기 울타리 속에 몸을 숨긴다. 마치 아무 일도 없었던 것처럼.

예루살렘 성전에 들어가는 문 가운데 하나인 '아름다운 문' 앞에는 나면서부터 못 걷는 사람이 풍경처럼 앉아 사람들의 호의를 기다리고 있었다. 성전에 드나드는 사람들은 비교적 주머니를 잘 여는 편이니 그는 참 좋은 목을 잡은 셈이다. 그 날도 그는 아름다운 문 앞에 앉아 사람들의 주머니가 열리기를 기다리고 있었다. 그런데 문득 누군가의 시선을 느꼈다. 놀란 눈으로 올려다보니 낯선 두 사람이 자기를 바라보고 있었다. 그들의 눈은 연민과 자비심에 가득 차 있었다. 그는 움찔 놀라 시선을 떨궜다. 전에는 아무도 그를 그렇게는 바라보지 않았던 것이다. "우리를 보시오!" 고개를 들어 그들을 바라보는 순간 한 사나이가 말했다. "은과 금은 내게 없으나, 내게 있는 것을 그대에게 주니, 나사렛 예수 그리스도의 이름으로 일어나 걸으시오"(사도행전 3:6).

그 말씀과 만나는 순간 그는 뭔지 모를 기운이 자기 속에서 뜨겁게 약동하는 것을 느꼈다. 베드로가 손을 내밀어 오른손을 잡아 당겼을 때 그는 벌떡 일어날 수 있었다. 꿈도

하나님의 숨을
기다리며

꿔보지 못한 일이었다. 그는 주저앉은 채 한 세상을 사는 것이 자기의 운명이려니 하고 살았다. 그의 가슴 깊은 곳에서 견딜 수 없이 뜨거운 기운이 솟아올라 그를 일으켜 세웠다. 그는 걷기도 하고 뛰기도 하며 하나님을 찬양하면서 성전으로 들어갔다. 그는 더 이상 성전 문 앞에 있는 사람이 아니라, 성전에 들어가 하나님의 위대하심을 증언하는 사람으로 거듭난 것이다. 영혼에 예수가 들어가면 '일어선 사람'이 된다. 우리 소명은 주저앉아 있는 이들과 접촉하면서 그들을 일으켜 세우는 것이다.

기도

하나님, 무기력한 나날을 보내고 있는 우리를 긍휼히 여겨주십시오. 주님이 우리 손을 잡아 이끌어주시지 않으면 우리는 투덜거리며 욕망 주위를 맴돌 뿐입니다. 너무나 오랫동안 영적인 무력감에 젖어 삶이 은총임을 알지 못했습니다. 이제는 주님과 함께 사랑으로 뛰어오르며 기쁨의 노래를 부르고 싶습니다. 운명처럼 달라붙어 우리를 지배하는 우울에서 벗어나 생명의 춤을 추게 해주십시오. 부드럽고 자애로운 마음으로 이웃들의 상처를 보듬어 안는 주님의 일꾼이 되게 해주십시오. 아멘.

웃시야의 몰락

웃시야 왕은 힘이 세어지면서 교만하게 되더니, 드디어 악한 일을 저지르고 말았다. 주님의 성전 안에 있는 분향단에다가 분향을 하려고 그리로 들어간 것이다. 이것은 주 하나님께 죄를 짓는 일이었다. 아사랴 제사장이, 용감하고 힘이 센 주님의 제사장 팔십 명을 데리고 왕의 뒤를 따라 들어가면서, 웃시야 왕을 말렸다. 제사장들이 외쳤다. "웃시야 임금님께서는 들으십시오. 주님께 분향하는 일은 왕이 할 일이 아닙니다. 분향하는 일은, 이 직무를 수행하도록 거룩하게 구별된 제사장들, 곧 아론의 혈통을 이어받은 제사장들만이 할 수 있는 일입니다. 이 거룩한 곳에서 어서 물러나시기 바랍니다. 왕이 범죄하였으니 주 하나님께 높임을 받지 못할 것입니다." 웃시야는 성전 안 분향단 옆에 서서 향로를 들고 막 분향하려다가 이 말을 듣고 화를 냈다. 그가 제사장들에게 화를 낼 때에 그의 이마에 나병이 생겼다. 아사랴 대제사장과 다른 제사장들이 그를 살펴보

하나님의 숨을
기다리며

유다 임금 웃시야는 열여섯의 나이에 왕위에 올라 오십 이 년 동안 유다를 다스렸다. 그의 통치 기간은 솔로몬 이후 유다 왕국의 최대의 번영기라 할 수 있다. 그는 안으로 내치에 힘써서 산업을 육성했고, 무역로를 확보하여 잘 관리함으로 막대한 수입을 올렸다. 거친 땅을 개간하여 경지를 만들고 샘을 많이 파서 목축업을 장려했다. 군대를 정비하고 무기도 새롭게 개발하여 막강한 국력으로 영토를 확장하기도 했다. 그는 주님께서 보시기에 올바른 일을 하였고, 늘 곁에서 바른 길을 가르쳐주는 스가랴의 말에 귀를 기울였다. 하나님은 그가 하는 일마다 잘 되게 해주셨다.

그러나 웃시야는 초심을 잃었다. 성공이 덫이 된 것이다. "웃시야 왕은 힘이 세어지면서 교만하게 되더니, 드디어 악한 일을 저지르고 말았다"(역대하 26:16). 그는 자기를 통해 이루어진 일을 자기의 공적으로 헤아리기 시작했다. 하나님의 뜻에서 어긋나지 않기 위해 지혜자의 말에 귀를 기울이던 겸허함을 잃어버린 탓이다. 선지자의 비판적인 말보다는 아첨의 무리가 들려주는 달콤한 말에 마음이 끌리는 순간 전락은 시작된다. 하비 콕스는 "인간은 그의 삶을 위한 기구와 기술, 생활필수품을 생산하는 방법과 소유를 위한 분배방법을 바꿀 때 그의 '신'까지도 바꾸어 버린다"고 말했다.

웃시야는 첫 사랑의 마음을 잃었다. 교만이라는 중병에 걸린 것이다. 교만은 '잘못된 높임에 대한 욕구'이다. 교만함에 빠진 영혼은 자신을 못할 일이 없는 전능자로 인식한다. 멋대로 거드름을 피우고 다른 이들을 업신여긴다. 어느 날 웃시야는 제사장에게만 허락되어 있는 일을 하려고 했다. 제단 앞에 나아가 향을 피우려고 했던 것이다. 그때 제사장 아사랴가 용맹한 제사장 팔십 명을 이끌고 나가 왕을 제지했다. 그리고 왕을 준엄하게 꾸짖었다.

"웃시야 임금님께서는 들으십시오. 주님께 분향하는 일은 왕이 할 일이 아닙니다. 분향하는 일은, 이 직무를 수행하도록 거룩하게 구별된 제사장들, 곧 아론의 혈통을 이어받은 제사장들만이 할 수 있는 일입니다. 이 거룩한 곳에서어서 물러나시기 바랍니다. 왕이 범죄하였으니 주 하나님께 높임을 받지 못할 것입니다"(역대하 26:18).

제사장의 직무는 거룩한 것과 속된 것을 분별하는 것이다. 아사랴와 제사장들은 권력 앞에서 물러서지 않았다. 그들은 왕조차도 하나님의 질서 안에 있다는 사실을 상기시키는 이정표들이었다. 웃시야는 이런 저항을 예상치 못했을

하나님의 숨을
기다리며

것이다. 그는 제사장들에게 화를 냈다. 그 순간 그의 이마에 나병이 생겼다. 결국 그는 성전에서 쫓겨났고, 별궁으로 물러나 칩거생활을 했다. 부강한 나라를 만들었지만 그것을 자신의 공적으로 삼으려는 순간 교만이라는 중병이 찾아왔고, 교만은 그를 몰락으로 이끌었다.

기도

하나님, 매사가 뜻한 바대로 되지 않을 때 우리는 낙심합니다. 자신감을 잃고, 자기 비하의 감정에 사로잡히기도 합니다. 그럴 때마다 주님의 도움을 간청할 수밖에 없습니다. 그러나 일이 수월하게 이루어질 때면 우쭐한 마음에 사로잡히기도 합니다. 마음만 먹으면 못할 일이 없을 것 같은 터무니없는 자신감을 품기도 합니다. 웃시야의 몰락은 하루아침에 이루어진 것이 아님을 압니다. 남들의 칭송에 익숙해질 때, 자기 능력에 대한 과도한 자신감에 사로잡힐 때 몰락의 심연 앞에 서게 됨을 잊지 않겠습니다. 우리를 지켜주십시오. 아멘.

해석자가 아니라
친구가 되라

욥이 대답하였다. 그런 말은 전부터 많이 들었다. 나를 위로한
다고 하지만, 오히려 너희는 하나같이 나를 괴롭힐 뿐이다. 너
희는 이런 헛된 소리를 끝도 없이 계속할 테냐? 무엇에 홀려서,
그렇게 말끝마다 나를 괴롭히느냐? 너희가 내 처지가 되면, 나
도 너희처럼 말할 수 있을 것이다. 나도 너희에게 마구 말을 퍼
부으며, 가엾다는 듯이 머리를 내저을 것이다.   내가 입을 열
어 여러 가지 말로 너희를 격려하며, 입에 발린 말로 너희를 위
로하였을 것이다. 내가 아무리 말을 해도, 이 고통 줄어들지 않
습니다. 입을 다물어 보아도 이 아픔이 떠나가지 않습니다(욥기
16:1-6).

불행에 직면한 사람을 보면 일단은 그들 곁에 다가가, 함께
아파하고, 보살피고, 부축해 일으켜 세워주는 일이 우선이
다. 해석은 그 뒤에 해도 늦지 않다. 고통을 겪는 사람들 곁

하나님의 숨을
기다리며

에 다가선 경험이 있는 사람들은 함부로 말하지 않는다. 삶은 복잡하고 모호하기 이를 데 없다. 옳고 그름의 잣대로 재단하기 어렵다. 그래서 예수님은 "너희가 심판을 받지 않으려거든, 남을 심판하지 말아라"(마태복음 7:1) 하고 말씀하셨던 것이다. 타자를 판단하는 자리에 서려는 태도를 일러 근본주의라 한다. 모든 근본주의는 기본적으로 폭력적이다.

욥을 위로하기 위해 찾아왔던 세 친구는 욥이 자기 태어난 날을 저주하고 하나님을 원망하는 듯한 말을 내뱉자 돌연 공격적인 태도로 돌변한다. 그들은 욥이 겪고 있는 고난이 그가 저지른 죄에 따른 벌이라고 단정적으로 말하며 참회를 권고한다. "인생이 무엇이기에 깨끗하다고 할 수 있겠으며, 여인에게서 태어난 사람이 무엇이기에 의롭다고 할 수 있겠느냐"(욥기 15:14)는 엘리바스의 말을 누가 부정할 수 있겠는가? 하지만 삶의 쓰라림 앞에서 흔들리고 있는 이들에게 하는 이런 입바른 소리는 오히려 상처를 덧나게 할 뿐이지 않던가? 그들의 말은 괴로움을 더하게 만드는 '헛된 소리'일 뿐이다.

욥은 친구들에게 말한다. "너희가 내 처지가 되면, 나도 너희처럼 말할 수 있을 것이다. 나도 너희에게 마구 말을 퍼부으며, 가엾다는 듯이 머리를 내저을 것이다"(욥기 16:4). 서 있는 자리가 다르면 온전한 이해는 불가능하다. 중요한 것은 해석이 아니라 가까이 다가섬이다. 다가설 때 닫힌 마음이 열리는 법이다.

장애인들의 집인 라르슈 공동체를 세운 장 바니에가 한번은 아이티에 있는 교도소를 방문했다. 그곳에는 아주 거칠고 원시적이며 난폭한 사람들이 수용되어 있었다. 죄수들의 얼굴은 굳어 있었다. 벽 앞에 선듯 난감한 상황이었다. 어느 순간 바니에는 그들에게 '아이'에 대해 말하기 시작했다. 우리 각 사람의 마음속에 들어 있는 아이와, 애정을 갈구하는 그 아이의 목마름, 그리고 그들과 자신 속에 있는 하나님의 형상에 대해 말한 후에 이런 말로 이야기를 마무리했다.

"여러분 중 아무도 이곳에서 나갈 수 없을지도 모릅니다. 또는 나가더라도 몇 주 만에 다시 돌아올지도 모릅니다. 모든 사람들이 여러분을 외면할 수도 있습니다. 그러나 제 희망은 언젠가 세계가 여러분의 존재 깊은 곳에 숨겨진 아름다움을 발견하게 되는 것입니다. 언젠가 우리 모두가 부활하는 것입니다. 그리고 그때 여러분의 존재의 아름다움이 빛을 발하여 전 세계에 알려지는 것입니다. 여러분은 여러분 마음 깊은 곳에, 갈라진 모든 틈보다 더 깊은 그곳에, 애정을 추구하는 어린아이가 있다는 것을 잘 알고 있기 때문입니다"(『희망의 사람들 라르슈』, 82-3쪽).

하나님의 숨을
기다리며

바니에는 그때 그들의 얼굴에 긴장이 풀리고 미소가 번지기 시작하는 것을 보았다. 그들 사이에 깊은 일치의 감정이 솟아난 것이다. 사람을 변화시키는 것은 정죄의 언어, 판단의 언어가 아니라, 이해와 공감과 애정이 담긴 말이다. 바른 소리를 한다는 자의식만 줄어들어도 우리는 평화를 만드는 사람이 될 수 있다.

하나님, 사람과 사람 사이를 이어주는 말이 때로는 흉기가 되어 사람들을 해치기도 합니다. 회초리를 맞은 자국은 시간이 지나면 사라지지만 혀로 맞은 상처는 시간이 지날수록 아프게 느껴집니다. 우리는 너무나 자주 이웃들의 삶에 대한 해석자를 자처했습니다. 이러쿵저러쿵 해석을 늘어놓고 스스로의 혜안에 만족했습니다. 그러는 동안 이웃들의 마음은 굳게 닫히곤 했습니다. 이제는 해석자가 아니라 아픔에 다가서는 사람, 누군가의 설 땅이 되어주는 사람이 되고 싶습니다. 주님의 성육신의 신비를 우리에게 늘 깨우쳐 주십시오. 아멘.

하나님, 주님을 따라 살겠다고 다짐하면서도 우리는 종종 주님의 길에서 벗어나곤 합니다. 세상의 화려한 불빛이 우리 눈을 가려 주님을 시야에서 놓칠 때가 많습니다. 세상에 맛들인 영혼은 좁은 길이 아니라 넓은 길에 이끌립니다. 주님, 우리를 포기하지 마시고 찾아와 주십시오. 제자들에게 주셨던 그 빵과 생선을 우리에게도 주십시오. 그 귀한 사랑을 먹고 힘을 얻어 상처의 기억을 빛나는 보석으로 바꾸고 싶습니다. 우리 삶이 하나님께는 영광이고 이웃에게는 덕이 되게 해주십시오. 아멘.

4월

씨도리배추 같은 사람들

그 날이 오면, 이스라엘 가운데서 남은 사람들과 야곱 겨레 가운데서 살아남은 사람들이 다시는 그들을 친 자를 의뢰하지 않고, 오직 '이스라엘의 거룩하신 분'인 주님만을 진심으로 의지할 것이다. 남은 사람들이 돌아올 것이다. 야곱의 자손 가운데서 남은 사람들이 전능하신 하나님께 돌아올 것이다. 이스라엘아, 네 백성이 바다의 모래처럼 많다고 하여도, 그들 가운데서 오직 남은 사람들만이 돌아올 것이다. 너의 파멸이 공의로운 판결에 따라서 이미 결정되었다. 파멸이 이미 결정되었으니, 주님, 곧 만군의 주님께서 온 땅 안에서 심판을 강행하실 것이다 (이사야 10:20-23).

제국들이 벌이는 침략 전쟁에 속절없이 노출되곤 하던 이스라엘 사람들의 가슴에는 깊은 멍이 들었다. 어떻게든 살아남으려고 침략자들의 비위를 맞추기도 하고, 때로는 저항을 해보기도 하지만 약소국의 비애는 좀처럼 사라지지 않았다. 예언자들은 백성들에게 달콤한 위로의 말을 건네지도, 거짓 평화를 약속하지도 않는다. 오히려 백성들의 죄를 격렬하게 비판한다. 예언자들의 말이 날카롭다 하여 가슴조차 차가운 것은 아니다. 레바논의 시인인 칼릴 지브란은 "나는 심장에 화살이 박힌 채 태어났나 보다. 빼려면 아프고 그냥 둬도 아프다"고 말했다. 예언자의 마음이 꼭 이러할 것이다. 그러나 하나님의 말씀을 왜곡하거나 가감할 수는 없다.

이사야는 아파하면서도 단호하게 말한다. 그 날이 오면 "남은 사람들이 돌아올 것이다. 야곱의 자손 가운데서 남은 사람들이 전능하신 하나님께 돌아올 것이다"(이사야 10:21). '남은 사람'은 그루터기 같은 이들이다. 밑동까지 싹둑 잘려 나가도 뿌리가 남아있는 한 나무는 죽은 것이 아니다. 봄 되면 그루터기에 새싹이 돋아난다. 생명의 기적이다. 고난으로 점철된 이스라엘 역사에도 이런 남은 자들이 있었다. 그들은 "의롭게 사는 사람, 정직하게 말하는 사람, 권세를 부려 가난한 사람의 재산을 착취하는 일은 아예 생각하지도 않는 사람, 뇌물을 거절하는 사람, 살인자의 음모에 귀를 막는 사람, 악을 꾀하는 것을 보지 않으려고 눈을 감는 사람"(이사야 33:15)이다.

어떻게 보면 이게 사람 사는 마땅한 도리인 데도 이대로 사는 이들을 찾아보기 어려운 것이 현실이다. 세상은 오히려 이런 이들을 불편해 한다. 그렇다 해도 이들은 씨도리배추와 같은 사람들이다. 씨도리배추란 배추통을 싹둑 도려내고 이듬해 씨를 받기 위해 겨우 밑동만 남겨진 배추를 이르는 말이다. 꽁꽁 언 채 겨울을 견디다가 봄이 되면 노랑 물감 같은 장다리꽃을 피우고 마침내 씨를 만들어내는 것이 씨도리배추의 소명이다. 하나님은 바로 이런 사람들을 통해 새로운 역사를 시작하신다. 힘 있는 자들을 의지하지 않고, 주님만을 진심으로 의지하는 사람. 그들이야말로 묵은 상처에서 돋는 새살이다.

세상은 나날이 흉포해져가고 있다. 마음이 따뜻하고, 눈빛 맑고, 품 넓은 사람과 만나기 어려운 세태이다. '별들의 바탕은 어둠이 마땅하다'는 정진규 시인의 말처럼 지금이야말로 믿는 이들이 빛으로 서야 할 때이다. 믿음의 사람들은 "하늘 씨앗이 되어 역사의 생명을 이어가리"라고 노래하는 사람들이다. 남의 눈치나 보면서 쭈뼛거릴 일이 아니다. 지금 새로운 세상을 시작해야 한다. 봄 되면 어김없이 씨를 뿌리는 농부들처럼 절망의 땅에 희망을 파종하는 이들이야말로 '남은 자'라 할 것이다.

하나님의 숨을
기다리며

하나님, 지고 가는 인생의 짐이 무거울 때면 '삶이 그대를 속일지라도 슬퍼하거나 노하지 말라'는 푸쉬킨의 시구가 떠오릅니다. 끈질기게 견디리라 마음 먹어보지만 절망감이 슬며시 우리 옷자락을 잡아당깁니다. 상처 입은 마음은 들큼한 위안을 구합니다. 하지만 우리에게 더 필요한 것은 쇠북을 두드리듯 날카롭게 울려오는 예언자의 음성입니다. 주님, 애상에 빠진 채 지향을 잃어버린 우리를 꾸짖어 주십시오. 어떤 상황에서도 주님의 뜻을 따르는 진실한 사람이 되게 해주십시오. 아멘.

길을 찾는 사람

나는 내게 이로웠던 것은 무엇이든지 그리스도 때문에 해로운 것으로 여기게 되었습니다. 그뿐만 아니라, 내 주 예수 그리스도를 아는 지식이 가장 고귀하므로, 나는 그 밖의 모든 것을 해로 여깁니다. 나는 그리스도 때문에 모든 것을 잃었고, 그 모든 것을 오물로 여깁니다. 나는 그리스도를 얻고, 그리스도 안에 있는 사람으로 인정받으려고 합니다. 나는 율법에서 생기는 나 스스로의 의가 아니라, 그리스도를 믿는 믿음으로 말미암아 오는 의 곧 믿음에 근거하여, 하나님에게서 오는 의를 얻으려고 합니다. 내가 바라는 것은, 그리스도를 알고, 그분의 부활의 능력을 깨닫고, 그분의 고난에 동참하여, 그분의 죽으심을 본받는 것입니다. 그리하여 나는 어떻게 해서든지, 죽은 사람들 가운데서 살아나는 부활에 이르고 싶습니다(빌립보서 3:7-11).

바울은 길을 찾는 사람이었다. 하나님께 이르는 길, 영적 자

하나님의 숨을

기다리며

유에 이르는 길을 찾느라 늘 노심초사했다. 가급적이면 사람들이 선망하는 조건들을 갖추기 위해 최선을 다했다. 그는 자부심이 큰 사람이었다. 명문 지파인 베냐민 지파 출신에다가, 히브리 사람 가운데서도 히브리 사람이었고, 율법으로는 바리새파 사람이었고, 율법의 의로는 흠 잡힐 데가 없는 사람이었다. 하지만 부활하신 주님을 만난 후 그는 완전히 새로운 세계에 눈을 떴다. 그는 그리스도를 아는 지식이 가장 고귀하기 때문에 이전에 이로웠던 것은 무엇이든지 해로운 것으로, 심지어는 오물로 여긴다고 말한다.

생각해보면 이전에 그가 소중히 여겼던 것들은 한결같이 그의 자아를 강화해주는 것들이었다. 가문, 학식, 신분, 종교적 열심…. 이런 것들은 세상적으로 보면 소중한 것들이지만, 영적으로 보면 사람을 걸려 넘어지게 하는 걸림돌로 작용할 때가 많다. 신앙이란 자기를 비우고, 그 자리에 하나님을 모시는 과정이다. 자랑스러운 게 많은 사람 속에는 하나님을 모실 공간이 부족하다. 부활하신 주님의 빛이 바울의 내면에 비쳐드는 순간 그는 지금까지 소중하게 여겨왔던 게 지푸라기 강아지錫狗추구에 지나지 않는다는 사실을 깨달았다. 그 순간 늘 막힌 듯 답답하던 정신의 지평이 툭 트였다.

그때부터 그는 자유인의 삶을 살았다. 어떤 고난도, 시련도 그리스도를 향한 그의 발걸음을 가로막을 수 없었다. 이

전에는 벗어던지려고 했던 약함과 고통을 오히려 자랑거리로 여겼다. 자신의 약할 때가 곧 주님의 은혜가 유입되는 순간임을 알았기 때문이다. 이로움과 해로움이 이렇게 자리를 바꿨다. 서정주 시인은 '자화상'이라는 시에서 "나를 키운 것은 팔 할이 바람이었다"고 말하지만, 바울 사도는 "나는 하나님의 은혜로 오늘의 내가 되었습니다"(고린도전서 15:10)라고 고백한다.

오늘의 우리는 어떠한가? 예수 그리스도의 이름으로 세워진 교회에서 사람들은 바알과 맘몬을 숭배하고 있다. 한완상 박사는 한국의 교회에는 예수님이 안 계신다고 말한다. 그는 한국 교회의 위기가 어디에서 유래했는지를 이렇게 분석한다.

"교세의 양적 팽창과 대외적 선교열을 그토록 자랑하는 한국 교회와 교인의 삶 속에서 나사렛 예수, 갈릴리의 예수를 만날 수가 없다는 것, 이것이 바로 위기라 하겠습니다. 그분의 체취, 그분의 숨결, 그분의 꿈, 그분의 정열, 그분의 의분, 그분의 다정한 모습을 교회 안에서 찾기 힘듭니다. 그러기에 밑바닥 인생의 그 억울한 고통을 함께 나누시면서 그들에게 사랑과 공의의 새 질서를 몸소 보여주셨던 갈릴리 예수가 더욱 그리워집니다"(한완상, 『예수 없는 예수 교회』, 7쪽).

바울은 "그리스도를 알고, 그분의 부활의 능력을 깨닫고,

그분의 고난에 동참하여, 그분의 죽으심을 본받는 것"을 삶의 목표로 삼았다. 이 거룩한 지향을 다시 회복할 때 교회는 비로소 그리스도의 몸이 될 수 있다.

기도

하나님, 멋진 인생을 살고 싶습니다. 이웃들과 더불어 생명의 춤을 추며, 살아 있음을 경축하며 살고 싶습니다. 기쁘게 일하고, 신나게 놀고, 뜨겁게 사랑하며 살고 싶습니다. 그러나 우리 삶은 잿빛 우울에 감싸여 있습니다. 세상의 인력이 하늘을 향해 도약하려는 우리의 의지를 무력화시키곤 합니다. 부활하신 주님과 만난 후 진정한 자유인이 된 바울 사도가 부럽습니다. 이제 우리도 그렇게 살기 위해 노력하겠습니다. 마음을 열고 기다리오니, 성령이여 우리를 인도하여 주십시오. 아멘.

억지가 없는 사람

예수께서 하늘에 올라가실 날이 다 되었다. 그래서 예수께서는 예루살렘에 가시기로 마음을 굳히시고 심부름꾼들을 앞서 보내셨다. 그들이 길을 떠나서 예수를 모실 준비를 하려고 사마리아 사람의 한 마을에 들어갔다. 그러나 그 마을 사람들은 예수가 예루살렘으로 가시는 도중이므로, 예수를 맞아들이지 않았다. 그래서 제자인 야고보와 요한이 이것을 보고 말하였다. "주님, 하늘에서 불이 내려와 그들을 태워 버리라고 우리가 명령하면 어떻겠습니까?" 예수께서 돌아서서 그들을 꾸짖으셨다. 그리고 그들은 다른 마을로 갔다(누가복음 9:51-56).

예수적 삶의 특색은 비폭력 저항이라 할 수 있다. 공생애 전체가 그러하거니와 그의 마지막 순간도 그러했다. 십자가에 달리신 예수님은 '가해加害'와 '피해被害'라는 폭력의 악순환을 훌쩍 뛰어넘은 자유인이었다. 어떤 학자는 사람들이 그

하나님의 숨을

기다리며

를 하나님이라고 고백하는 까닭은 폭력이 일상화된 세상에서 찾아볼 수 없는 완전히 낯선 존재였기 때문이라고 말했다. 예수 안에서 살아가는 이들은 세상에서 낯선 존재가 되어야 한다. 누가가 들려주는 예수 이야기는 우리가 어떤 태도로 세상과 접촉하며 살아야 할지를 가르쳐준다.

어느 날 예수님은 예루살렘을 향하여 올라가기로 굳게 결심하셨다. 한가로운 여행이었다면, 혹은 영광을 위한 여정이었다면 굳게 결심까지 할 이유는 없었을 것이다. 그것은 고난을 향한 행진이었기에 비장한 여정이었다. 예수님은 제자들을 앞서 보내셨다. 그들은 예수님을 모실 준비를 하려고 사마리아 사람의 한 마을에 들어갔다. 그러나 마을 사람들은 적대적이었다. 몽둥이를 들고 나왔는지, 싸늘한 눈길을 보냈는지 알 수 없지만, 분명한 것은 그들이 예수 일행을 환대할 생각이 없었다는 사실이다. 누가는 그 이유를 "예수가 예루살렘으로 가시는 도중이므로"라고 밝히고 있다.

'예루살렘'이라는 단어가 사마리아 사람들에게 일으키는 정서적 반응은 매우 적대적이었다. 그들은 예루살렘으로 상징되는 이스라엘의 질서로부터 철저히 소외된 사람들이다. 앗수르의 침공 이후에 이방인들과 피가 섞였다고 해서 예루살렘의 옛 질서는 그들을 이방인 취급을 했던 것이다. 사마리아인들의 마음에 불 인두로 지진 상처처럼 아프게 새겨진 것은 소외감이었다. 예루살렘으로 향하는 예수님 일행을 고운 시선으로 바라볼 수 없었던 것은 그 때문이다.

과거를 극복하지 못한 채 마음에 한을 품고 살아가는 그들이 참 딱하다. 하지만 예수님의 가장 가까운 제자라 할 수 있는 야고보와 요한의 반응은 더욱 딱하다. 그들은 사마리아인들의 반응에 분개하여 말한다.

"주님, 하늘에서 불이 내려와 그들을 태워 버리라고 우리가 명령하면 어떻겠습니까?"(누가복음 9:54)

가슴에 마치 잉걸불이라도 품은 것 같은 격렬한 반응이다. 그들은 엘리야가 기도하자 하늘에서 불이 내려와 진설해 놓은 제물을 활활 사르던 갈멜산의 사건을 떠올렸을 것이다. 과거의 기억에서 헤어 나오지 못하는 사마리아 사람들이나 분노를 다스리지 못해 식식거리는 제자들이나 영적으로 미숙한 사람인 것은 마찬가지이다.

하지만 예수님은 그들과는 전혀 다른 반응을 보인다. 사마리아 사람들을 꾸짖을 생각도, 그들을 훈계할 생각도 없다. 무시해서가 아니라 아직 때가 이르지 않았기 때문이다. 주님은 오히려 제자들을 꾸짖으시고는 다른 마을로 향하셨다. 길이 막히면 에돌아 나가는 물과 같다. 도무지 억지가 없다. 그렇기에 비애도 없다. 이런 삶의 홀가분함을 배우고 싶다.

하나님의 숨을
기다리며

하나님, 선의를 가지고 다가서도 도무지 마음을 열지 않는 이들이 있습니다. 차가운 냉대에 자주 노출되다 보면 우리 마음도 그만 겨울 왕국처럼 변하고 맙니다. 받아들여지지 않았다는 서운함은 상대방을 객관적으로 보지 못하게 만듭니다. 호의가 적대감으로 바뀌는 것은 시간 문제일 따름입니다. 바울은 선을 행하다가 낙심하지 말라고 가르쳤습니다. 주님, 일쑤 낙심하는 우리를 불쌍히 여기셔서 예수님처럼 홀가분하게 살아갈 수 있는 마음 넉넉함을 우리 속에 허락하여 주십시오. 아멘.

의와 이익 사이에서

유월절이라고 하는 무교절이 다가왔다. 그런데 대제사장들과
율법학자들은 예수를 없애버릴 방책을 찾고 있었다. 그들은 백
성을 두려워하였다(누가복음 22:1-2).

시시각각 다가오는 불길하고 검은 그림자를 눈치 채지 못했
을 리 없다. 남은 시간이 많지 않았다. 지난 3년간 아낌없이
주었으니 떠남이 아쉽지는 않으나, 남겨질 이들 생각에 안
타까움이 쉽게 가시지 않는다. 뜻을 세웠다가도 시련의 시
간이 닥쳐오면 그 뜻을 접곤 하는 게 연약한 인간의 버릇이
다. 아직 단단한 음식을 먹지 못하는 이들을 두고 떠나야 했
기에 예수님의 마음이 조급하다. 그래서 낮에는 성전에 들
어가서 백성들을 가르쳤다. 듣거나 아니 듣거나 마땅히 가
르쳐야 할 것을 가르쳐야 했기 때문이다. 밤에는 올리브 산
으로 물러나 하나님 앞에 엎드려 기도를 올렸다. 자신의 안

위를 위해서가 아니라 남겨질 사람들을 위해.

"너희는 스스로 조심해서, 방탕과 술취함과 세상살이의 걱정으로 너희의 마음이 짓눌리지 않게 하고, 또한 그 날이 덫과 같이 너희에게 닥치지 않게 하여라"(누가복음 21:34).

방탕과 술취함, 세상살이의 걱정에 짓눌려 지내는 그 시린 마음 모르는 바 아니지만, 그런 삶이 맺을 결실은 보지 않아도 뻔하다. 삶의 무게에 짓눌린 이들 가운데는 그 곤고함을 잊으려고 자신을 쾌락에 내던지는 이들이 있다. 껄껄 웃는 웃음은 절망의 이면이다. 술에 취해 호기라도 부려보고 싶은 이들도 있다. 무엇을 먹을까 마실까 입을까 하는 염려 때문에 삶을 한껏 살아내지 못하는 이들은 또 얼마나 많은가? 그러나 누구에게나 '그 날'은 다가온다. 두려운 청산의 날 말이다. 그 날이 누군가에게는 기쁨의 날이지만, 또다른 사람들에게는 덫이 되기도 한다. 예수님의 절박한 심정이 통한 것일까? 많은 이들이 그분의 가르침을 들으려고 이른 아침부터 성전에 모여들었다. 대중은 맹목적으로 보여도 참된 소리에는 귀를 기울이는 법이다. 사람들의 눈길이 예수에게 집중되자 대제사장들과 율법학자들은 예수님을 없애기 위한 모의를 진행했다. 예수의 존재는 종교상인으로 전락한 그들의 모습을 비추는 거울이었기 때문이다. 생명을 풍성하게 하라고 세움을 입은 이들이 한 아름다운 사람을 없애기 위해 연대한다. 거룩함을 분별하고, 거룩함을 가르쳐야 할 이들이 악마의 유혹에 속절없이 넘어갔다. 의가 아니라 이익이 마음을 지배할 때 사람은 누구나 불의의 병기가 되기 십상이다. 안중근은 '이익을 보거든 그것을 취함이 의에 합당한지를 생각하고, 위태로움을 보거든 목숨을 바치라'는 『논어』의 가르침을 가슴에 새기고 살았다.

다짐하고 또 다짐해도 넘어지기 쉬운 게 사람이다. 종교와 종교인이 이익에 마음을 빼앗기는 순간 그의 타락은 가속화된다. 생명을 빼앗는 일조차 꺼리지 않는다. 하나님의 이름으로 하나님을 배신하는 일들이 벌어진다. 나는 그렇지 않다고 장담할 수 없다. 그렇기에 다만 은혜를 구할 뿐이다.

기도

하나님, 잘 믿는다는 것이 어떤 것인지요? 어떤 이들은 성경도 많이 읽고 기도도 열심히 하지만 도무지 이웃들의 아픔에는 꿈쩍도 하지 않는 이들이 있습니다. 그런가하면 성경 지식도 부족하고 기도생활을 열심히 하지 않는 것처럼 보여도 아픔을 겪는 이들을 보면 어김없이 다가가 곁이 되는 이들이 있습니다. 하나님, 명실상부한 그리스도인이 되고 싶습니다. 예수님의 마음으로 이웃을 대하고, 어느 누구도 함부로 해치지 않는 사람들이되게 해주십시오. 아멘.

하나님의 숨을

기다리며

상처 자국이 있는가?

> 할례를 받거나 안 받는 것이 중요한 것이 아니라, 새롭게 창조
> 되는 것이 중요합니다. 이 표준을 따라 사는 사람들에게와 하
> 나님의 백성 이스라엘에게 평화와 자비가 있기를 빕니다. 이
> 제부터는 아무도 나를 괴롭히지 마십시오. 나는 내 몸에 예수
> 의 상처 자국을 지고 다닙니다(갈라디아서 6:15-17).

십자가를 꼭 붙잡은 바울에게 유대인들이 자랑거리로 여기
는 육체의 할례는 정말 보잘것없는 것이었다. 할례 받는 것
과 안 받는 것이 구원과 무슨 상관이 있다는 말인가. 할례
는 바벨론에 포로로 잡혀가 있던 유대인들이 민족적인 정체
성을 잃어버리지 않기 위해서 강조했던 것이다. 그것은 그
야말로 유대인이라는 외적인 표지에 지나지 않는다. 그래서
바울은 "겉모양으로 유대 사람이라고 해서 유대 사람이 아
니요, 겉모양으로 살갗에 할례를 받았다고 해서 할례가 아

닙니다"(로마서 2:28)라고 말했다. 예레미야 역시 "너희 마음의 포피를 잘라 내어라"(예레미야 4:4)라고 말했다. 스데반은 이스라엘 백성들을 향해 "목이 곧고 마음과 귀에 할례를 받지 못한 사람들이여, 당신들은 언제나 성령을 거역하고 있습니다. 당신네 조상들이 한 그대로 당신들도 하고 있습니다"(사도행전 7:51)라고 책망했다. 본질과 비본질의 착종이 심각하다.

바울은 할례를 받은 사람이지만, 갈라디아 교회를 어지럽히고 있는 유대계 그리스도인들을 향하여 "나는 내 몸에 예수의 상처 자국을 지고 다닙니다"(갈라디아서 6:17)라고 말한다. 여기서 예수의 상처 자국ta stigmata tou Iesou이란 말은 '예수의 스티그마'라는 단어를 번역한 것이다. 스티그마는 불에 달군 쇠로 소나 말의 엉덩이에 찍어 그 주인을 나타내는 표식을 가리킨다. 바울의 몸에 예수의 상처 자국이 있다는 말은 물론 주님의 뜻을 행하는 과정에서 바울 사도가 겪은 고난의 흔적을 가리키는 말이다. 매를 맞고, 돌에 맞고, 폭동에 휘말리고, 감옥에 갇히고, 굶주리고, 잠을 자지 못하고, 배척당하고… 이루 말로 다 헤아릴 수 없을 만큼 그는 많은 고생을 했다(고린도후서 11:18-33 참조).

입신양명立身揚名을 노려서가 아니었다. 바울은 왜 이런 고난을 마다하지 않았을까? "우리는 언제나 예수의 죽임 당하

하나님의 숨을
기다리며

심을 우리 몸에 짊어지고 다닙니다. 그것은 예수의 생명도 또한 우리 몸에 나타나게 하기 위함입니다"(고린도후서 4:10).

그가 기꺼이 고난의 길을 걸은 것은 예수의 생명, 시들 수 없고, 더럽혀질 수 없는 영원한 생명을 얻기 위해서였다. 그리고 그 생명을 다른 이들에게 가져가기 위해서였다. 바울의 몸에 난 고난의 흔적들은 그가 누구에게 소속된 사람인지, 그가 무엇을 위해 사는 사람인지를 확연히 드러내준다.

예수님은 당신의 부활을 믿지 못했던 도마에게 당신 몸에 난 상처 자국을 보여주셨다. 그 상처는 죄악의 골짜기에서 살아가는 이들을 하늘로 이끌기 위해 당하신 고난의 흔적이었다. 상처를 내 보이시는 주님 앞에서 우리는 영광만을 구하고 있는 것은 아닌지 모르겠다. 죽어 하나님 앞에 설 때 우리가 주님께 내보일 상처는 무엇인가. 그 상처가 없다면, 이웃들을 위해 자기를 희생한 징표가 없다면 어떻게 고개를 들고 주님을 만날 수 있을까?

기도

하나님, 본질적인 것에 마음을 열지 못하는 사람일수록 비본질적인 것에 집착합니다. 주님은 박하와 근채와 회향의 십일조를 바치는 바리새파 사람들이 정의와 자비와 신의는 소홀히 한다고 책망하셨습니다. 성경을 읽고 기도를 드리고 예배에 참석하는 것이 아니라 주님의 뜻을 행하다가 입은 상처가 믿는 이의 표식이라는 사실을 두려움으로 기억하겠습니다. 이제는 힘겹더라도 자아의 한계를 벗어나 더 큰 세계로 나아가겠습니다. 우리의 믿음과 의지가 연약해지지 않도록 성령의 능력으로 우리를 사로잡아 주십시오. 아멘.

하나님의 숨을
기다리며

본이 된 사람

예수께서 제자들의 발을 씻겨주신 뒤에, 옷을 입으시고 식탁에 다시 앉으셔서, 그들에게 말씀하셨다. "내가 너희에게 한 일을 알겠느냐? 너희가 나를 선생님 또는 주님이라고 부르는데, 그것은 옳은 말이다. 내가 사실로 그러하다. 주이며 선생인 내가 너희의 발을 씻겨 주었으니, 너희도 서로 남의 발을 씻겨 주어야 한다. 내가 너희에게 한 것과 같이, 너희도 이렇게 하라고, 내가 본을 보여 준 것이다"(요한복음 13:12-15).

김흥호 목사는 스승을 산과 같은 존재라 말한다. "사람은 산을 보다가, 산을 걷다가, 산이 됩니다." 놀라운 말이다. 한국의 한 등반가가 에베레스트 정상에 오른 것을 보고 쓴 글 속에 그가 생각하는 스승의 모습이 오롯이 담겨 있다.

"세계의 정상 히말라야 정상에 태극기가 휘날렸다. 무서운 빙벽과 고요한 빙호水湖와 넘치는 빙하가 8,848미터 에베

레스트의 모습이다. 옛 사람은 이 산을 설산雪山이라 했고, 이 설산은 가끔 스승에 비유되었다. 위대한 스승에게는 빙벽과 같은 의와 불의를 판가름하는 무서운 정의감이 감돌고 있다. 그리고 얼음같이 차가운 참과 거짓을 판가름하는 고요한 진리감이 깃들어야 하고, 빙호같이 넘치는 삶과 죽음을 판가름하는 자비감이 흘러내려야 한다. 무서운 정의와 고요한 진리와 넘치는 자비가 하나가 될 때 위대한 스승은 이루어진다"(설교 '스승의 특징' 중에서).

무서운 정의, 고요한 진리, 넘치는 자비가 한 존재 속에 구현될 수 있을까? 예수는 바로 그런 분이었다. 권력 앞에 당당하여 '예'와 '아니오'가 분명했고, 진리를 구현할 뿐 드러내려 하지 않았고, 세상의 모든 슬픔을 품어 안으셨다. 예수님을 스승이라 하면 어떤 이들은 모욕감을 느낀다며 항변한다. 세상의 구원자이신 주님을 스승으로 격하시키지 말라는 것이다. 그러나 그들은 스승이 아니고는 구원자가 될 수 없다는 사실을 알지 못한다. 스승은 길이 된 사람이고, 참 생명이 된 사람이고, 진리의 화신이다.

유월절을 앞두고 예수님은 대야에 물을 떠다가 제자들의 발을 닦아주셨다. 베드로가 이건 예법에 맞지 않는 일이라고 항변했지만 주님은 "내가 너를 씻기지 아니하면, 너는 나와 상관이 없다"(요한복음 13:8)고 말씀하신다. 허리에 수건을

하나님의 숨을
기다리며

두르고 무릎을 꿇은 채 제자들의 발을 닦아주시는 모습은, 향유를 붓고 머리털로 주님의 발을 적시던 여인의 모습을 연상시킨다. 이런 사랑의 행위는 모든 계층화된 질서의 전복을 의미한다. 예수님은 심지어 당신을 배신할 유다의 발까지 닦아주셨다. 영혼의 깊은 어둠 속을 방황하던 제자의 번민까지도 용납하고 품어 안으신 거룩한 사랑이다.

제자들의 발을 다 씻어주신 후 예수님은 옷을 입으시고 식탁에 앉으셨다. 그리고 나직한 목소리로 말씀하셨다.

"주이며 선생인 내가 너희의 발을 씻겨 주었으니, 너희도 서로 남의 발을 씻겨 주어야 한다"(요한복음 13:14).

발을 씻겨 준다는 것, 그것은 그를 있는 그대로 받아들인다는 것을 의미한다. 그의 연약함과 슬픔, 못남과 허물까지도 사랑으로 수용하는 것, 바로 그것이 제자의 길이라는 것이다. 새로운 세상은 이러한 비상한 실천을 통해 열린다. 주님은 말로 가르치는 분인 동시에 삶으로 본을 보이신 분이다. 본받을 이가 없는 인생은 쓸쓸하고 적막하다. 예수를 본받을 때 삶이 맑아진다.

기도

하나님, 아름다운 삶을 살려고 애써보지만 우리는 번번이 습관의 폭력 앞에서 무너지곤 합니다. 주님을 따라 살겠다는 우리의 의지는 작은 타격을 받는 순간 무너지곤 합니다. 모래 위에 집을 지은 어리석은 건축자는 다름 아닌 우리들입니다. 이런 우리를 못났다 책망하지 않으시고 끝없이 용납하시는 그 사랑을 감당할 길 없습니다. 주님은 우리에게 익숙한 질서를 사랑으로 전복시키십니다. 이제 우리도 그 사랑을 품고 누군가의 발을 닦아줄 수 있기를 빕니다. 우리 속에 사랑의 숨결을 불어넣어주십시오. 아멘.

하나님의 숨을

기다리며

나귀를 타신 왕

예수와 그 제자들이 예루살렘에 가까이 이르러, 올리브 산에 있는 벳바게 마을에 들어섰다. 그 때에 예수께서 두 제자를 보내시며 그들에게 말씀하셨다. "맞은편 마을로 가거라. 가서 보면, 나귀 한 마리가 매여 있고, 그 곁에 새끼가 있을 것이다. 풀어서, 나에게로 끌고 오너라. 누가 너희에게 무슨 말을 하거든, '주님께서 쓰려고 하십니다' 하고 말하여라. 그리하면 곧 내어줄 것이다." 이것은, 예언자를 시켜서 하신 말씀을 이루시려는 것이었다. "시온의 딸에게 말하여라. 보아라, 네 임금이 네게로 오신다. 그는 온유하시어, 나귀를 타셨으니, 어린 나귀, 곧 멍에메는 짐승의 새끼다." 제자들이 가서, 예수께서 지시하신 대로, 어미 나귀와 새끼 나귀를 끌어다가, 그 위에 겉옷을 얹으니, 예수께서 올라타셨다. 큰 무리가 자기들의 겉옷을 길에다가 폈으며, 다른 사람들은 나뭇가지를 꺾어다가 길에 깔았다. 그리고 앞에 서서 가는 무리와 뒤따라오는 무리가 외쳤다. "호산나, 다윗의 자손께! 복되시다, 주님의 이름으로 오시는 분! 더없이 높은 곳에서 호산나!" 예수께서 예루살렘에 들어가셨을 때에, 온 도시가 들떠서 물었다. "이 사람이 누구냐?" 사람들은 그가 갈릴리 나사렛에서 나신 예언자 예수라고 말하였다(마태복음 21:1-11).

세상에 급할 게 뭐가 있냐는 듯 느릿느릿 걷는 나귀를 본다. 무거운 짐을 등에 얹고도 태연자약하다. 주인의 바쁜 마음 아랑곳없이 제 속도로 걸을 뿐이다. 그래서일까? 이스라엘의 왕들은 나귀 혹은 노새를 타고 도성에 들어갔다. 다윗은 제사장 사독과 선지자 나단 그리고 측근인 브나야로 하여금 솔로몬을 자기가 타던 노새에 태워 기혼으로 인도한 후, 거기서 솔로몬에게 기름을 부어 왕으로 삼으라고 명령했다(열왕기상 1:33-34).

왜 말이 아니고 노새인가? 말은 전쟁을 연상시킨다. 말을 길들임으로 인간은 이동 거리와 속도를 늘릴 수 있었다. 말에 오르거나 균형을 잡기 위해 안장에 부착한 등자鐙子의 발명은 전쟁 역사를 바꾸었다고 한다. 이스라엘은 제국의 틈바구니에서 힘겨운 생존을 이어가야 했다. '병거'와 '기병대'는 공포 그 자체였다. 성경에서 가장 오랜 층에 속하는 미리암의 노래는 "주님을 찬송하여라. 그지없이 높으신 분,

하나님의 숨을
기다리며

말과 기병을 바다에 던져 넣으셨다"(출애굽기 15:21)고 고백한다.

토라는 왕들이라 해도 군마를 많이 가지려고 해서는 안 된다고 가르친다(신명기 17:16). 수없이 많은 전쟁을 치렀던 다윗은 "르홉의 아들, 소바 왕 하닷에셀이 유프라테스 강 유역에서 자기 세력을 되찾으려고 출정하였을 때에, 다윗이 그를 치고, 그에게서 기마병 천칠백 명과 보병 이만 명을 포로로 사로잡았다. 다윗은 또 병거를 끄는 말 가운데서도 백 필만 남겨 놓고, 나머지는 모조리 다리의 힘줄을 끊어 버렸다"(사무엘하 8:3-4). 그들이 일어설 수 없도록 조치한 것이다.

노자의 『도덕경』에도 말에 대한 언급이 나온다. '치빙전렵영인심발광馳騁畋獵令人心發狂', 말을 타고 사냥질 하는 것이 사람 마음을 미치게 만든다는 말이다. 문명은 속도를 자랑하지만, 가속의 시간은 우리에게 평화를 안겨주지 못한다. 시인 정지용이 '다락처럼 높다'고 했던 말이 아니라, 만만해 보이는 나귀 혹은 노새를 탄 왕의 모습은 평화의 상징으로 적합하지 않은가?

제자들이 어미 나귀와 새끼 나귀를 끌어다가 그 위에 겉옷을 얹자 예수님은 그 위에 올라타셨다. 길가에 있던 사람들도 겉옷을 길에다 펴고, 어떤 이들은 나뭇가지를 꺾어다가 길에 깔았다. 흥분한 사람들은 노래를 부르며 그를 맞아들였다. "호산나, 다윗의 자손께! 복되시다, 주님의 이름으로 오시는 분! 더 없이 높은 곳에서 호산나!"(마태복음 21:9)

이 행렬은 가이사랴에서 예루살렘으로 올라오는 로마군의 위풍당당한 행진과 대비된다. 로마의 점령군은 자기들의 위세를 드러내는 동시에 피식민지 백성들의 가슴에 공포심을 주입하기 위해 깃발을 앞세운 채 말을 타고 위풍당당하게 행진했다. 나귀를 타신 예수님의 모습은 공포가 아니라 사랑이, 위세가 아니라 겸허함이 영원함을 보여준다. 지금, 우리는 어느 행렬을 따라가고 있는가?

기도

하나님, 가속의 시간에 적응하느라 우리는 늘 숨이 가쁩니다. 평안을 희구하면서도 늘 불안에 시달립니다. 질주하지 않으면 남에게 추월당할지도 모른다는 불안감 때문에 우리는 안식을 누리지 못합니다. 나귀를 타고 느릿느릿 예루살렘을 향해 올라가시는 주님의 모습을 머리에 그려봅니다. 그 속도는 사랑의 속도이고, 함께 함의 속도입니다. 어쩌면 생명이 자라는 속도인지도 모르겠습니다. 우리 속에 일고 있는 불안의 광풍을 잠잠하게 해주십시오. 그리고 주님의 속도에 맞춰 살아갈 지혜와 용기를 허락하여 주십시오. 아멘.

꽁꽁 언 채 겨울을 견디다가 봄이 되면 노랑 물감 같은 장다리꽃을 피우고 마침내 씨를 만들어내는 것이 씨도리배추의 소명이다. 하나님은 바로 이런 사람들을 통해 새로운 역사를 시작하신다. 힘 있는 자들을 의지하지 않고, 주님만을 진심으로 의지하는 사람. 그들이야말로 묵은 상처에서 돋는 새살이다.

Monday ～～～

Tuesday ～～～

Wednesday ～～～

하나님의 숨을

기다리며

Thursday ~~~~~

Friday ~~~~~

Saturday ~~~~~

Sunday ~~~~~

십자가에서 탄생한 빛

지나가는 사람들이 머리를 흔들면서, 예수를 모욕하며 말하였다. "아하! 성전을 허물고 사흘 만에 짓겠다던 사람아, 자기나 구원하여 십자가에서 내려오려무나!" 대제사장들도 율법학자들과 함께 그렇게 조롱하면서 말하였다. "그가, 남은 구원하였으나, 자기는 구원하지 못하는구나! 이스라엘의 왕 그리스도는 지금 십자가에서 내려와 봐라. 그래서 우리로 하여금 보고 믿게 하여라!" 예수와 함께 십자가에 달린 두 사람도 그를 욕하였다(마가복음 15:29-32).

맹자는 인간에게 측은지심惻隱之心이 있다고 가르쳤다. 우물을 향해 걸어가는 아이를 보면 선인이든 악인이든 달려가 아이를 위험에서 구하는 것을 보면 그렇다는 것이다. 인간 속에는 인애의 감정이 있는 것이 사실이다. 그러나 그 마음이 늘 지속되지는 않는다. 어떤 순간에는 발현되지만 또 다

하나님의 숨을
기다리며

른 순간에는 발현되지 않는다. 두려움에 익숙한 사람들은 강자와 자기를 합일화 함으로 그 두려움에서 벗어나려는 경향이 있다. 두려움이 많은 사람 가운데는 자기보다 약한 이들을 필요 이상으로 가혹하게 대하는 이들도 있다. 자기들 속에 있는 연약함을 숨기려고 더욱 악마적으로 구는 것인지도 모르겠다.

십자가에 달리신 주님을 보며 사람들이 보인 태도는 조롱과 멸시였다. 빌라도의 법정에서 심문을 받으신 후에 군인들에게 당하신 조롱도 아프지만, 골고다 언덕에서 보인 사람들의 야멸찬 태도가 더욱 아프게 느껴진다. 지나가는 사람들은 머리를 흔들면서 말한다. "아하! 성전을 허물고 사흘 만에 짓겠다던 사람아, 자기나 구원하여 십자가에서 내려오려무나!" 대제사장들과 율법학자들도 그 조롱에 가담한다. "그가, 남은 구원하였으나, 자기는 구원하지 못하는구나! 이스라엘의 왕 그리스도는 지금 십자가에서 내려와 봐라. 그래서 우리로 하여금 보고 믿게 하여라!" (마가복음 15:29-32) 그들은 서로 바라보며 공모의 미소를 지었을까? 인간에 대한 예의도 연민도 없는 불모의 시간이었다.

박두진은 〈갈보리의 노래2〉에서 예수님이 겪으셨던 그 어둠의 시간을 폭포와 같은 문장으로 드러낸 바 있다.

"마지막 내려 덮은 바위 같은 어둠을 어떻게 당신은 버틸

수가 있었는가? 뜨물 같은 치욕을, 불붙는 분노를, 에어내는 비애를, 물새 같은 고독을, 어떻게 당신은 견딜 수가 있었는가? 쾅쾅 쳐 못을 박고, 창끝으로 겨누고 채찍질해 때리고, 입 맞추어 배반하고, 매어달아 죽이려는, 어떻게 그 원수들을 사랑할 수 있었는가?"

그 비애의 시간에 예수님 홀로 고요했다. 하나님의 완강한 침묵은 이해하기 어려웠지만 그렇다고 하여 하나님에 대한 신뢰가 흔들리지는 않았다. 오히려 처형자들의 죄를 용서해달라고 하나님께 청했다. 하나님께 당신의 영혼을 온전히 맡겼다. 이해를 넘어서는 믿음이란 이런 것이다.

십자가는 인간이 얼마나 잔인할 수 있는지를 보여주는 도구였다. 그런데 예수의 십자가에서 새로운 것이 탄생했다. 세상의 어둠을 밝히는 빛, 절망을 빚어 만드는 희망, 죽음을 이기는 궁극적 생명 말이다. 그 빛을 보았던 것일까? 십자가 아래 서 있던 백부장은 예수께서 숨을 거두시는 것을 보고 말하였다. "참으로 이분은 하나님의 아들이셨다"(마가복음 15:39).

하나님, 십자가에 달리신 주님을 조롱하는 무리들을 떠올릴 때마다 분노와 아울러 슬픔이 느껴집니다. 그런 부류의 사람들은 도처에 있습니다. '인간은 인간에게 늑대'라는 말도 있습니다만, 쾌락을 사랑하고 돈을 사랑하는 사납고 무정한 사람들은 고통 받는 이들을 보면서도 조금도 동요하지 않습니다. 우리도 별반 다르지 않습니다. 주님, 우리에게 아픔을 주십시오. 주님의 피를 주십시오. 주님의 눈물을 주십시오. 십자가에서 탄생한 그 영원한 빛을 바라보게 해주십시오. 주님만이 우리의 구원이요 길이십니다. 아멘.

시름하는 동조자

4월 9일

> 그 뒤에 아리마대 사람 요셉이 예수의 시신을 거두게 하여 달라고 빌라도에게 청하였다. 그는 예수의 제자인데, 유대 사람이 무서워서, 그것을 숨기고 있었다. 빌라도가 허락하니, 그는 가서 예수의 시신을 내렸다. 또 전에 예수를 밤중에 찾아갔던 니고데모도 몰약에 침향을 섞은 것을 백 근쯤 가지고 왔다. 그들은 예수의 시신을 모셔다가, 유대 사람의 장례 풍속대로 향료와 함께 삼베로 감았다. 예수가 십자가에 달리신 곳에, 동산이 있었는데, 그 동산에는 아직 사람을 장사한 일이 없는 새 무덤이 하나 있었다. 그 날은 유대 사람이 안식일을 준비하는 날이고, 또 무덤이 가까이 있었기 때문에, 그들은 예수를 거기에 모셨다(요한복음 19:38-42).

갈릴리의 어부들은 '나를 따라 오너라'라는 부름을 들었을 때 모든 것을 버려두고 예수님을 좇았다. 즉각적이고 전폭

하나님의 숨을
기다리며

적인 응답이었다. 헤롯 안티파스가 다스리던 1세기 갈릴리의 상황은 참담했다. 그는 황제의 이름을 딴 도시 티베리아스를 건설했다. 그 건설비용을 감당해야 했던 것은 무고한 백성들이었다. 그는 또한 자기의 임명권자인 로마에 잘 보이기 위해 막대한 세금을 징수했다. 조상 대대로 갈릴리 호수에서 고기를 잡으며 살던 어부들도 배와 그물의 크기에 따라 세금을 내야 했고, 기껏 잡아 올린 물고기도 헤롯이 만든 염장 처리 공장에 헐값으로 넘겨야 했다. 삶은 피폐해졌고, 혁명의 기운이 꿈틀거리고 있었다. 예수의 첫 번째 제자들이 어부라는 사실이 암시하는 바가 크다.

그러나 복음의 말씀을 듣는다고 하여 모두가 주님을 따라나서는 것은 아니다. 예수를 따라다닌 사람들은 대개 가난한 이들이었지만 유력한 이들도 있었다. 그들은 예수의 새로운 가르침에 귀를 기울이고 또 깊이 공감했지만 모든 것을 버려두고 그분을 따를 근기가 없었다. 자기가 예수의 가르침에 공감한다는 사실을 공적으로 드러내지도 못했다. 그것은 주류사회의 질서를 해치는 일처럼 보였고, 그때 자기들에게 집중되는 비난을 감당할 준비가 되어있지 않았기 때문일 것이다. 그들을 믿음의 사람으로 인정해야 할까? 따름의 철저성을 주장하는 이들에게 그들은 비겁자처럼 보인다. 그러나 그러한 규정은 여린 싹을 짓밟는 것이나 마찬가지이다. 여백이 없는 믿음의 강요는 허위의식을 낳기 쉽다.

복음에 동조하면서도 여전히 생활에 매여 있는 이들이 있다. 헨리 나웬은 그런 이들을 가리켜 '시름하는 동조자들'이라 명명했다. 그들을 비웃거나 배제하지 말아야 한다. 주님이 십자가에서 처형당한 후 제자들은 뿔뿔이 흩어졌다. 그러나 숨은 제자였던 아리마대 요셉이 빌라도를 찾아가 주님의 시신을 요구했다. 유대인들이 두려워 자기의 신앙적 정체성을 드러내지 않던 그가 '겁 많은 자의 용기'를 낸 것이다. 차마 그렇게 하지 않을 수 없는 내적 끌림 때문이었을 것이다. 그 순간 그는 자기에게 닥칠지도 모르는 위험과 사회적 평판을 계산하지 않았다. 밤중에 예수님을 찾아왔던 니고데모도 몰약과 침향 섞은 것 백 근을 가져와 예수님의 시신을 닦고 새 무덤에 모셨다. 빛나는 신앙적 도약의 순간이다.

경직된 믿음은 자칫 잘못하면 율법주의로 흐를 수 있다. 때가 무르익기를 기다려야 한다. 넘어지고 일어서기를 반복하면서 걸음마를 배우는 아기처럼 신앙도 그렇게 배워가는 과정이다. 넘어지면 일어서면 된다. 지향만 바르면 된다. 지향이 바르면 잠시 푯대가 보이지 않아도 낙심할 것 없다. 저 언덕을 넘으면 푯대는 다시 모습을 드러내는 법이다.

하나님, 믿음은 결단이고 모험이라는데 안일에 길들여진 우리는 도무지 길을 떠나지 못합니다. 우리 옷자락을 붙드는 옛 생활의 습성을 떨쳐버릴 힘이 우리에게 없습니다. 두려움 때문에 결단해야 할 때를 놓치곤 합니다. 이런 일이 반복되면서 우리 영혼은 누추해졌습니다. 아리마대 사람 요셉과 니고데모는 어떻게 두려움을 떨치고 위험 앞에 설 수 있었는지 궁금합니다. 주님, 그들을 일으켜 세웠던 그 뜨거움을 우리에게도 주십시오. 자아의 한계를 넘어 자유롭게 주님의 뒤를 따를 수 있는 검질긴 믿음을 우리 속에 심어주십시오. 아멘.

진영 밖으로 나가자

우리에게는 한 제단이 있습니다. 그런데 유대교의 성전에서 섬기는 사람들은 우리의 이 제단에 놓은 제물을 먹을 권리가 없습니다. 유대교의 제사의식에서 대제사장은 속죄제물로 드리려고 짐승의 피를 지성소에 가지고 들어가고, 그 몸은 진영 밖에서 태워버립니다. 그러므로 예수께서도 자기의 피로 백성을 거룩하게 하시려고 성문 밖에서 고난을 받으셨습니다. 그러하므로 우리도 진영 밖으로 나가 그에게로 나아가서, 그가 겪으신 치욕을 짊어집시다. 사실, 우리에게는 이 땅 위에 영원한 도시가 없고, 우리는 장차 올 도시를 찾고 있습니다. 그러니 우리는 예수로 말미암아 끊임없이 하나님께 찬미의 제사를 드립시다. 이것은 곧 그의 이름을 고백하는 입술의 열매입니다. 선을 행함과 가진 것을 나눠주기를 소홀히 하지 마십시오. 하나님께서는 이런 제사를 기뻐하십니다(히브리서 13:10-16).

하나님의 숨을

기다리며

오늘 우리가 예수를 만날 곳은 '진영 밖'이다. 히브리서 기자는 성도들을 고난의 길로 부른다. "그러하므로 우리도 진영 밖으로 나가 그에게로 나아가서, 그가 겪으신 치욕을 짊어집시다"(히브리서 13:13). '그러하므로'라는 접속부사는 앞의 내용이 뒤의 내용의 이유나 근거가 될 때 쓰이는 단어이다. 우리가 진영 밖으로 나가야 하는 까닭은 예수님을 만나뵐 자리가 바로 그곳이기 때문이다. 예수께 가는 길은 진영밖, 곧 주류 세계로부터 벗어난 곳으로 이어져 있다. 그 길은 인기 없는 길이고, 평안을 보장해주지 못하는 길이다.

거창 고등학교 강당 뒤편에는 '직업선택의 십계'라고 적힌 현판이 걸려 있다. 그중에 8번과 10번 계명이 인상적이다. '한 가운데가 아니라 가장자리로 가라', '왕관이 아니라 단두대가 기다리는 곳으로 가라.' 기독교 신앙에 바탕을 둔 건학 이념에 따라 거창고등학교는 학생들을 고난의 자리로 나아가라고 가르친다.

성도들을 고난의 길로 초대한 성서 기자는 한술 더 떠서 '그가 겪으신 치욕을 짊어지자'고 말한다. 작은 비난에도 상처를 입고, 누군가가 별 뜻 없이 내뱉은 말 한 마디 때문에 모욕감에 숨을 헐떡이고 밤잠을 설치기도 하는 우리들이다. 비난 받고, 모욕 받고, 수치를 당하는 것이 두려워 우리는 어중간한 자리에 서서 바장일 때가 많다. 불의에 대해 침묵하고, 약자들의 편에 서지 못하는 것도 그 때문이다. 그런데 성서 기자는 어쩌자고 우리에게 수치와 모욕을 자발적으로 받아들이라고 말하는 것일까? 늘 그런 것은 아니지만 모욕과 비난은 우리의 강고한 자아를 깨뜨리는 망치가 된다. 나라는 존재가 참 별 수 없는 존재라는 사실을 절감하게 될 때 놀랍게도 내적인 자유가 우리 속에 깃든다.

하지만 히브리서 기자가 진영 밖으로 나가 그가 겪으신 치욕을 짊어지자고 말하는 것은 더 깊은 뜻이 있다. 성도는 장차 도래할 세계를 앞당겨 사는 이들이다. 그들의 삶은 종말론적이다. 최종적으로 이루어지게 될 하나님 나라의 빛에 비추어 우리 현실을 가늠하며 산다는 말이다. 그는 세상의 인정과 박수갈채보다는 하나님의 칭찬을 구한다. 그는 자기에게 주어진 유한한 시간 속에 영원을 끌어들이는 사람이다. 하나님의 뜻을 따르기 위해 일하다가 모욕을 받거든 기뻐하라. 그것은 우리 영혼이 구원의 길에 서 있음을 보여주는 징표이니 말이다. 히브리서는 우리에게 '예수로 말미암아 끊임없이 하나님께 찬미의 제사를 드리자'고 제안한다. 찬미면 찬미지 왜 그 말이 제사와 결합되는 것일까? 희생이 없는 찬양은 진정한 찬양일 수 없다는 뜻이 아닐까? 진영 밖으로 내몰린 이들 곁에 다가서서 그들의 설 땅이 되려는 이들이야말로 하늘 찬양대가 아닌가.

하나님의 숨을
기다리며

하나님, 우리는 치열한 경쟁이 벌어지는 현장에서 밀려나지 않으려고 안간힘을 다하며 삽니다. 때로는 누군가를 밀쳐내기도 하고 짓밟기도 합니다. 밀려난 이들의 눈물을 한사코 외면합니다. 그러나 그들의 신음소리까지 외면할 수는 없습니다. 예수님은 중심에서 밀려나 주변화된 사람들 곁에 다가가십니다. 아픔의 자리, 고통의 자리에 머물며 그들의 벗이 되어주셨습니다. 그리고 우리를 그 자리로 부르십니다. 그 자리야말로 참 인간의 길로 인도하는 문이기 때문입니다. 그 부름에 온 몸으로 응답하는 사람이 되고 싶습니다. 믿음 없는 우리를 불쌍히 여겨주십시오. 아멘.

낡아 없어지지 않는 유산

그러므로 여러분이 지금 잠시 동안 여러 가지 시련 속에서 어쩔 수 없이 슬픔을 당하게 되었다 하더라도 기뻐하십시오. 하나님께서는 여러분의 믿음을 단련하셔서, 불로 단련하지만 결국 없어지고 마는 금보다 더 귀한 것이 되게 하시며, 예수 그리스도께서 나타나실 때에 여러분에게 칭찬과 영광과 존귀를 얻게 해 주십니다. 여러분은 그리스도를 본 일이 없으면서도 사랑하며, 지금 그를 보지 못하면서도 믿으며, 말로 다 표현할 수 없는 즐거움과 영광을 누리면서 기뻐하고 있습니다. 여러분은 믿음의 목표 곧 여러분의 영혼의 구원을 받고 있는 것입니다(베드로전서 1:6-9).

"여러분이 지금 잠시 동안 여러 가지 시련 속에서 어쩔 수 없이 슬픔을 당하게 되었다 하더라도 기뻐하십시오"(베드로전서 1:6). 슬픔을 당하게 된 것을 기뻐하라는 초대에 신앙의 역설이 있다. 사도들은 예수의 이름으로 인하여 능욕 받게된 것을 기뻐했다. 사도 바울은 그리스도를 위하여 고난을받는 특권을 주신 하나님을 찬미한다(빌립보서 1:29). 상식으로는 이해할 수 없는 일이다. 믿음은 상식을 뛰어넘는다. 믿음의 사람은 이 세상에 살지만 이 세상에 속한 사람이 아니다. 하나님께 속한 사람이다. 그렇기에 "나에게는, 사는 것이 그리스도이시니, 죽는 것도 유익하다"(빌립보서 1:21)고 말하는 것이다.

그런 확신을 굳게 붙든 사람들은 세상이 감당할 수 없는사람이다. 하나님의 뜻대로 살기 위해 애쓰다가 겪는 시련은 우리를 넘어뜨리는 걸림돌이 아니라, 우리 믿음을 단련하는 기회가 된다. 그 믿음은 주님께서 다시 오실 때 우리를이끌어 칭찬과 영광과 존귀를 누리게 해줄 것이다.

조선시대의 학자인 이덕무는 『이목구심서耳目口心書』라는책에서 재미있는 이야기를 들려준다. 지리산에 연못이 하나있었다. 그 위로 소나무가 죽 늘어서 있어 그 그림자가 언제나 연못에 비쳤다. 못에는 물고기가 있는데 무늬가 몹시 아롱져서 마치 스님의 가사처럼 보였기에 사람들은 그 물고기를 '가사어袈裟魚'라고 불렀다. 잡기는 어려운 데, 일단 잡아삶아 먹으면 능히 병 없이 오래 살 수 있다고 한다. 이 이야기를 요약한 단어가 '송영변어松影變魚'이다. 소나무 그림자가

물고기 무늬로 변했다는 뜻이다.

예수의 그늘 아래 오래 머물면 우리에게도 무늬가 생길까? 지워지지 않는 무늬, 사람들이 우리를 하나님의 자녀로 알아볼 무늬가 있는가? 예수님은 "너희가 서로 사랑하면, 모든 사람이 그것으로써 너희가 내 제자인 줄을 알게 될 것"(요한복음 13:35)이라고 말씀하셨다. 베드로는 구원받은 사람의 모습을 이렇게 요약한다.

"여러분은 그리스도를 본 일이 없으면서도 사랑하며, 지금 그를 보지 못하면서도 믿으며, 말로 다 표현할 수 없는 즐거움과 영광을 누리면서 기뻐하고 있습니다"(베드로전서 1:8).

진실하고 선하고 아름다운 것은 언제나 무기력해 보인다. 거짓과 악의와 추함이 세상을 지배하는 것처럼 보인다. 하지만 땅 속에 묻힌 진실은 언젠가는 드러나게 마련이고, 짓눌렸던 선함은 반드시 솟아오를 것이고, 외면당하고 있던 아름다움이 사람들의 가슴을 따뜻하게 물들이게 될 날은 반드시 온다. 힘을 내자. 낡아 없어지지 않는 유산을 상속받은 사람답게 절망의 땅에 희망을 파종하자. 의기의 힘으로 역사의 수레바퀴를 되돌리는 부활의 증인이 되자.

하나님, 진실하고 선하게 살고 싶습니다. 예수님의 눈으로 세상을 보고, 예수님의 마음으로 이웃을 대하며 살고 싶습니다. 시련 속에서도 유쾌함을 잃지 않는 사람, 주위를 명랑함으로 물들이는 사람들이 되고 싶습니다. 우리를 통해 부활하신 주님의 현존이 드러나기를 원합니다. 하나님, 우리가 본향 찾는 나그네라는 사실을 잊지 않게 해주십시오. 우리 몸과 마음을 바치오니, 주님의 선하신 뜻대로 사용하여 주십시오. 아멘.

주님의 숨을 마시라

> 그 날, 곧 주간의 첫 날 저녁에, 제자들은 유대 사람들이 무서워서, 문을 모두 닫아걸고 있었다. 그 때에 예수께서 와서, 그들 가운데로 들어서셔서, "너희에게 평화가 있기를!" 하고 인사말을 하셨다. 이 말씀을 하시고 나서, 두 손과 옆구리를 그들에게 보여 주셨다. 제자들은 주님을 보고 기뻐하였다. [예수께서] 다시 그들에게 말씀하셨다. "너희에게 평화가 있기를 빈다. 아버지께서 나를 보내신 것 같이, 나도 너희를 보낸다." 이렇게 말씀하신 다음에, 그들에게 숨을 불어넣으시고 말씀하셨다. "성령을 받아라. 너희가 누구의 죄든지 용서해 주면, 그 죄가 용서될 것이요, 용서해 주지 않으면, 그대로 남아 있을 것이다"(요한복음 20:19-23).

주님의 부활은 제자들에게도 전대미문의 사건이었다. 복음서에서 증언되는 부활에 대한 증언이 일관되지 않은 것은,

그 사건을 겪은 이들의 당혹감을 반영한다. 일관되지 않음은 부활이 꾸며낸 이야기가 아니라 오히려 진실한 경험임을 반증한다. 성서 기자들은 부활 신앙을 설명하기 위해 공교한 체제를 만들지도 않았고, 일관된 서사를 만들지도 않았다. 여인들을 통해 주님이 부활하셨다는 소식을 듣고도 제자들은 믿지 않았다. 믿을 수 없는 현실이었기 때문이다.

혼신의 열정으로 따랐던 예수님이 무기력하게 십자가에 처형당하자 제자들은 혼돈에 빠졌다. 지향을 잃어 비틀거렸고, 산산이 깨진 꿈이 주는 아픔에 신음했다. 두려움과 깊은 침묵이 그들을 지배했다. 그때 주님이 그들 가운데 홀연히 모습을 드러내셨다. '어떻게?'라고 묻는 것은 부질없는 일이다. 주님은 그저 그 자리에 현존하셨다. 당혹감에 사로잡힌 제자들에게 "너희에게 평화가 있기를!" 하고 인사말을 건네신 후에 주님은 당신의 두 손과 옆구리의 상처를 보여주셨다. 제자들을 사로잡고 있던 두려움이 어느 순간 기쁨으로 변했다. 이처럼 상처가 기쁨을 매개할 수도 있는 것이다. 그 상처자국을 보며 제자들은 두려움 속에서 잊고 있던 하나님 나라의 꿈을 회복했는지도 모르겠다.

주님은 다시 평화의 인사를 건네시며 그들을 세상을 향해 파송하신다. "아버지께서 나를 보내신 것 같이, 나도 너희를 보낸다." 주님은 죽음의 공포 앞에서 스승에게 등을 돌렸던 그 제자들을 못났다 책망하기는커녕 그들의 아픔과 두려움까지 감싸안으신다. 이 파송은 '나는 여전히 너희를 신뢰한다'는 신호이다. 그러나 주님은 아신다. 그들 홀로는 거친 세상을 견딜 힘이 없다는 것을. 그렇기에 주님은 그들에게 숨을 불어넣으시며 말씀하신다. "성령을 받아라." 주님의 숨이 채워지면 주님의 삶을 이어받게 된다. 숨이 채워지면 사람은 일어선 존재가 된다. 부활은 일어섬이다. 부활절을 뜻하는 영어 단어 'Easter'는 동쪽을 뜻하는 'east'에서 나왔다고 한다. 동쪽은 예로부터 해가 뜨는 방향, 희망이 유입되는 방향을 상징했다.

주님의 숨을 통해 제자들은 죽음의 공포에서 벗어나 희망의 사람이 되었다. 이제 그들이 할 일은 그리스도의 몸이 되어 사는 것이다. 복음을 전파하고, 연약한 사람들의 힘이 되어주고, 갈등하던 사람들을 화해시키는 사명이 그들에게 주어졌다. 때로는 우리의 호의가 싸늘한 거부에 부딪칠 때도 있고, 선한 노력에 결실이 없을 때도 있을 것이다. 그때마다 우리는 돌이켜 희망의 샘이 되신 예수님의 손과 발 그리고 옆구리에 새겨진 상처를 보아야한다. 그 상처에 접속될 때 우리는 절망의 덫에 걸리지 않는다.

하나님의 숨을
기다리며

하나님. 주님의 부활 소식을 듣고도 믿지 못했던 제자들의 마음을 알 것 같습니다. 죽은 사람이 살아난다는 것은 과학적이지도 않고 합리적이지도 않기 때문입니다. 제자들의 믿음 없음을 탓할 수 없습니다. 그러나 설명할 수 없지만 주님은 분명히 부활하셨습니다. 주님의 숨을 마신 이들은 일어서서 부활의 삶을 살았습니다. 주님은 사라진 것이 아니라, 지금도 우리들 속에서 일하고 계십니다. 우리는 패배해도 주님은 결코 패배하지 않으실 것을 알기에 이제 두려움을 떨치고 일어나 기쁨을 전하는 사람들이 되겠습니다. 아멘.

뜨거움을 나누는 사람들

그 두 길손은 자기들이 가려고 하는 마을에 가까이 이르렀다. 그런데 예수께서는 더 멀리 가는 척하셨다. 그러자 그들은 예수를 만류하여 말하였다. "저녁때가 되고, 날이 이미 저물었으니, 우리 집에 묵으십시오." 예수께서 그들의 집에 묵으려고 들어가셨다. 그리고 그들과 함께 음식을 잡수시려고 앉으셨을 때에, 예수께서 빵을 들어서 축복하시고, 떼어서 그들에게 주셨다. 그제서야 그들의 눈이 열려서, 예수를 알아보았다. 그러나 한순간에 예수께서는 그들에게서 사라지셨다. 그들은 서로 말하였다. "길에서 그분이 우리에게 말씀하시고, 성경을 풀이하여 주실 때에, 우리의 마음이 [우리 속에서] 뜨거워지지 않았습니까?"(누가복음 24:28-32)

새로운 세상이 열릴 거라는 기대에 부풀었던 사람들에게 예수의 십자가 처형은 절망의 문이었다. 외세의 지배가 끝나

하나님의 숨을

기다리며

고, 시온이 세상의 모든 산들 위에 우뚝 서리라는 꿈은 남
가일몽처럼 스러지고 말았다. 애써 다독여보아도 마음속으
로 스멀스멀 스며드는 허무의식을 떨쳐버리기 어려웠을 것
이다. 엠마오로 가던 두 사람도 마찬가지였다. 그들은 미련
없이 예루살렘을 등졌다. 그러나 아쉬움조차 없던 것은 아
니어서, 그 동안의 경험을 나누며 걷고 있었다. 재를 뒤적여
꺼져가는 불씨라도 발견하고 싶었던 것일까?

그때 낯선 사람이 다가와 함께 걷다가 두 사람이 나누
는 이야기가 대체 무슨 이야기냐고 물었다. 두 사람은 침통
한 표정을 감추지 못한 채 예루살렘을 들끓게 했던 이야기
를 들려준다. 많은 이들이 말과 행동에 힘이 있었던 예언자
나사렛 예수야말로 이스라엘을 구원할 자라고 믿었지만 그
는 허망하게 죽임을 당했고, 며칠 후 여인들이 천사들의 환
상을 보았다면서 예수가 다시 살아났다고 한다는 것이었다.
그런 소식을 들었음에도 불구하고 두 제자는 낙향하고 있었
다.

그 나그네는 메시아가 고난을 받아야 하는 것을 왜 깨닫
지 못하느냐고 그들을 책망하면서 모세와 예언자들을 비롯
해 성경 전체에서 메시아에 대해 증언한 내용을 풀어 설명
해준다. 메시아적 신비에 대해 온전히 깨닫지는 못했지만
희미한 빛이 그들 속에 스며들었던 것일까? 두 사람은 나그

네를 자기들의 집에 초대한다. 식탁이 차려졌을 때 나그네는 빵을 들어 축사를 한 후에 떼어 나누어주었다. 그들의 영혼에 새벽이 다가왔다. 그들은 그 나그네가 주님임을 알아보았다. 그러나 깨달음과 동시에 예수님은 사라졌다.

두 사람은 그 놀랍고 신비한 경험을 되새긴다. "그들은 서로 말하였다. '길에서 그분이 우리에게 말씀하시고, 성경을 풀이하여 주실 때에, 우리의 마음이 [우리 속에서] 뜨거워지지 않았습니까?'"(누가복음 24:32)

그 길 위에서 절망으로 식어버린 영혼에 온기가 찾아왔던 것이다. 생명은 온기 속에서 탄생하는 법, 그들은 그 뜨거움의 기억을 간직한 채 예루살렘으로 올라간다. 제자들이 머물고 있던 곳에 이르렀을 때 그들은 제자들을 통해 주님이 확실히 부활하셨다는 소식을 접한다. 두 사람도 자기들이 길에서 겪은 일과 빵을 떼실 때에 일어난 일을 증언한다. 경험의 나눔을 통해 그들은 더 큰 확신에 이를 수 있었다.

교회는 그런 뜨거움을 나누는 이들의 모임이다. 나그네처럼 다가와 어둡던 우리 인생을 밝혀주셨던 주님에 대한 다채로운 증언이 합류하여 거대한 흐름이 될 때, 욕망의 탁류 속에 떠내려가던 삶을 거스를 수 있다. 주님은 지금도 우리 곁에서 걷고 계신다.

하나님의 숨을
기다리며

하나님, 기대하고 소망했던 일이 무너질 때 절망의 어둠이 우리를 확고히 사로잡습니다. 애써 몸과 마음을 추슬러 보지만, 한번 상처 입은 마음은 쉽게 치유되지 않습니다. 이런 일이 반복되면 삶의 의욕이 사라집니다. 지금 절망의 내림 길을 걷고 있는 이들을 불쌍히 여겨주십시오. 그들 곁에 다가가시어 식어버린 마음에 뜨거운 불꽃을 다시 지펴주십시오. 외로움 속에 유폐되지 않게 해주시고, 삶의 기쁨과 슬픔을 나눌 동료들을 만나게 해주십시오. 아멘.

와서 아침을 먹어라

그들이 땅에 올라와서 보니, 숯불을 피워 놓았는데, 그 위에 생선이 놓여 있고, 빵도 있었다. 예수께서 제자들에게 말씀하셨다. "너희가 지금 잡은 생선을 조금 가져오너라." 시몬 베드로가 배에 올라가서, 그물을 땅으로 끌어내렸다. 그물 안에는, 큰고기가 백쉰세 마리나 들어 있었다. 고기가 그렇게 많았으나, 그물이 찢어지지 않았다. 예수께서 그들에게 말씀하셨다. "와서 아침을 먹어라." 제자들 가운데서 아무도 감히 "선생님은 누구십니까?" 하고 묻는 사람이 없었다. 그가 주님이신 것을 알았기 때문이다. 예수께서 가까이 오셔서, 빵을 집어서 그들에게 주시고, 이와 같이 생선도 주셨다(요한복음 21:9-13).

밤새도록 물고기 한 마리 건져 올리지 못한 어부들의 마음은 쓸쓸했을 것이다. 건져 올릴 때마다 텅 빈 그물은 마치 그들의 마음인양 쓸쓸했다. 그때 해변 저편에서 목소리가

446   하나님의 숨을

                                        기다리며

들려왔다. "얘들아, 무얼 좀 잡았느냐?" "못 잡았습니다." 그 때 목소리의 주인공이 그물을 배의 오른편에 던져보라 일렀다. 거역할 수 없는 명령처럼 들렸던 것일까? 그들은 그대로 했다. 그러자 그물을 끌어올릴 수 없을 정도로 많은 물고기가 잡혔다. 그때 예민한 영혼의 소유자인 요한은 자기들에게 말을 건네신 분이 주님임을 알아차렸다. 베드로는 벗어 놓았던 겉옷을 걸치고 물에 뛰어들어 주님께 다가갔다. 어쩌겠다는 생각은 없었다. 마음 깊은 곳에서 어떤 힘이 그를 움직이고 있었던 것이다. 다른 제자들은 고기가 든 그물을 끌면서 해안으로 나왔다. 죽는 한이 있어도 주님을 버리지 않겠다고 장담했으나 시련의 채찍질 소리에 속절없이 무너진 그들이었다. 유구무언의 상황이었다.

그런데 해안에는 숯불이 피워져 있었고 생선과 떡이 그 위에 올려 져 있었다. 주님은 그들을 위해 식탁을 차리고 계셨던 것이다. "너희가 지금 잡은 생선을 조금 가져오너라." "와서 아침을 먹어라." 마치 아무 일도 없었던 것 같았다. 주님이 차리신 식탁은 마치 너희는 나를 버렸지만 나는 너희를 버리지 않았다고 말하는 듯했다. 예수님의 지상 생활의 특색 가운데 하나가 식탁 공동체였다. 예수님은 사회적 기휘의 대상인 사람들의 초대를 거절하지 않으셨다. 밥을 같이 먹는다는 것은 상대방을 가족으로 혹은 이웃으로 받아들인다는 뜻이 아닌가? 가족이라는 말은 혈연에 근거한 친족 관계를 이르지만, 식구는 말 그대로 밥을 같이 먹는 사람을 의미한다. 한솥밥을 먹는 사람이 바로 식구이다.

꾸지람 한 마디 없이 예수님은 제자들을 식구로 맞아들이신다. 옳고 그름에 대한 냉철한 판단과 비판이 필요할 때도 있다. 하지만 마음이 무너진 이들에게 필요한 것은 자기를 일으켜 세울 수 있도록 해주는 타인의 지지와 사랑이다. 받아들여짐의 경험을 통해 사람들은 자기 안의 상처를 보석으로 가꿀 힘을 얻는다. 돌에 맞고 가지가 꺾이는 시련을 겪으면서도 먹감나무는 상처를 아름다운 무늬로 바꾼다. 주님은 받아들임을 통해 그들을 가두고 있던 어두운 기억과 상처에서 벗어나도록 도우신다. 상처가 없었다면 그들은 인간의 연약함에 공감할 수 없었을 것이다.

신앙이란 일종의 연금술이다. 보잘 것 없는 재료를 가지고 가장 귀한 것을 빚어내는 과정이라는 말이다. 화학적 변화를 위해서는 촉매가 필수적이다. 무너진 영혼의 재탄생을 위해 필요한 촉매제는 따뜻한 '받아들임'이다. 믿음의 사람이란 냉혹한 세상에서 영혼의 촉매가 되려는 이들이 아닐까.

하나님의 숨을
기다리며

하나님, 주님을 따라 살겠다고 다짐하면서도 우리는 종종 주님의 길에서 벗어나곤 합니다. 세상의 화려한 불빛이 우리 눈을 가려 주님을 시야에서 놓칠 때가 많습니다. 세상에 맛들인 영혼은 좁은 길이 아니라 넓은 길에 이끌립니다. 주님, 우리를 포기하지 마시고 찾아와 주십시오. 제자들에게 주셨던 그 빵과 생선을 우리에게도 주십시오. 그 귀한 사랑을 먹고 힘을 얻어 상처의 기억을 빛나는 보석으로 바꾸고 싶습니다. 우리 삶이 하나님께는 영광이고 이웃에게는 덕이 되게 해주십시오. 아멘.

십자가는 인간이 얼마나 잔인할 수 있는지를 보여주는 도구였다. 그런데 예수의 십자가에서 새로운 것이 탄생했다. 세상의 어둠을 밝히는 빛, 절망을 빚어 만드는 희망, 죽음을 이기는 궁극적 생명 말이다. 그 빛을 보았던 것일까? 십자가 아래 서 있던 백부장은 예수께서 숨을 거두시는 것을 보고 말하였다. "참으로 이분은 하나님의 아들이셨다."

Monday ~~~~

Tuesday ~~~~

Wednesday ~~~~

하나님의 숨을

기다리며

Thursday ~~~~~~

Friday ~~~~~~

Saturday ~~~~~~

Sunday ~~~~~~

아픈 기억의 정화

베드로가 이 제자를 보고서, 예수께 물었다. "주님, 이 사람은 어떻게 되겠습니까?" 예수께서 말씀하셨다. "내가 올 때까지 그가 살아 있기를 내가 바란다고 한들, 그것이 너와 무슨 상관이 있느냐? 너는 나를 따라라!" 이 말씀이 믿는 사람들 사이에 퍼져 나가서, 그 제자는 죽지 않을 것이라고들 하였지만, 예수께서는 그가 죽지 않을 것이라고 말씀하신 것이 아니라, "내가 올 때까지 그가 살아 있기를 내가 바란다고 한들, [그것이 너와 무슨 상관이 있느냐?]" 하고 말씀하신 것뿐이다(요한복음 21:21-23).

시간을 되돌릴 수 있다면 얼마나 좋을까. 그러나 시간은 불가역적이다. 되돌릴 수는 없지만 지나간 시간은 언제나 우리 삶에 깊은 영향을 미친다. 오늘의 우리 모습은 우리가 살아온 과거의 축적이다. 인생이란 오늘의 점철이다. 무수한 점이 모여 선을 이루는 이치와 같다. 잘 살기 위해서는 오늘이라는 시간에 충실해야 하지만, 그 시간을 영원의 빛 속에서 볼 눈이 없다면 인생이 가련해진다. 점묘법pointillism 화가들은 무수히 많은 점을 찍어 형태를 표현한다. 그들은 가끔 캔버스에서 물러나서 캔버스 전체를 살핀다. 색채가 빚어내는 형태는 떨어져야 보이기 때문이다.

많은 이들이 과거의 고통스런 기억에 사로잡혀서 살아간다. 대개 그 기억은 무의식 속에 잠겨 있을 때가 많지만, 물을 휘저으면 바닥에 곱게 가라앉았던 흙이 뿌옇게 피어오르듯 기억은 어떤 계기만 만나면 떠올라 우리 삶을 사로잡는다. 과거와 화해하지 않는 한 새로운 삶은 불가능하다. 사탄은 우리가 과거와 화해하는 것을 좋아하지 않는다. 과거와 화해하려 할 때마다 우리를 훼방한다. 그 기억에 사로잡혀 있을 때 지배하기 쉽기 때문이다. 고통스러운 과거는 망각해야 할 것이 아니라 극복되어야 한다.

주님을 세 번씩이나 모른다고 했던 베드로의 마음에는 짙은 어둠이 드리워 있었다. 대제사장 가야바의 관저에서 그는 산산이 부서졌다. 자기 동일성이 무너졌고, 죄책감이 그를 확고히 사로잡았다. 은총이 아니고는 그는 회복될 수 없었다. 예수님은 식사를 마친 시몬 베드로를 따로 불러 물으신다. "요한의 아들 시몬아, 네가 나를 사랑하느냐?" 눈물겨운 질문이다. 베드로는 이전처럼 쉽게 대답하지 못한다.

하지만 그는 마침내 "주님, 그렇습니다. 내가 주님을 사랑하는 줄을 주님께서 아십니다"라고 대답한다. 귀히 여겨주시고, 있는 그대로 받아들여주신 주님을 어찌 사랑하지 않을 수 있단 말인가. 그런데 주님은 같은 질문을 세 번이나 반복하신다. 베드로가 그 세 번의 질문에 답하는 과정은 부끄러웠던 과거의 기억을 정화하는 과정이었다.

예수님은 "네가 나를 믿느냐"고 묻지 않으셨다. "네가 나를 사랑하느냐?" 물론 이 둘은 구별되지 않는다. 믿는 이들은 사랑하지 않을 수 없고, 사랑하는 이들은 믿지 않을 수 없기 때문이다. 예수님의 질문은 베드로를 밀함 속으로 끌어들인다. 사랑은 자기를 초월하는 능력이다. 사랑은 자기 좋을 대로 하지 않는다. 사랑은 무능할 수 없다. 인류에 대한 사랑이 예수님의 가슴을 가득 채웠던 것처럼 그를 믿는 이들은 그 사랑으로 채워져야 한다. 그때 비로소 "내 어린 양 떼를 먹여라" 하신 당부를 따를 수 있다. 마침내 베드로를 사로잡고 있던 어둠이 물러가고 새벽이 찾아왔다. 그는 새 사람이 되었다.

하나님의 숨을
기다리며

기도

하나님. 후회 없이 살기란 얼마나 어려운 일인지요. 매 순간 나름대로 최선을 다한다고는 하지만 우리가 하는 일은 허점투성이입니다. 사람들에게 실망감을 안겨줄 때도 많고 상처를 입히기도 합니다. 스스로 상처를 받을 때도 많습니다. 우리 몸과 마음에 새겨진 이런저런 상처는 올무가 되어 우리를 부자유하게 만듭니다. 주님 앞에 우리의 부끄러운 과거를 온전히 내놓습니다. 용서하시고 치유하시는 사랑을 그저 바랄 뿐입니다. 주님 우리에게도 '네가 나를 사랑하느냐' 물어주십시오. 혼신의 힘으로 '아멘'이라 대답하겠습니다. 아멘.

비두니아 가는 길이
막힐 때

아시아에서 말씀을 전하는 것을 성령이 막으시므로, 그들은 브루기아와 갈라디아 지방을 거쳐가서, 무시아 가까이 이르러서, 비두니아로 들어가려고 하였으나, 예수의 영이 그것을 허락하지 않으셨다. 그래서 그들은 무시아를 지나서 드로아에 이르렀다. 여기서 밤에 바울에게 환상이 나타났는데, 마케도니아 사람 하나가 바울 앞에 서서 "마케도니아로 건너와서, 우리를 도와주십시오" 하고 간청하였다. 그 환상을 바울이 본 뒤에, 우리는 곧 마케도니아로 건너가려고 하였다. 우리는, 마케도니아 사람들에게 복음을 전하기 위하여, 하나님께서 우리를 부르신 것이라고 확신하였기 때문이다(사도행전 16:6-10).

제2차 전도여행길에 오른 사도 바울은 이전에 설립했던 소아시아의 여러 교회를 방문하면서 성도들의 믿음을 든든히 세워주었다. 박해와 시련 속에서 믿음을 지키는 이들의 만

남은 늘 또 다른 은혜의 통로이다. 감격과 감사의 여정이었다. 그런데 뜻밖의 난관이 그의 발목을 잡았다. 그것은 어쩌면 바울 자신의 건강 문제이거나 아니면 변수 많은 그 지역의 정치적인 상황이었을지 모르겠다. 바울 사도는 어떻게든 소아시아의 서북 지역으로 선교의 지평을 넓혀보려고 애를 썼지만 길이 열리지 않았다. 누가는 "예수의 영이 허락지 않으셨다"고 전한다.

바울 사도는 자기의 계획이 좌절되는 아픔을 맛보았다. 하지만 그는 낙심하지 않았다. 하나님의 생각이 자기 생각보다 더 높다는 사실을 인정했기 때문이다. 어느 날 그는 기도 중에 환상을 보았다. 마케도니아 사람 하나가 나타나 "마케도니아로 건너와서, 우리를 도와주십시오" 하고 간청했다. 바울은 즉시 그것이 하나님의 부르심임을 알아차렸다. 그에게 전도의 문을 막았던 성령의 이해할 수 없는 처사는, 유럽에까지 복음을 전파하라는 일종의 초대였던 것이다.

가끔 세웠던 계획이 어그러지거나 가로막힐 때면 사도행전의 이 이야기를 떠올리곤 한다. 그래서 주님께 여쭙는다. '저에게 무슨 일을 시키시려고 하십니까?' 그렇게 마음을 모으다 보면 이사야 선지자를 통해 주신 말씀도 떠오른다. "나의 생각은 너희의 생각과 다르며, 너희의 길은 나의 길과 다르다." "하늘이 땅보다 높듯이, 나의 길은 너희의 길보다 높으며, 나의 생각은 너희의 생각보다 높다"(이사야 55:8, 9).

주님은 바울을 마케도니아로 부르셨다. 그리고 지금 우리도 그리로 부르신다. 우리 시대의 마케도니아인, 곧 복음과 만나야 할 이들은 누구일까? 살아있음의 기쁨을 알지 못하는 사람들, 죽지 못해 사는 사람들, 자기 존엄성을 잃어버린 채 살아가는 사람들, 지속적인 학대와 모욕에 시달리는 사람들, 난민이 되어 세상을 떠도는 사람들이 아닐까? 주류 사회에서 밀려나 자꾸 그늘 속으로 들어가고 있는 노인들, 도시 빈민들, 삶의 희망을 찾기 어려운 농어민들, 국제 이주 노동자들, 소년소녀 가장들, 성소수자들, 꿈조차 박탈당한 채 살아가는 사람들 말이다.

또 다른 부류의 사람들이 있다. 그들은 욕망의 노예가 되어 살아가는 사람들이다. 소비사회의 제물이 되어 인생의 목표가 마치 소유에 있는 듯이 살아가는 사람들도 마음 깊은 곳에서는 '누가 이 지겨운 욕망으로부터 나를 구해달라'고 외치고 있는지도 모른다. 살아있음의 의미를 잃어버린 채 세상에 대한 복수심에 불타고 있는 사람들도 역시 또 다른 마케도니아 사람이 되어 우리를 부르고 있다. 익숙한 공간을 떠나 낯선 세계에 들어갈 용기를 내야 할 때이다.

하나님의 숨을
기다리며

하나님, 낯선 이들과의 만남은 우리에게 긴장과 설렘을 아울러 안겨줍니다. 친절한 이들과 만날 때도 있지만, 무뚝뚝하거나 적대적인 눈빛을 보이는 이들과 만날 때도 있습니다. 그 때마다 두려움을 느낍니다. 그래서일 겁니다. 우리는 늘 익숙한 사람들과 어울리면서 예측 가능한 삶에 닻을 내리고 싶어 합니다. 그러나 주님은 우리의 안일을 뒤흔들며 새로운 자리로 부르기도 하십니다. 두렵지만 그 자리로 힘써 나아가겠습니다. 그곳에서 주님의 동행이 되는 기쁨을 누리게 해주십시오. 아멘.

4월 17일

멜렉 혹은 몰렉

제 십일년 첫째 달 칠일에 주님께서 나에게 말씀하셨다. "사람
아, 내가 이집트 왕 바로의 한쪽 팔을 부러뜨렸다. 치료하고 싸
매야 그 팔이 나아서 칼을 잡을 수 있을 터인데, 치료도 못하
고 싸매지도 못하고 약도 못 바르고 붕대를 감지도 못하였으
니, 그가 칼을 쥘 수 없다. 그러므로 나 주 하나님이 말한다. 내
가 이집트 왕 바로를 대적하여, 성한 팔마저 부러뜨려 두 팔을
다 못 쓰게 하고서, 그가 칼을 잡을 수 없게 하겠다. 내가 이집
트 사람들을 여러 민족 가운데 흩어 놓고, 여러 나라로 헤쳐 놓
겠다"(에스겔 30:20-23).

하나님의 지시에 따라 에스겔은 막대기 두 개를 마련해서
사람들 앞에 섰다. 그는 사람들이 보는 앞에서 그 막대기에
각각 글씨를 썼다. 하나에는 "유다 및 그와 연합한 이스라엘
자손"이라고 쓰고, 다른 하나에는 "에브라임의 막대기 곧

하나님의 숨을
기다리며

요셉 및 그와 연합한 이스라엘 온 족속"이라고 썼다. 그 두 막대기를 서로 연결시켜 하나가 되게 했을 때 사람들은 그 행동의 의미가 무엇이냐고 물었다. 에스겔은 곳곳에 흩어져 살고 있는 이스라엘 백성들을 불러내고, 그들이 꿈에도 그리던 고토로 데려가 한 민족으로 만들고, 한 임금이 다스리게 하시려는 하나님의 계획을 들려준다.

이스라엘 사람들은 포로생활을 하면서도 출신 지역이 어디냐에 따라 사분오열되어 있었다. 조상도 같고 신앙도 같고 언어도 같은 사람들이건만, 오랜 분단의 세월은 그들의 마음에 경계선을 만들어냈던 것이다. 뿌리로 돌아가면 문제는 의외로 쉽게 풀릴 수 있건만 그들은 뿌리로 거슬러 올라갈 힘을 잃고 있었다. 미움과 갈등은 사람들을 분열시키고 사랑은 하나로 만든다. 우리가 하나님을 사랑이라고 고백하는 까닭은 나뉜 것을 하나 되게 하시기 때문이다. 반면 사탄은 우리로 하여금 서로에게 타향이 되게 한다. 사탄이 다니는 통로는 '틈隙'이다. 협동과 이해가 깨진 틈으로 다닌다는 말이다. 사탄은 또한 틈을 넓혀 분단이 고착화되도록 한다.

하나님은 분단 의식의 지배를 받던 이들 "모두를 다스리는 한 목자"가 나타날 것이라고 말씀하신다. 일반적으로 왕을 뜻하는 히브리어는 '멜렉melek'이다. 그런데 멜렉이라는 단어는 인신제물을 받는 우상 '몰렉molek'을 연상시킨다. 사람들은 빼앗고, 억압하는 왕에게서 몰렉의 모습을 본다. 정현종 선생은 〈나쁜 운명〉이라는 시를 통해 지배자들이 우리에게 불행을 가져온다고 말한다.

"이 세상은 /나쁜 사람들이 지배하게 되어 있다./(그야 불문가지)/'좋은' 사람들은 '지배'하고 싶어하지 않고/'지배'할 줄 모르며 그리하여/'지배'하지 않으니까./따라서 '지배자'나 '지배행위'가 있는 한 이 세상의 불행은/그치지 않을 것이다."

'좋은' 사람은 지배할 줄 모르고, '지배'하고 싶어 하지 않는다. 옳은 말이다.

새로운 나라의 통치자를 가리키는 말로 에스겔이 사용한 단어는 '나시^{nasi}'이다. 이 단어는 평등 공동체에서 책임을 맡은 일꾼이라는 뉘앙스를 내포하고 있다. '내 종 다윗'(에스겔 37:24)이라는 말도 마찬가지이다. 물론 그것은 경칭임이 분명하지만 '종'이라는 단어 속에는 왕이 해야 할 중요한 일은 지배가 아니라 하나님의 뜻을 따라 백성들을 돌보고 섬기는 직책이라는 사실이 암시되어 있다. 국민을 개, 돼지쯤으로 여기는 이들이 많다. 그들은 모두 분단에 복무하는 세력들이다. 하나님은 그의 백성들 사이에 '살 집'을 마련하신다(에스겔 37:27). 하나님이 머무시는 땅을 더럽히지 말아야 한다.

하나님, 우리 가슴을 열어 주님 앞에 내보이고 싶은 나날입니다. 우리는 오늘도 쓸쓸한 목소리로 '세상의 평화 원하지만 전쟁의 소문 더 늘어간다'고 노래합니다. 호젓한 평화는 영영 허락되지 않는 것인지요? 아주 가끔 눈빛 따뜻하고 부드러운 사람을 만나면 큰 대접이라도 받은 것처럼 마음이 흔연해집니다. 그러나 대부분의 시간 우리는 경계심을 품고 지냅니다. 주님, 우리 속에 깃든 분단의식을 치유해주십시오. 그리고 여전히 나뉘어 있는 이 나라를 긍휼히 여기시어 평화스러운 통일의 길로 인도해주십시오. 아멘.

인간은 거룩하다

그 날이 오면, 주님의 성전이 서 있는 주님의 산이 산들 가운데서 가장 높이 솟아서, 모든 언덕을 아래로 내려다 보며, 우뚝 설 것이다. 민족들이 구름처럼 그리로 몰려올 것이다. 민족마다 오면서 이르기를 "자, 가자. 우리 모두 주님의 산으로 올라가자. 야곱의 하나님이 계신 성전으로 어서 올라가자. 주님께서 우리에게 주님의 길을 가르치실 것이니, 주님께서 가르치시는 길을 따르자" 할 것이다. 율법이 시온에서 나오며, 주님의 말씀이 예루살렘에서 나온다. 주님께서 민족들 사이의 분쟁을 판결하시고, 원근 각처에 있는 열강 사이의 갈등을 해결하실 것이니, 나라마다 칼을 쳐서 보습을 만들고 창을 쳐서 낫을 만들 것이며, 나라와 나라가 칼을 들고 서로를 치지 않을 것이며, 다시는 군사 훈련도 하지 않을 것이다. 사람마다 자기 포도나무와 무화과나무 아래 앉아서, 평화롭게 살 것이다. 사람마다 아무런 위협을 받지 않으면서 살 것이다. 이것은 만군의 주님께서 약속

하나님의 숨을
기다리며

하신 것이다. 다른 모든 민족은 각기 자기 신들을 섬기고 순종
할 것이다. 그러나 우리는 언제까지나, 주 우리의 하나님만을
섬기고, 그분에게만 순종할 것이다(미가 4:1-5).

주전 8세기 예언자인 미가는 모레셋이라는 시골 마을 출신
으로 사회의 밑바닥 계층 사람들이 겪고 있는 고통을 뼈저
리게 실감하고 있었다. 그는 백성들의 삶을 그 지경으로 만
든 지도자들의 무능과 사악함을 거침없이 공격했다. 그들은
우상 숭배자였고, 하나님을 경멸하고 조롱하는 무리들이었
다. 부자들은 백성들의 가죽을 벗기고 뼈에서 살점을 뜯어
냈고, 예언자라고 하는 자들은 입에 먹을 것을 물려주면 평
화를 외치고, 먹을 것을 주지 않으면 전쟁이 다가온다고 협
박했다. 재판에 뇌물이 오갔고, 종교인들의 유일한 관심사
는 돈벌이였다. 지도자들이 그 지경이니 백성들은 자책감조
차 없이 거짓말을 해댔다. 도덕은 땅에 떨어졌고 토라의 이
상은 잊혀졌다. 암흑시대였다.

바로 그때 하나님은 미가에게 주님의 영과 능력을 채우
시어 그들을 꾸짖게 하셨다. "그러므로 바로 너희 때문에 시
온이 밭 갈 듯 뒤엎어질 것이며, 예루살렘이 폐허더미가 되
고, 성전이 서 있는 이 산은 수풀만이 무성한 언덕이 되고
말 것이다"(미가 3:12) 하기 어려운 말이다. 하지만 해야 할

말이다. 하나님의 분노 속에는 백성들을 향한 하나님의 안타까움이 깃들어 있다. 하나님의 진노는 백성에 대한 사랑에서 터져 나온다. 미가는 폐허더미가 될 예루살렘, 수풀만이 무성한 언덕이 되고 말 성전 산이 새로운 희망의 뿌리가 될 것을 내다본다. 인간의 헛된 꿈이 무너질 때 하나님의 꿈이 시작된다. 미가는 때가 되면 주님의 산이 산들 가운데서 가장 높이 솟아서 모든 언덕을 내려다보며 우뚝 설 것이라고 말한다. 민족들이 주님의 산으로 몰려오면서 주님께 길을 여쭙고, 말씀을 들으려고 귀를 기울일 것이라는 것이다.

하나님은 거짓과 위선은 사정없이 깨뜨리지만, 상한 것은 싸매고 약한 것은 강하게 만드신다. 그런 하나님을 신뢰하기에 미가는 사람들이 칼을 쳐서 보습을 만들고, 창을 쳐서 낫을 만드는 세상, 나라와 나라가 칼을 들고 서로를 치지 않고, 다시는 군사 훈련을 하지 않을 세상을 그려보인다. 앗시리아라는 제국주의의 망령이 세상을 뒤덮는 때, 침략전쟁에 나선 군인들의 발소리가 북소리처럼 들려올 때, 지도자들의 폭거로 백성들의 신음소리가 들려올 때 미가는 전혀 새로운 세상을 내다보고 있었던 것이다.

꿈을 꾸는 사람들은 그 꿈을 몸으로 살아내야 한다. 우리들 속에 있는 거칠고 야비한 것들을 녹여 부드럽고 따뜻한 것으로 바꾸어야 한다. 광기에 사로잡힌 사람들이 벌이는

하나님의 숨을
기다리며

전쟁의 참혹함을 보면서도 인간에 대한 희망을 버리지 말아야 한다. 김준태 시인은 〈인간은 거룩하다〉라는 시에서 생명에 대한 경외심에 사로잡힌 이의 모습을 그리고 있다. 그는 한 그릇의 물도 함부로 엎지르지 않고, 한 삽의 흙이라도 불구덩이에 던지지 않는다. 그에게 있어서 땅 위에 살아 있는 모든 것들, 이를테면 풀여치, 지렁이, 장구벌레, 물새, 뜸북새, 물망울 등은 다 거룩한 생명이다. 그렇기에 그는 부드러운 손길로 그것들을 어루만진다. 우리 마음에 숨겨둔 칼과 창이 먼저 녹아내려야 한다. 그래야 보듬어 안을 수 있다.

기도

하나님, 암울한 세상에서 신음하고 있는 우리를 구하여 주십시오. 우리 속에 주님의 숨을 불어넣으시고, 말씀의 등불로 우리 앞을 밝혀주십시오. 게으름과 냉담함에서 벗어나게 해주시고, 하나님의 꿈을 우리 꿈으로 삼고 살게 해주십시오. 거친 세상에 사는 동안 우리는 '나 자신을 지키기 위해서'라는 명분으로 가슴에 창과 칼을 품고 살았습니다. 하지만 그 칼과 창은 우리 스스로를 망가뜨리고 있습니다. 주님, 그 거친 것들을 녹여주십시오. 생명을 품어 기르는 흙을 닮은 사람이 되게 해주십시오. 아멘.

막벨라 밭 굴

그래서 마므레 근처 막벨라에 있는 에브론의 밭, 곧 밭과 그 안에 있는 굴, 그리고 그 밭 경계 안에 있는 모든 나무가, 마을 법정에 있는 모든 헷 사람이 보는 앞에서 아브라함의 것이 되었다. 그렇게 하고 나서, 비로소 아브라함은 자기 아내 사라를 가나안 땅 마므레 근처 곧 헤브론에 있는 막벨라 밭 굴에 안장하였다. 이렇게 하여, 헷 사람들은 그 밭과 거기에 있는 굴 묘지를 아브라함의 소유로 넘겨주었다(창세기 23:17-20).

사라는 백 스물일곱 해를 살다가 세상을 떠났다. 90세에 이삭을 낳았으니 이삭이 대략 서른일곱 살 되었을 때이다. 아브라함과 함께 걸어온 사라의 일생은 결코 평탄하다고 말할 수 없다. 사라의 죽음 이야기가 이삭의 희생 이야기(창세기 22장) 직후에 등장한다는 사실도 의미심장하다. 떠날 때가 되어서 그런 것인지 앞의 사건이 준 충격 때문인지는 알 수 없

하나님의 숨을

기다리며

지만, 그 힘겨운 나그네 세월은 가나안 땅 기럇아르바 곧 헤브론에서 끝이 났다. 아브라함은 사라를 생각하면서 곡을 하며 울었다. 자식의 복과 땅의 복을 주시겠다는 하나님의 약속에 의지하여 살아왔는데, 자식은 얻었지만 여전히 자신들이 정착하여 살 수 있는 땅은 허락받지 못한 상태에서 평생을 함께 해온 아내가 세상을 떠났으니 그의 슬픔이 클 수밖에 없었다.

슬픔 가운데서도 아브라함이 해결해야 할 문제가 있었다. 사라의 매장지를 마련해야 했던 것이다. 아브라함은 헷 사람에게로 가서 아내의 매장지를 살 수 있게 해달라고 부탁한다. 헷 사람들은 아브라함을 '어른', '하나님이 우리 가운데 세우신 지도자'라고 지칭하면서 가장 좋은 묘 자리를 골라서 고인을 모시라고 말한다. 둘 사이에 오간 말이 매우 정중하다. 하지만 이것을 아브라함의 지위와 연결시키는 것은 적절치 않다. 우리는 이 이야기를 통해 고대 세계의 거래 행위가 어떻게 이루어졌는지를 짐작할 수 있다. 우리는 화폐라는 매개 수단을 이용해서 물건을 구매하기에 사는 사람과 파는 사람이 인격적으로 연루될 이유가 없다. 하지만 고대 세계에서는 그럴 수 없었다. 고대인들은 돈이나 상품을 그냥 교환하는 것을 모욕으로 여겼다. 따라서 거래행위조차 정중한 격식에 따라 이루어지곤 했다.

아브라함이 그 땅 사람들에게 큰 절을 한 후에 에브론 소유의 '막벨라 밭 굴'을 구입하고 싶다고 말하자, 에브론은 그 밭을 그냥 주겠다고 말한다. 이것 역시 의례적인 행동이다. 씨족 사회의 교환 양식은 '증여'의 형태를 취할 때가 많았던 것이다. 아브라함이 거듭해서 꼭 밭값을 치르게 해달라고 부탁하자 에브론은 굳이 그 땅 값을 치자면 은 사백 세겔 쯤 된다고 말하면서도 여전히 그 밭을 그냥 주겠다고 말한다. 하지만 아브라함은 은 사백 세겔을 달아 에브론에게 주었다. 거래가 그렇게 하여 잘 마무리 되었다. 이 거래를 평가하자면 에브론은 횡재를 한 것이고 아브라함은 바가지를 쓴 것이다. 여하튼 막벨라에 있는 에브론의 밭과 그 안에 있는 굴, 그리고 그 밭 경계 안에 있는 모든 나무가 법적으로 아브라함의 소유가 되었다. 이 모든 절차를 마친 후에 아브라함은 아내 사라를 막벨라 굴에 안장했다.

사라의 장례 이야기는 이렇게 마무리 되지만 이 이야기의 이면에는 깊은 진실이 숨겨져 있다. 그 무덤은 땅을 약속하셨던 하나님의 약속을 상기시키는 표지가 되었다. 성서 기자는 죽음의 쓰라림을 상기시키는 장소를 희망의 단초로 제시하고 있는 것이다. 하나님의 약속이 실현되는 방식은 참으로 다양하지 않은가.

하나님의 숨을
기다리며

하나님, 사람은 꿈을 먹고 사는 존재이지만, 가끔 꿈의 실현이 불가능하다는 절망감이 우리를 압도할 때가 많습니다. 꿈의 실현을 가로막는 방해물들이 너무 많기 때문입니다. 그러나 세상을 떠돌며 살던 아브라함은 한순간도 그 꿈을 버리지 않았습니다. 그 꿈을 버리지 않을 수 있었던 것은 하나님의 약속을 신뢰했기 때문이기도 했지만, 어떤 순간에도 곁을 떠나지 않는 아내 사라가 있었기 때문일 겁니다. 사라가 세상을 떠났을 때 그는 비로소 땅을 얻게 되었습니다. 이 역설 속에 담긴 아픔이 저릿하게 다가옵니다. 주님, 삶이 아무리 고달파도 희망을 버리지 않게 해주시고, 절망의 땅에 희망의 씨를 뿌리는 끈질김을 우리 속에 심어주십시오. 아멘.

거룩한 삶을 향한 열망

> 주님께서 모세에게 말씀하셨다. "이스라엘 자손 온 회중에게 말하여라. 너는 그들에게 이렇게 일러라. 너희의 하나님인 나 주가 거룩하니, 너희도 거룩해야 한다"(레위기 19:1-2).

성경은 우리 모두가 지향해야 할 삶의 목표를 거룩함이라는 말로 요약한다. 거룩함이란 속된 것과 구별되는 종교적 신비 혹은 덕목이 아니라 믿는 이들의 삶의 방식이어야 한다. 거룩한 삶이란 한마디로 우리에게 주어진 생의 자리에서 하나님의 대리자가 되어 살아가는 것이 아닐까? 우리가 만나는 모든 사람들에게, 그리고 온 세상 만물들에게 하나님의 사랑을 전하는 이가 거룩한 사람이다.

성결법전은 하나님의 백성들이 어떻게 살아야 하는지를 자세히 가르쳐준다. 우선 중요한 것은 부모 공경, 우상 숭배 멀리하기, 정성스런 제물 봉헌이다. 그러나 그 못지않게 중

하나님의 숨을
기다리며

요한 것이 있다. 추수를 하면서 가난한 이웃들을 위해 밭 한 모퉁이를 남겨두고 떨어진 이삭을 줍지 않는 것, 도적질·속임수·거짓말을 멀리하는 것, 힘 있다고 해서 이웃을 해치거나 이웃의 몫을 가로채지 않는 것, 듣지 못한다고 해서 귀먹은 사람에게 저주하지 않는 것, 앞 못 보는 이 앞에 장애물을 놓지 않는 것, 뇌물을 받고 재판을 굽게 하지 않는 것, 다른 이에 대해 나쁜 소문을 퍼뜨리지 않는 것, 힘없는 이웃을 막다른 골목까지 밀어붙이지 않는 것, 잘못을 저지르는 사람을 보았을 때는 애정을 가지고 책망하는 것 등이다.

간디의 제자 가운데 비노바 바베는 인도에서 간디 이상의 성인으로 추앙받고 있는 분이다. 그의 정신세계의 바탕을 만들어준 이는 어머니였다. 그의 어머니는 거지가 문간에 찾아오면 빈손으로 돌려보내는 법이 없었다고 한다. 어느 날 체격이 건장한 거지 한 사람이 찾아왔고 어머니는 평소대로 그에게 적선을 베풀었다. 비노바 바베는 못마땅하여 어머니에게 말했다.

"어머니, 저 사람은 아주 건강해 보여요. 그런 사람에게 적선을 하는 건 게으름만 키워주는 것이라구요. 받을 자격이 없는 사람에게 베푸는 것은 그들에게도 좋지 않은 거예요. [기타]에도 나오잖아요. 순수한 선물은 적절한 시간과 장소에서 받을 만한 가치가 있는 사람에게 주는 것이라구요."

어머니는 아들의 말을 듣고는 아주 차분하게 대답하셨다.

"바냐, 우리가 무엇인데 누가 받을 만한 사람이고 누가 그렇지 못한 사람인지 판단한단 말이냐? 우리가 할 수 있는 일은 그저 문간에 찾아오는 사람이면 누구든 다 하나님처럼 존중해 주고 우리의 힘이 닿는 대로 베푸는 거란다. 내가 어떻게 그 사람을 판단할 수 있겠니?"(칼린디, 『비노바 바베』, 김문호 옮김, 65쪽)

우리가 만나는 한 사람 한 사람을 사람의 몸을 입고 오신 하나님으로 생각한다면 어떻게 그를 함부로 대할 수 있겠는가? 우리가 이웃을 자기 이익의 도구로, 쾌락의 도구로 삼으면서도 죄책감을 느끼지 않는 것은 하늘을 잃어버렸기 때문이다. 타자를 물화시키는 것이 능력처럼 여겨지는 시대이기에, 거룩한 삶을 향한 투신이 더욱 절실한 오늘이다.

하나님의 숨을
기다리며

기도

하나님, 욕망의 벌판을 질주하는 동안 우리 영혼은 묵정밭으로 변하고 말 았습니다. 거룩한 삶의 열망은 간데없고, 온갖 부정적 삶의 습성만이 우리 를 온통 사로잡고 있습니다. 가시덤불과 엉겅퀴가 우거진 우리 영혼의 뜨 락이 스산하기만 합니다. 주님과의 친밀한 사귐을 통해 거룩한 삶의 열망 이 우리 속에서 되살아나기를 소망합니다. 주님의 완벽한 사랑과 지혜 안 에서 우리 삶을 재정비하게 해주십시오. 우리 앞에 있는 사람들 하나하나 를 하나님이 보내주신 귀한 손님으로 여기며 살게 해주십시오. 아멘.

한 번 크게 죽어야

"그래서 지금 내가 여러분에게 말씀드리는 바는 이것이오. 이 사람들에게서 손을 떼고, 이들을 그대로 내버려 두시오. 이 사람들의 이 계획이나 활동이 사람에게서 난 것이면 망할 것이요, 하나님에게서 난 것이면 여러분은 그것을 없애 버릴 수 없소. 도리어 여러분이 하나님을 대적하는 자가 될까봐 두렵소." 그들은 그의 말을 옳게 여겼다. 그리하여 그들은 사도들을 불러다가 때린 뒤에, 예수의 이름으로 말하지 말라고 명령하고서 놓아 주었다. 사도들은 예수의 이름 때문에 모욕을 당할 수 있는 자격을 얻게 된 것을 기뻐하면서, 공의회에서 물러나왔다. 그들은 날마다 성전에서, 그리고 이집 저집에서 쉬지 않고 가르치고 예수가 그리스도임을 전하였다(사도행전 5:38-42).

산헤드린 공의회의 금지 명령에도 불구하고 사도들은 예수의 이름으로 복음을 전했다. 대제사장은 자기 앞에 불려나

하나님의 숨을

기다리며

온 사도들을 심문한다. "우리가 그대들에게 그 이름으로 가르치지 말라고 엄중히 명령하였소. 그런데도 그대들은 그대들의 가르침을 온 예루살렘에 퍼뜨렸소. 그대들은 그 사람의 피에 대한 책임을 우리에게 씌우려 하고 있소"(사도행전 5:28). 사도들은 대제사장의 권위 앞에서 주눅 들지 않았다. 사람에게 복종하기보다는 하나님께 복종하는 것이 마땅하다며 예수의 십자가와 부활의 복음을 선포했다. 지당한 말이었지만 공의회 회원들은 자기들의 권위가 작동되지 않는 것에 격분하여 사도들을 죽이려 했다.

그러나 유대교의 진보적인 학파인 힐렐 학파를 대변하는 대학자 가말리엘은 흥분한 그들에게 신중하게 처신하는 것이 낫겠다고 말한다. 사도들이 가르치는 것이 사람에게서 난 것이면 저절로 소멸할 것이고 하나님께로부터 난 것이면 저희를 무너뜨릴 수 없겠고 도리어 하나님을 대적하는 것이 될 수도 있다는 것이었다. 공의회원들은 가말리엘의 말을 옳게 여겨서 사도들을 채찍질하고, 다시 한 번 예수의 이름으로 말하지 말라는 공허한 명령을 한 후에 놓아주었다. 우리는 이 장면에 담긴 쓰라림을 놓치는 경우가 많다. 사도들은 채찍질을 당했다. 짐승 뼛조각이 부착되어 살점을 파고드는 채찍에 맞은 것이다. 견디기 어려운 고통이었을 것이다. 매를 맞다가 죽을 수도 있는 상황이었다. 그런데도 그들은 위축되지 않았다. "사도들은 예수의 이름 때문에 모욕을 당할 수 있는 자격을 얻게 된 것을 기뻐하면서, 공의회에서 물러나왔다"(사도행전 5:41).

짤막한 진술이지만, 그 속에 담긴 의미는 결코 간단치 않다. 뼛속을 파고드는 고통은 그들을 예수로부터 멀어지게 만들기는커녕, 예수님의 운명과 깊이 결합되게 만들었다. 그들에게 믿음은 이제 관념이 아니다. 단순한 고백이 아니라는 말이다. 믿음은 예수와 멍에를 함께 맴이요, 운명을 나눔이다. 예수의 이름을 위하여 목숨을 건 결과 그들이 얻은 것은 무엇일까? 외적으로는 고통이다. 하지만 그들은 무엇과도 바꿀 수 없는 내적 자유를 얻었다. 세상의 어떤 것도 그들을 종으로 삼을 수 없었다. "너희가 나 때문에 모욕을 당하고, 박해를 받고, 터무니없는 말로 온갖 비난을 받으면, 복이 있다"(마태복음 5:11)는 말이 응한 것이다

고통은 때로 우리를 예수 그리스도와 깊이 결합시켜 준다. 그 고통이 주님의 뜻을 이루기 위한 것이라면 더 말해 무엇 하겠는가? 고통의 연대를 통해 영적 자유를 맛본 사람들은 이제 더 이상 작은 어려움 앞에서 쩔쩔매지 않는다. '대사일번 사후소생大死一番 事後蘇生'이라지 않던가. 한 번 크게 죽고 나면 다음에는 사는 일만 남는다. 죽지 않으려 하기에 어설프게 타협하며 산다. 삶이 누추해지는 것은 그 때문이

하나님의 숨을
기다리며

다. 사도들은 능동적으로 십자가를 짊어짐으로 부활의 생명을 얻었다.

기도

하나님, 허리를 곧게 펴고 당당하게 걷는 이들을 보면 마음이 후련해집니다. 어깨를 구부리고 우울하게 길을 걷는 이들을 보면 덩달아 마음이 답답해집니다. 사도들은 위엄을 갖춘 공의회 회원들 앞에서도 조금도 위축되지 않았습니다. 몸은 죽일 수 있어도 영혼을 가둘 수 없는 이들을 두려워하지 않았기 때문입니다. 우리도 이런 영적 자유를 누리고 싶습니다. 그러나 고난을 회피하면서 자유를 누릴 수 없음을 압니다. 주님의 영을 우리 속에 심어주십시오. 능력과 절제와 사랑의 영으로 거듭난 참 사람이 되게 해주십시오. 아멘.

신앙이란 일종의 연금술이다. 보잘 것 없는 재료를 가지고 가장 귀한 것을 빚어내는 과정이라는 말이다. 화학적 변화를 위해서는 촉매가 필수적이다. 무너진 영혼의 재탄생을 위해 필요한 촉매제는 따뜻한 '받아들임'이다. 믿음의 사람이란 냉혹한 세상에서 영혼의 촉매가 되려는 이들이 아닐까.

Monday ~~~~~

Tuesday ~~~~~

Wednesday ~~~~~

하나님의 숨을
기다리며

Thursday ~~~~~

Friday ~~~~~

Saturday ~~~~~

Sunday ~~~~~

배려와 심려

4월 22일

> 믿음이 강한 우리는 믿음이 약한 사람들의 약점을 돌보아 주어
> 야 합니다. 우리는 자기에게 좋을 대로만 해서는 안 됩니다. 우
> 리는 저마다 자기 이웃의 마음에 들게 행동하면서, 유익을 주
> 고 덕을 세워야 합니다. 그리스도께서도 자기에게 좋을 대로만
> 하지 않으셨습니다. 성경에 기록하기를 "주님을 비방하는 자들
> 의 비방이 내게 떨어졌다" 한 것과 같습니다(로마서 15:1-3).

헨리 데이빗 소로는 그의 책 『월든』에서 자기가 가꾸었던
콩밭 이야기를 들려준다. "이랑의 한쪽 끝은 내가 그늘에서
쉴 수 있는 관목 떡갈나무 숲에서 끝나고, 다른 한쪽 끝은
한바탕 김매기를 하고 다시 돌아올 때쯤이면 푸른 딸기의
색깔이 더 짙어지는 블랙베리 밭에서 끝났다. 잡초를 뽑고,
콩의 줄기 주변에 신선한 흙을 덮어주면서, 내가 뿌린 씨에
서 나온 줄기와 잎들이 잘 자라도록 격려하고, 황색 흙이 자

하나님의 숨을
기다리며

신의 여름 생각을 다북쑥, 후추나무 또는 기장 같은 잡초가 아니라 콩의 잎과 꽃으로 표현하도록 설득하여, 땅이 풀이오!가 아니고 콩이오!라고 외치도록 만드는 것, 이것이 바로 나의 일과였다"(헨리 데이비드 소로, 『월든』, 208쪽). 소로는 풀을 뽑고 콩대 주위에 흙을 북돋워주는 것을 콩대를 격려하는 것이라고 말한다. 그는 또 황색의 흙을 설득해 잡초가 아니라 콩잎을 내도록 한다. 그래서 자라나는 '콩'은 흙의 자기표현이요 긍정이 된다.

바울 사도는 성도의 삶을 단순하게 요약한다. "믿음이 강한 우리는 믿음이 약한 사람들의 약점을 돌보아 주어야 합니다. 우리는 자기에게 좋을 대로만 해서는 안 됩니다. 우리는 저마다 자기 이웃의 마음에 들게 행동하면서, 유익을 주고 덕을 세워야 합니다"(로마서 15:1-2). 여기서 '믿음이 강한 우리'는 율법에 얽매이지 않은 이방계 그리스도인을 가리키고 '믿음이 약한 사람들'은 유대계 그리스도인을 가리킨다. 여전히 규율에 매인 채 참 자유를 누리지 못한다 하여 비웃지 말고, 오히려 그들의 약함을 보듬어 안으면서 그들이 성숙한 믿음에 이를 때까지 인내해야 한다.

약한 이의 힘이 되어주는 것, 그들 속에 잠들어 있는 선의 가능성을 보고 그것을 호명하여 불러내는 것이야말로 믿는 이들 모두에게 주어진 소명이다. 우리 또한 그러한 사랑을 받았기 때문이다. 우리가 끊임없이 던져야 할 질문은 바로 이것이다. "주님께서 나에게 베푸신 모든 은혜를, 내가 무엇으로 다 갚을 수 있겠습니까?"(시편 116:12) 주님의 은혜에 보답하는 길은 하나 밖에 없다. 누군가의 동료가 되는 것, 남들을 보살피는 것, 이웃의 짐을 함께 지는 것 말이다(아브라함 요수아 헤셸). 이웃에게 기쁨을 안겨주는 것은 해도 되고 안 해도 되는 것이 아니다. 그것은 '당위'이다. 우리가 정녕 믿는 사람들이라면 마땅히 그렇게 살아야 한다. 배려와 심려야말로 우리를 사람다운 사람으로 만들어주는 묘약이다.

우리가 그렇게 살아야 하는 까닭을 바울 사도는 더욱 간명하게 밝힌다. "그리스도께서도 자기에게 좋을 대로만 하지 않으셨습니다"(로마서 15:3). 즉 그리스도는 사사로운 욕망에 굴복하지 않으셨다는 말이다. 예수님이 항상 당당하실 수 있었던 것은 사욕을 품지 않았기 때문이다. 자기에게 좋을 대로 하지 않는 삶을 연습해야 한다. 그때 우리는 비로소 예수의 제자로 지어져 갈 것이다.

하나님의 숨을
기다리며

기도

하나님, 과거에 공동체 정신이 살아 있을 때에는 마을 전체가 연약한 지체들을 보살폈습니다. 그들에게 설 자리를 제공함으로 인간적 존엄을 누리며 살 수 있도록 도왔습니다. 그러나 지금 우리가 살고 있는 세상은 무정하기 이를 데 없습니다. 연약한 이들은 난폭하고 야비한 강자들의 사냥감이 되고 있습니다. 주님은 우리에게 연약한 이들을 보살피라 이르십니다. 그것은 악한 시대정신을 거스르며 하나님 나라를 지향하는 길입니다. 어렵지만 그렇게 살도록 노력하겠습니다. 우리 속에 주님의 숨을 불어넣어주십시오. 아멘.

마음을 찢으라

"지금이라도 너희는 진심으로 회개하여라. 나 주가 말한다. 금식하고 통곡하고 슬퍼하면서, 나에게로 돌아오너라. 옷을 찢지 말고, 마음을 찢어라." 주 너희의 하나님께로 돌아오너라. 주님께서는 은혜롭고 자비로우시며, 오래 참으시며, 한결같은 사랑을 늘 베푸시고, 불쌍히 여기는 마음이 많으셔서, 뜻을 돌이켜 재앙을 거두기도 하신다. 행여 주님께서 마음과 뜻을 돌이키시고 오히려 복까지 베푸셔서, 너희가 주 하나님께 곡식제물과 부어 드리는 제물을 바칠 수 있게까지 하실는지 누가 아느냐?"(요엘 2:12-14)

요엘 선지자가 어느 시대에 활동했는지는 정확히 알기 어렵다. 다만 여러 정황들을 종합해 볼 때 바벨론 포로기 이후로 보아야 할 것 같다. 귀환한 공동체는 모든 것을 새롭게 시작하지 않을 수 없었다. 도시는 무참할 정도로 무너졌고, 전답

하나님의 숨을

기다리며

은 황폐하게 변해 있었다. 게다가 귀환 공동체는 그 땅에 살고 있던 이들의 적대감을 견뎌야 했다. 그들을 더 힘들게 만든 것은 메뚜기 떼의 급습과 가뭄이었다. 이상 기후로 인해 발생한 메뚜기 떼가 한번 휩쓸고 지나가면 지상에 녹색이 다 사라진 것처럼 보였다고 한다. 그로 인해 성전에 바치는 곡식 제물도 동나고, 부어드리는 제물도 떨어져 제사장들은 그저 탄식만 할 뿐이었다. 밭이 그처럼 황폐해지자 땅이 통곡했고, 땅이 울자 들짐승들도 부르짖었다.

그러한 시기에 요엘은 술을 즐기는 자들, 백성들, 농부들, 제사장 할 것 없이 모두 금식을 선포하고 성회를 열어 목 놓아 울자고 제안한다. 이런 시련이 혹시 하나님께 신실하지 못한 그 백성들에 대한 진노가 아닌지 돌아보자는 것이었다. 요엘에게 그런 자연재해는 우연히 닥쳐온 불운이 아니라 세계 심판의 전조였다. 요엘은 하나님의 심정이 되어 외친다.

"금식하고 통곡하고 슬퍼하면서, 나에게로 돌아오너라"(요엘 2:12).

'돌아오라'는 말은 하나님으로부터의 멀어짐을 전제로 한다. 그것은 공간의 이동이 아니라 마음의 멀어짐, 또 거기서 빚어지는 삶의 방식의 변화를 의미한다. 사실 모든 예언자들의 메시지는 '하나님께로 돌아오라'는 음성의 다양한 변주이다. 하나님께 돌아간다는 것은 무슨 뜻일까? 간단하다. 삶의 한계를 겸허히 인정하고 하나님을 삶의 중심으로 모시는 것, 더불어 살아가는 이웃들을 하나님이 보내주신 선물로 인식하며 사는 것이다. 그런 이들의 삶의 특색은 '배려'와 '연민'이다. 19세기 러시아 소설가인 레스코프^{Nikolay Semyonovich Leskov 1831~1895}가 들려주는 어머니 이야기는 참 감동적이다.

"그녀는 영혼이 선하여 어떤 인간에게도 고통을 줄 수 없었지요. 심지어 동물에게도 말이지요. 그녀는 고기도 생선도 먹지 않았는데, 그것은 살아 있는 것들에 연민을 가졌기 때문이에요. 아버지는 그 때문에 어머니를 타박하곤 했어요. …그렇지만 엄마는 이렇게 대답했죠. '나는 이 동물 새끼들을 손수 키웠고, 그래서 그것들은 내 아이들이나 다름없어요. 내 자식을 먹을 순 없잖아요!' 이웃집에 가서도 그녀는 고기를 먹지 않았다. 그녀는 말하길, '난 이 동물들이 살아 있을 때 본 걸. 그것들은 내 친척이지요. 내 친척들을 잡아먹을 수는 없어요'"(문광훈, 『가면들의 병기창』, 749쪽에서 재인용).

레스코프는 짜르 체제 하에서 점점 거칠어져 가는 사람들의 심성을 보며 깊은 절망감을 느꼈던 것 같다. 그리고 어머니의 소박한 믿음과 고운 심성을 그 시대의 치료제로 제시하고 있는 것이다. 생명이 있는 모든 것에 대한 연민의 마음이야말로 하나님이 기뻐하시는 마음이다. 요엘은 옷을 찢지 말고, 마음을 찢으라고 말한다. 찢어진 마음이야말로 주님의 은총이 부어지는 통로이기 때문이다.

하나님, 가뭄으로 쩍쩍 갈라진 논배미를 바라보는 것은 참 고통스러운 일입니다. 바닥을 드러낸 호수를 보는 것도 마찬가지입니다. 인정의 황무지에 사는 동안 우리 마음이 그 지경으로 변하고 말았습니다. 물기 없는 영혼은 생명을 품지 못합니다. 삶이 곤고할 때마다 하나님의 도우심을 구했습니다만, 하나님이 기뻐하시는 것이 무엇인지는 묻지 않았습니다. 이제는 옷이 아니라 마음을 찢고 주님께로 나아가고 싶습니다. 회개의 영을 우리 속에 불어넣으시고, 따뜻하고 부드러운 마음으로 세상의 상처입은 것들을 감싸 안게 해주십시오. 아멘.

길갈에 세워진 돌무더기

여호수아는 요단 강에서 가져 온 돌 열두 개를 길갈에 세우고 이스라엘 자손에게 이렇게 말하였다. "당신들 자손이 훗날 그 아버지들에게 이 돌들의 뜻이 무엇인지를 묻거든, 당신들은 자손에게 이렇게 알려 주십시오. '이스라엘 백성이 이 요단강을 마른 땅으로 건넜다. 우리가 홍해를 다 건널 때까지, 주 우리의 하나님이 우리 앞에서 그것을 마르게 하신 것과 같이, 우리가 요단강을 다 건널 때까지, 주 우리의 하나님이 요단 강 물을 마르게 하셨다. 그렇게 하신 것은, 땅의 모든 백성이 주님의 능력이 얼마나 강하신가를 알도록 하고, 우리가 영원토록 주 우리의 하나님을 경외하도록 하려는 것이다'"(여호수아 4:20-24).

애굽을 탈출한 히브리 공동체는 우여곡절 끝에 약속의 땅 가까이 이르렀다. 강만 건너면 가나안이었다. 그런데 추수 때가 되어 요단강물은 제방까지 넘실거리고 있었다. 건너기 어려운 상황이었지만 제사장들이 언약궤를 메고 그 강물에 발을 들여놓자 위에서부터 흐르던 물이 멈추었다. 백성들이 강을 건너는 동안 제사장들은 요단강 한 복판에 딱 버티고 서 있었다. 마침내 백성들이 다 건너자 여호수아는 열두 지파에서 각각 한 사람씩을 뽑아 요단강 가운데서 돌 한 개씩을 가져오라고 했고 그것을 그들이 머물던 자리에 모아 기념비를 세웠다. 그곳은 길갈이라는 곳이었다. 여호수아는 돌 열두 개를 모아 세우고는 이렇게 말한다.

"당신들은 자손에게 이렇게 알려 주십시오. 이스라엘 백성이 이 요단 강을 마른 땅으로 건넜다. 우리가 홍해를 다 건널 때까지, 주 우리의 하나님이 우리 앞에서 그것을 마르게 하신 것과 같이, 우리가 요단강을 다 건널 때까지, 주 우리의 하나님이 요단 강물을 마르게 하셨다"(여호수아 4:22-23).

그 돌무더기는 기억의 매개물이 되어 요단강을 건넜던 그 놀라운 사건을 후손들에게 상기시키는 역할을 하게 될 것이었다. 길갈에 있는 돌무더기는 보잘 것 없어 보이지만 그 이야기의 한 부분으로 살아가는 이들에게는 아주 소중한 것이다. 하나님의 인도하심을 상기시켜주는 기념물은, 삶이 힘겨워 낙심될 때마다 그들을 일으켜 세워주는 힘이 되었을 것이다. 그런 기억을 상기시키는 이야기가 많을수록 인생은 풍요로워진다. 물론 아름답고 가슴 벅찬 기억만 있는 것은 아니다. 실패와 좌절의 기억도 있다. 하지만 성경은 그때마다 하나님께서 어떻게 개입하셨는지, 그리고 인간이 망쳐놓은 일을 어떻게 바로잡으셨는지를 증언하고 있다. 기억은 스승이고 안내판이다.

사람은 저마다 자기 삶의 작가이다. 과연 우리에게도 누군가에게 들려줄 아름다운 삶의 이야기가 있는가? 교회는 그러한 개별적 이야기들이 모여 더 큰 하나님의 구원 이야기를 형성하는 곳이다. 신앙의 이야기는 교인들이 기쁨과 슬픔을 함께 나누고, 서로의 이야기에 귀를 기울이고, 공동의 과제를 해결하기 위해서 희생하고 헌신하고, 믿음을 따라 살기 위해 함께 고난을 견딤으로 형성된다.

여호수아는 길갈에 세워놓은 돌무더기가 어떤 역할을 하게 될지 언급한 후에 한 마디를 더 덧붙인다.

"그렇게 하신 것은, 땅의 모든 백성이 주님의 능력이 얼마나 강하신가를 알도록 하고, 우리가 영원토록 주 우리의 하나님을 경외하도록 하려는 것이다"(여호수아 4:24).

돌무더기 이야기가 지향하는 것은 사람들로 하여금 하나님을 경외하도록 하는 것이다. 우리 삶의 이야기가 그런 역할을 할 수 있을까?

하나님, 사람들은 생긴 모습이 다 다른 것처럼 살아가는 모습 또한 다 다릅니다. 다름을 인정하면 별 문제가 없지만, 우리는 늘 다른 이들을 교정해주려고 하다가 상처를 입거나 입히곤 합니다. 품이 넓으신 주님을 닮고 싶습니다. 모든 사람을 형제자매로 대하신 그 크신 사랑을 우리 속에 심어주십시오. 주님의 백성으로 부름 받은 이후에 우리 삶이 어떻게 달라졌는지 말이 아니라 몸으로 증언하는 사람이 되고 싶습니다. 우리의 삶이 하나님의 존재를 입증하는 증거가 되게 도와주십시오. 아멘.

눈은 몸의 등불

> 눈은 몸의 등불이다. 그러므로 네 눈이 성하면 네 온 몸이 밝을 것이요, 네 눈이 성하지 못하면 네 온 몸이 어두울 것이다. 그러 므로 네 속에 있는 빛이 어두우면, 그 어둠이 얼마나 심하겠느 냐?(마태복음 6:22-23)

눈은 '마음의 창'이라는 말이 있다. 두려움이나 거짓, 사심 이나 거리낌이 없을 때 우리는 편안하게 상대방의 눈을 바 라본다. 하지만 관계에 이상이 생길 때마다 우리 눈은 살짝 흔들린다. 핏발 선 눈, 섬뜩한 눈, 이글거리는 눈, 흐릿한 눈, 초점을 잃은 눈과 마주하는 일은 고통스럽다. 반면 넉넉하 지만 깊고, 깊지만 따뜻하고, 따뜻하지만 진실한 눈을 보면 저절로 마음이 맑아진다. 예수님은 '눈은 몸의 등불'이라고 말씀하신다. '눈은 마음의 창'이라는 말과 유사하면서도 다 른 표현이다. 여기서 말하는 몸은 육체를 가리키는 말이라기보다는 유한한 인간의 삶 전체를 이르는 말이다.

눈이 몸의 등불이라는 말을 바르게 이해하기 위해서는 "네 눈이 성하면 네 온 몸이 밝을 것이요, 네 눈이 성하지 못하면 네 온 몸이 어두울 것이다"라는 말씀과 함께 읽어야 한다. 우리는 시각, 청각, 후각, 미각, 촉각이라는 오감을 통해 들어오는 외적 정보를 조합해 세상과 만나고 소통한다. 오감 가운데서 어떤 감각에 예민한 이들도 있지만, 보통사람들에게는 시각이 중요한 역할을 한다. 우리 시대는 특히 시각이 독주하는 시대라 해도 과언이 아니다. 사람들의 눈에 자신이 어떻게 비치느냐가 중요한 시대가 되었다는 말이다.

옛 사람들은 밖으로 향한 눈보다는 안으로 열린 눈을 더 중요하게 여겼다. 자기를 살피고 또 살피는 성찰省察이야말로 사람됨의 기본이라 할 수 있다. 성찰은 물론 고독의 시간을 필요로 한다. 그런 의미에서 늘 누군가와 접속 중인 이들은 성찰적 존재가 되기 어렵다. 어쩌면 성찰의 시간을 견딜수 없어 누군가와 접속을 갈구하는 것인지도 모르겠다. 그런데 자기 속에 있는 약함, 상처, 그림자, 부끄러움 등을 살필 용기가 없는 사람일수록 남들에게 가혹하다. 그들은 남의 눈에 있는 티끌을 찾아내기 위해 두리번거리다가 작은 티끌이라도 찾아내면 그것을 집요하게 물고 늘어진다. 하지만 그것은 모두 자기 허물을 가리려는 가련한 시도일 뿐이다. 제대로 보는 사람이라야 삶이 비루해지지 않는다. 마음의 빛이 흐려져 제대로 보지 못할 때 우리는 세상에 휘둘리고 다른 사람의 평가에 연연하게 된다. 자유인이 아니라 노예가 되어 산다. 눈이 밝아져 제대로 볼 수 있어야 비로소 세상의 인력에 속절없이 끌려 다니지 않는다. 눈이 성하지 않으면 온 몸이 어두워지게 마련이다. 온 몸이 어둡다는 말은 자기 인생의 때를 분별하지 못한다는 말이다. "네 눈이 밝아지려거든 안약을 사서 눈에 발라라"(요한계시록 3:18). 라오디게아 교회에 주신 말씀이다. 지금 우리에게 필요한 것이 '그리스도의 마음'이라는 안약이 아닐까.

하나님, 눈빛 맑은 사람을 보면 저절로 마음이 밝아집니다. 똑같은 사물이나 대상을 보아도 애정 어린 눈으로 바라보고 표현하는 이들과 만나면 우리 마음도 덩달아 따뜻해집니다. 그러나 남의 눈에서 티끌을 빼려는 자세로 일관하는 이들과 만나고 나면 말할 수 없는 피곤함을 느낍니다. 주님은 우리 인생의 모든 때를 아름답게 하셨는데, 눈이 어두운 우리는 그때를 즐기지 못하고 있습니다. 주님, 우리 눈을 밝혀주십시오. 마땅히 보아야 할 것은 보게 하시고, 보지 말아야 할 것은 보지 않는 의지를 허락하여 주십시오. 아멘.

우리가 초대해야 할 손님

예수께서는 자기를 초대한 사람에게도 말씀하셨다. "네가 점심이나 만찬을 베풀 때에, 네 친구나 네 형제나 네 친척이나 부유한 이웃 사람들을 부르지 말아라. 그렇게 하면 그들도 너를 도로 초대하여 네게 되갚아, 네 은공이 없어질 것이다. 잔치를 베풀 때에는, 가난한 사람들과 지체에 장애가 있는 사람들과 다리 저는 사람들과 눈먼 사람들을 불러라. 그리하면 네가 복될 것이다. 그들이 네게 갚을 수 없기 때문이다. 의인들이 부활할 때에, 하나님께서 네게 갚아 주실 것이다"(누가복음 14:12-14).

"에녹은 하나님과 동행하다가 사라졌다. 하나님이 그를 데려가신 것이다"(창세기 5:24). 에녹이라고 하여 우리와 달랐을까? 그 역시 우리처럼 희망과 절망, 기쁨과 슬픔, 감사와 원망, 가벼움과 무거움 사이를 오가며 살았을 것이다. 그런데도 그의 삶을 요약하는 한 마디가 '하나님과 동행'이라는 사

실은 무슨 의미일까? 그는 분명한 중심을 갖고 살았다는 뜻
이 아닐까? 하나님과 동행하는 사람은 내면에 바닥짐을 마
련한 사람이다. 바닥짐은 배의 무게 중심이 위로 올라가 균
형을 잃지 않도록 하기 위해 배 밑바닥에 싣고 다니는 짐을
일컫는 말이다. 마음에 바닥짐이 있는 사람은 웬만큼 바람
이 불어도 쉽게 휘뚱거리지 않는다.

　마음의 바닥짐을 마련하지 못한 사람일수록 생을 즐기지
못하고, 남들에 대해서도 너그럽지 못하다. 그들은 자기의
존재 의미를 확인하기 위해 남의 인정을 필요로 한다. 비난
을 받으면 살맛을 잃고 칭찬을 받으면 우쭐한다. 그런 이들
은 언제 파선할지 모르는 배처럼 위태롭다. 그들은 또한 자
리와 서열에 민감하다. 어떤 모임에 가면 제일 어려운 게 어
느 자리에 앉아야 할지 결정하는 것이다. 자리를 잡기 위해
서는 상석이 어디인지를 먼저 알아차려야 하고, 참석자들
가운데 자기 지위에 맞는 자리가 어딘지를 가늠해야 하기
때문이다.

　예수님께서 어느 날 바리새파 사람 중에서도 지도자급에
속한 이의 집에 초대를 받아가셨다. 그런데 초청을 받은 사
람들이 윗자리를 골라잡는 것을 보시고 비유를 들어 말씀하
셨다. 혼인 잔치에 초대를 받거든 높은 자리에 앉지 말고 맨
끝자리에 앉으라는 것이었다. 이것은 우리의 상식이나 관행

을 뒤집는 요청이다. 우리는 사람들에게 무시당하지 않으려고 몸부림치며 산다. 그래서 잘 나가는 사람들을 만나고, 그들과 인연을 이어가려고 애쓴다. 때로는 선물을 보내기도 한다. 사실 우리가 스펙을 쌓고, 좋은 차를 타고, 큰 집에 살려는 것도 그것이 꼭 필요해서라기보다는 무시당하기 싫다는 무의식적인 욕망 때문인지도 모르겠다.

무시당하지 않으려고 몸부림치며 사는 우리에게 예수님은 전혀 다른 관계를 향해 마음을 열라고 하신다. 그들과 함께 있음으로써 우리의 신분이 그럴싸하게 보이도록 하는 사람들과만 관계를 맺지 말라는 것이다.

"네가 점심이나 만찬을 베풀 때에, 네 친구나 네 형제나 네 친척이나 부유한 이웃 사람들을 부르지 말라. 그렇게 하면 그들도 너를 도로 초대하여 네게 되갚아, 네 은공이 없어질 것이다"(누가복음 14:12).

우리가 청해야 할 사람은 되갚을 능력이 없는 사람들이다. 예수님께서 열거하신 이들은 대개 사람들이 만나기를 꺼리는 이들이다. 가난한 사람, 지체에 장애가 있는 사람, 다리 저는 사람, 눈먼 사람…. 이들의 명단은 더 늘어날 수 있지만 그들의 공통점은 '사회적 약자들'이라는 사실이다. 그들을 청하라는 말은 시혜를 베풀라는 말이 아니라, 그들을 우리 인생길의 동행으로 여겨 존중하라는 말이다. 그들이야말로 자칫하면 잊어버리기 쉬운 인간됨의 길로 우리를 이끌어주는 사람들이다.

기도

하나님, 누군가의 초대를 받는다는 것은 참 행복한 일입니다. 그들은 내가 잊혀진 존재가 아니라는 사실을 일깨워줍니다. 유력한 이들의 초대를 받으면 자랑하고 싶어집니다. 그런 초대 자체가 내 존재의 무게를 입증해주는 것처럼 여겨지기 때문입니다. 하지만 세상에는 초대받지 않는 손님이 참 많습니다. 어딜 가나 눈치를 봐야 하고, 때로는 멸시의 시선을 견뎌야 하는 이들 말입니다. 주님은 그런 이들을 초대하여 함께 생을 경축하라고 이르십니다. 쉽지 않은 요구이지만 그렇게 살아보기 위해 노력하겠습니다. 우리 속에 하늘의 숨결을 불어넣어주십시오. 아멘.

하나님의 숨을
기다리며

리스바

그때에 아야의 딸 리스바가 굵은 베로 만든 천을 가져다가 바윗돌 위에 쳐 놓고, 그 밑에 앉아서, 보리를 거두기 시작할 때로부터 하늘에서 그 주검 위로 가을비가 쏟아질 때까지, 낮에는 공중의 새가 그 주검 위에 내려앉지 못하게 하고, 밤에는 들짐승들이 얼씬도 하지 못하게 하였다. 아야의 딸이며 사울의 첩인 리스바가 이렇게 하였다는 소문이 다윗에게 전해지니, 다윗이 길르앗의 야베스로 가서, 사울의 뼈와 그의 아들 요나단의 뼈를 그 주민에게서 찾아왔다. (블레셋 사람이 길보아 산에서 사울을 죽일 때에, 블레셋 사람이 사울과 요나단의 시신을 벳산의 광장에 매달아 두었는데, 거기에서 그 시신을 몰래 거두어 간 이들이 바로 길르앗의 야베스 주민이다.) 다윗이 이렇게 사울의 뼈와 그의 아들 요나단의 뼈를 거기에서 가지고 올라오니, 사람들이 나무에 매달아 죽인 다른 사람들의 뼈도 모아서, 사울의 뼈와 그의 아들 요나단의 뼈와 함께, 베냐민 지파의 땅인 셀라에 있는 사울의 아버지 기스의 무덤에 합장하였다. 사람들이, 다윗이 지시한 모든 명령을 따라서 그대로 한 뒤에야, 하나님이, 그 땅을 돌보아 주시기를 비는 그들의 기도를 들어주셨다(사무엘하 21:10-14).

이스라엘에 큰 흉년이 들어 세 해 동안 지속되었다. 다윗은 하나님 앞에 나아가 곡절을 여쭀다. 그러자 "사울과 그의 집안이 기브온 사람을 죽여 살인죄를 지은 탓"(사무엘하 21:1)이라는 대답이 돌아왔다. 본래 기브온 사람들은 아모리 족 가운데서 살아남은 이들이었는데, 사울의 일족이 그들을 다 죽이려고 하였고 그들의 한이 하늘에 사무쳐 흉년이 닥쳐왔다는 것이었다. 다윗은 기브온 사람을 불러다가 어떻게 해야 그들의 원한이 풀려 이스라엘을 위해 복을 빌어주겠는가 묻자 그들은 사울 집안과의 갈등은 금이나 은으로 해결될 수 있는 문제가 아니라면서 사울의 일족 가운데 남자 일곱 명을 넘겨주면 그들을 나무에 매달아 죽임으로 억울함을 풀겠다고 대답한다. 다윗은 사울과 리스바 사이에서 태어난 두 아들과 사울의 딸 메랍과 아드리엘 사이에서 태어난 아들 다섯을 기브온 사람들에게 넘겨준다. 결국 그들은 하루 아침에 죽임을 당했고 나무에 매달린 신세가 되었다.

그 사건 이후에 등장하는 것이 리스바이다. 졸지에 생때 같은 아들 둘을 잃었지만 리스바가 할 수 있는 일은 하늘에

하나님의 숨을
기다리며

호소하는 것 말고는 아무 것도 없었다. 리스바는 죽임을 당한 자기 두 아들과 메랍의 다섯 아들들의 시신을 거두어다가 너럭바위 위에 올려놓고는 굵은 베로 만든 천을 쳐 놓았다. 보리를 거두기 시작할 때로부터 그 주검 위로 가을비가 쏟아질 때까지, 리스바는 그 시신들 곁에 머물렀다. 보리를 거둘 때가 대략 4월경이고 가을비가 내릴 때가 9-10월경이라고 본다면 거의 반년에 해당한다. 리스바는 낮에는 공중의 새가 그 주검 위에 내려앉지 못하게 하고, 밤에는 들짐승들이 얼씬도 하지 못하게 하였다. 어마어마한 집념이다. 세월이 가면 아픔이 스러질 법도 하건만 리스바의 한은 스러지지 않았다.

리스바의 존재는 다윗은 물론이고 이 일에 연루된 모든 사람들에게 큰 부담이 되었다. 그의 한을 외면하고는 그 땅에 진정한 평화가 깃들 수 없음을 알았기 때문일까? 만시지탄은 있지만 다윗은 필요한 조치를 취한다. 그는 길르앗의 야베스로 가서 사울의 뼈와 그의 아들 요나단의 뼈를 그 주민에게서 찾아오라고 부하들에게 지시하고, 이어 리스바가 지키고 있던 그 무고한 자들의 뼈까지도 수습해서 사울의 아버지 기스의 무덤에 합장하도록 명령했다. 이 이야기의 마무리는 의미심장하다.

"사람들이, 다윗이 지시한 모든 명령을 따라서 그대로 한 뒤에야, 하나님이, 그 땅을 돌보아 주시기를 비는 그들의 기도를 들어주셨다"(사무엘하 21:14).

무고하게 죽어간 이들의 한이 풀린 것이다. 억울하게 죽임 당한 이들의 존재는 아무리 숨기려 해도 숨길 수 없다. 잘못은 바로잡혀야 하고 억울한 이들의 한은 신원되어야 한다. 그래야 땅도 회복된다. 리스바는 바로 그런 진실을 가리키는 푯말로 우뚝 서 있다.

하나님, 예기치 않았던 어려운 일이 닥쳐올 때마다 우리는 그 원인을 알지 못해 전전긍긍합니다. '나'의 숨겨진 죄 때문이 아닌가 자책하기도 하지만, 다른 이들을 희생양으로 삼기도 합니다. 희생양으로 선택되는 이들은 대개 약자들입니다. 절통한 일을 겪고도 리스바가 할 수 있는 일은 아무 것도 없었습니다. 하지만 골육지친들의 시신 매장을 거부함으로 그는 권력의 무정함을 폭로했습니다. 주님, 이 땅에서도 이런 일들은 끊이지 않고 벌어집니다. 억울하고 절통한 죽음이 일어나지 않는 세상을 이룰 용기를 허락해 주십시오. 아멘.

하나님의 숨을

기다리며

사회적 모성

당신들 동족 히브리 사람이 남자든지 여자든지, 당신들에게 팔려 와서 여섯 해 동안 당신들을 섬겼거든, 일곱째 해에는 그에게 자유를 주어서 내보내십시오. 자유를 주어서 내보낼 때에, 빈손으로 내보내서는 안 됩니다. 당신들은 주 당신들의 하나님으로부터 복을 받은 대로, 당신들의 양 떼와 타작 마당에서 거둔 것과 포도주 틀에서 짜낸 것을 그에게 넉넉하게 주어서 내보내야 합니다. 당신들이 이집트 땅에서 종살이한 것과 주 당신들의 하나님이 당신들을 거기에서 구속하여 주신 것을 생각하십시오. 그러므로 내가 오늘 이러한 것을 당신들에게 명하는 것입니다(신명기 15:12-15).

신명기 법전은 거룩한 백성으로 살기 위해, 그리고 '더불어 함께' 살기 위해 하나님의 백성들이 명심해야 할 내용을 담고 있다. 그 규정이 상당히 상세하다. 고대 이스라엘 공동체의 생생한 현실을 반영하고 있기 때문이다. 신명기 15장은 빚을 면제해 주는 면제년 규정을 다룬다. 매 칠 년 끝에는 빚을 면제하여 주라는 말로 시작되는 이 단락은 오늘의 우리에게도 많은 것을 시사해준다. 필요한 이들에게 넉넉히 꾸어주되, 빚을 갚으라고 다그쳐서는 안 되고, 면제년이 되면 그 빚을 삭쳐주어야 한다. 성경은 그 땅에 가난한 사람이 없게 하는 것이 복을 받는 비결이라고 가르친다.

신명기 법전이 다루는 히브리 종들에 대한 규정도 주목해 볼 필요가 있다. 빚에 몰려 종으로 팔려온 히브리인들은 여섯 해 동안 주인을 섬기면 이듬해에는 그에게 자유를 주어서 내보내야 했다. 자유를 주어 내보낼 때에 '빈 손'으로 내보내지 말고, 토지와 가축으로부터 얻은 소득 가운데서 넉넉하게 주어서 내보내야 했다. 그들의 수고와 땀 흘림 덕분에 주인집도 복을 받았기 때문이다. 이스라엘 사람들은 땅의 주인은 하나님이고, 우리는 잠시 이 땅에 머물다 가는 나그네들일 뿐이라고 믿었다.

우리는 떠나도 땅은 여전히 남는다. 하나님은 당신이 만드신 땅에서 모든 사람들이 행복하기를 원하신다. 하지만 살다 보면 사람들의 운명은 갈리게 마련이다. 부자와 가난한 자, 건강한 자와 약한 자, 지배자와 피지배자, 가해자와 피해자가 갈린다. 이런 상황이 지속되면 세상은 점점 위험

하나님의 숨을
기다리며

한 곳으로 변하게 마련이다. 특권 의식에 젖어 사는 사람들은 사람됨의 본질이 무엇인지를 잊어버림으로 죄의 길에 접어들게 되고, 사회적 약자들은 자칫 잘못하면 다른 이들을 선망의 시선으로 바라보다가 결국 내면에 냉소와 불신과 적의를 키우게 된다. 평화로운 삶의 꿈은 가물가물 스러지고, 세상은 전장으로 변하고 만다.

특히 오늘의 현실이 그러하다. 지금의 신자유주의 경제질서는 '빚'을 매개로 하여 작동되는 체제이다. 소비사회는 사람들을 끊임없이 욕망의 시장으로 내몬다. 인간이 소비자로 전락한 것이 오늘의 현실이다. 이런 세상에 사는 동안 난파당한 이들이 많다. 아무리 살려고 발버둥을 쳐보아도 가난의 질곡에서 벗어나지 못하는 사람들, 삶의 방편을 찾을 길 없어 낙심하는 젊은이들이 거리와 광장을 채운다. 일하지 않고도 호사스럽게 살아가는 이들을 보면서 상실감 혹은 원한감정에 시달린다.

돈이 최고의 가치로 인정받는 사회는 위험 사회이다. 사회학자 짐멜은 "돈은 자유를 선사하지만 연대를 앗아간다"고 말했다. 다른 이들과 공감하고 그들의 아픔을 덜어주려는 마음이 점점 사라진다는 말일 것이다. 불공평한 세상에서 우리는 어려움을 겪고 있는 이들을 너그럽게 대하라는 하나님의 말씀 앞에 서 있다. 하나님의 백성들이 앞장서서 그 일에 동참해야 하는 것은, 주님의 값없는 구원을 경험했기 때문이다.

기도

하나님, 무정한 세상에 사는 동안 우리 가슴에는 시퍼런 멍이 들었습니다. 서로 도우며 살라고 보내주신 이웃들을 우리는 경계심에 가득 찬 시선으로 바라봅니다. 그들이 우리의 안일한 행복을 뒤흔들지도 모른다는 의구심 때문입니다. 서로 거들고 부축하며 사는 공동체가 무너지면서 우리 삶은 점점 각박해지고 있습니다. 아픔을 겪는 이들을 보면서도 모른 체 합니다. 외로움과 쓸쓸함이 진주군처럼 우리를 사로잡습니다. 인색한 마음, 무정한 마음의 감옥에서 벗어나 이웃들과 더불어 삶을 경축하며 살 수 있도록 우리 마음을 넓혀주십시오. 아멘.

하나님의 숨을
기다리며

약한 이의 힘이 되어주는 것, 그들 속에 잠들어 있는 선의 가능성을 보고 그것을 호명하여 불러내는 것이야말로 믿는 이들 모두에게 주어진 소명이다. 우리 또한 그러한 사랑을 받았기 때문이다. 우리가 끊임없이 던져야 할 질문은 바로 이것이다. "주님께서 나에게 베푸신 모든 은혜를, 내가 무엇으로 다 갚을 수 있겠습니까?"

Monday ~~~~

Tuesday ~~~~

Wednesday ~~~~

하나님의 숨을
기다리며

Thursday ~~~~~~

Friday ~~~~~~

Saturday ~~~~~~

Sunday ~~~~~~

욥의 세 친구를 위한 변명

4월 29일

욥의 세 친구인 엘리바스, 빌닷, 소발. 이들은 욥과의 논쟁에서 맡은 역할 때문에 어느 정도 부정적인 인상을 주는 인물들이다. 하지만 그들은 우정이 무엇인지를 아는 사람들이었다. 욥이 큰 시련을 겪고 있다는 소식을 들었을 때 그들은

하나님의 숨을
기다리며

주저 없이 달려왔다. 욥을 외면할 수도 있었을 것이다. 바쁘다거나, 거리가 멀다거나, 비용이 많이 든다거나, 가지 않을 수 있는 이유는 얼마든지 만들 수 있었겠지만 그들은 그렇게 하지 않았다.

그들은 멀리서 욥을 보았지만 처음에는 욥인 줄 알아보지도 못했다. 한참 뒤에야 그가 바로 욥인 줄을 알고는, 슬픔을 못 이겨 소리 내어 울면서 겉옷을 찢고, 또 공중에 티끌을 날려서 머리에 뒤집어썼다. 마치 자신이 죄인인 것처럼 친구의 불행을 아파한 것이다. 그들은 밤낮 이레 동안을 욥과 함께 땅바닥에 앉아서 지냈다. 편안한 집을 놔두고 사서 고생을 한 것이다. 단 하루도 고통 속에 있는 친구 곁에 머물기 어려워하는 우리로서는 감히 그들에 대해 이러쿵저러쿵 말할 수 없다. 너무 기가 막혀 말이 끊긴 자리에서 그저 친구와 더불어 있는 그들의 모습은 가슴 찡한 감동이 아닐 수 없다.

그들은 뜨거운 우정의 사람들이었다. 미국의 교육학자인 파커 파머는 한 때 우울증에 시달렸다고 한다. 다른 이들과의 만남을 꺼려하면서 단절감은 더욱 깊어졌다. 그런데 친구 빌은 매일 그의 집을 찾아와서 30분 동안 발 마사지를 해주었다. 그때의 경험을 파머는 이렇게 전한다.

"누군가 나를 지켜봐 주는 사람이 있다는 생각에 안심이 되었다. 그것은 자신이 소멸되고 보이지 않는 존재가 되었다는 느낌을 경험하는 이에게는 생명을 주는 일이다"(파커 파머, 『삶이 내게 말을 걸어올 때』, 116-7쪽).

욥의 세 친구는 바로 그런 친구들이었다. 하지만 욥이 자신이 태어난 날을 원망하기 시작하는 순간 그들의 우정에 금이 가기 시작했다. 결국에는 날카롭게 대립하게 되었다. 그들 속에 연민의 마음이 있을 때 그들은 하나였다. 하지만 종교와 신념과 사상이 끼어들자 그들의 관계는 파괴되었다. 벗이 겪는 고통의 가장자리에 가만히 있어줄 때 그들은 우정의 사람이었다. 하지만 해석의 욕망이 작동하는 순간 그들은 판관이 되었다. 판관이 있는 곳에서 우정은 망가지게 마련이다. 바울 사도는 고린도 교회에 보내는 편지에서 우리가 늘 명심해야 할 한 말씀을 들려준다.

"지식은 사람을 교만하게 하지만, 사랑은 덕을 세웁니다"(고린도전서 8:1c).

그들은 인습적인 사고에 젖어 세상을 죄와 벌 혹은 원인과 결과의 도식으로 바라보았다. 욥의 세 친구는 악인도 아니고 위선자도 아니다. 무지했을 뿐이다. 세상에는 설명되지 않는 어둠이 있다는 사실을 그들은 알지 못했다. 종교와 신념과 사상보다 더 중요한 것은 고통을 겪는 이들과의 깊은 연대감이 아닐까?

하나님의 숨을
기다리며

기도

하나님, 예기치 않은 시련에 직면한 이들을 만나면 할 말이 없습니다. 위로의 말이 어떤 때는 부질없음을 잘 알기 때문입니다. 그래서 우리는 고통 받는 이들과의 만남을 꺼려합니다. 그렇기에 우리는 욥의 친구들을 비난할 수 없습니다. 그들은 불원천리하고 고통을 겪는 친구를 찾아왔고, 그의 곁에 머물렀기 때문입니다. 고통을 해석하려는 욕망이 끼어들 때 그들의 우정은 흔들렸습니다. 주님, 우리의 굳은 신념이나 믿음이 사람들 사이의 우정어린 결속을 깨뜨리는 도구로 사용되지 않도록 우리를 지켜주십시오. 아멘.

외딴 곳으로 가자

사도들이 예수께로 몰려와서, 자기들이 한 일과 가르친 일을 다 그에게 보고하였다. 그때에 예수께서 그들에게 말씀하셨다. "너희는 따로 외딴 곳으로 와서, 좀 쉬어라." 거기에는 오고가는 사람이 하도 많아서 음식을 먹을 겨를조차 없었기 때문이다. 그래서 그들은 배를 타고, 따로 외딴 곳으로 떠나갔다(마가복음 6:30-32).

선교 여행에서 돌아온 제자들은 예수님께 자기들이 한 일과 가르친 일을 다 보고하였다. 그들이 한 일은 생명 살림이라는 말로 요약될 수 있을 것이다. 제자들은 가난과 질병에 짓눌린 수많은 병자들을 고쳐주고, 세상살이에 시달리며 마음이 굳어진 이들에게 우정과 환대에 바탕을 둔 새로운 삶이 가능함을 보여주고, 사람들로 하여금 인격의 통합성을 유지하며 살지 못하도록 하는 귀신을 쫓아냈다. 자기들의 헌신

하나님의 숨을

기다리며

을 통해 새로운 세상 질서가 형성되는 것을 경험한 제자들은 다소 흥분해 있었을 것이다. 그들은 어쩌면 세상을 금방 바꿀 수 있을 것 같다는 생각에 들떠 있었을지도 모르겠다. 그런데 제자들의 들뜬 모습과는 달리 주님은 아주 차분하게 말씀하신다. "너희는 따로 외딴 곳으로 와서, 좀 쉬어라"(마가복음 6:31).

마가복음 기자는 '거기에는 오고가는 사람이 하도 많아서 음식을 먹을 겨를조차 없었다'고 말한다. 열심히 일한 후의 휴식은 당연하지만, 제자들을 외딴 곳으로 초대하는 주님의 속내는 다소 복합적인 것 같다. 주님은 제자들의 부푼 마음에 제동을 거신다.

뭐든지 할 수 있을 것 같은 충만한 자신감과 의욕은 때로 더 큰 문제를 야기하기도 하고, 더 깊은 절망으로 인도하는 통로가 되기도 한다. 새로운 세상은 수많은 시행착오와 실패의 과정을 반복하며 조금씩 자란다. 척박한 곳에서 자라는 나무와 같다.

예수님은 제자들의 지나친 낙관론을 경계하신다. 감정은 지성과 같이 가야 안전하다. 물론 지성은 영성과 함께 가야 공허함에 빠지지 않는다. 처세를 가르치는 이들은 사람들에게 적극적 사고방식을 가지라고 말한다. 좋은 말이지만 해야 할 일과 하지 말아야 할 일, 할 수 있는 일과 할 수 없는 일, 시급한 일과 중요한 일을 분별하는 지혜가 없다면 적극적 사고방식은 매우 위험하다.

주님이 제자들을 외딴 곳으로 이끄신 까닭은 냉정하고 고요하게 자신을 성찰할 기회를 제공하려는 것이었다. 쉴 줄 모르는 사람은 타인에 대해 억압적이기 쉽다. 자기 열정을 과도하게 다른 이들에게 강요함으로써 관계를 파탄내곤 한다. 쉼 혹은 물러섬은 예수적 삶의 방식의 본질적 요소이다. 주님은 사람들 속에 머무시면서 그들의 생명을 풍성하게 하는 일에 진력하셨지만 늘 한적한 곳을 찾아가 머무셨다. 홀로 하나님 앞에 있는 그 시간이야말로 복잡한 마음의 결을 하늘 뜻에 따라 조율하고, 지친 심신에 하나님의 평화를 채우는 시간이다. 그 시간은 자기가 한 일을 냉철하게 돌아볼 수 있는 시간인 동시에, 자기의 한계를 겸손하게 받아들이는 시간이기도 하다.

미국의 가톨릭 사회운동가 도로시 데이는 분주한 일상을 뒤로 하고 시시때때로 고요한 곳을 찾아가는 이유를 이렇게 밝힌다. "다른 이들에게 아무 도움도 주지 못하는 마른 샘이 되지 않으려면 나 역시 이처럼 달디단 샘물을 마셔야 한다." 일상에서의 물러섬은 후퇴가 아니라, 하나님의 뜻과 조화를 이루기 위한 의도적 노력이다.

하나님의 숨을
기다리며

하나님. 분주함이 신분의 상징처럼 인식되는 세상에서 바장이다보니 우리 마음은 묵정밭으로 변했습니다. 무질서와 황폐함 속에서는 영혼의 꽃을 피울 수 없습니다. 그 때문인지 우리 속에서 그리스도의 향기가 나지 않습니다. "너희는 외딴 곳으로 와서, 좀 쉬어라". 주님의 초대가 어찌나 고마운지 모르겠습니다. 참다운 쉼은 일하지 않음이 아니라, 자기 생각에 몰두하지 않는 것인가요? 주님 앞에 우리 마음을 내려놓습니다. 말씀의 쟁깃날로 우리 마음을 갈아엎으시고, 생명과 평화의 씨를 심어주십시오. 아멘.